简易刑事程序研究（第二版）

撰稿人

左卫民　刘方权　谢小剑　全　亮

肖仕卫　朱奎彬　何永军

法律出版社 LAW PRESS · CHINA

作者简介

左卫民 法学博士，教育部“长江学者奖励计划”特聘教授，四川大学法学院院长，四川大学法律实证研究所所长，兼任中国法学会理事、中国刑事诉讼法学研究会副会长、四川省法学会副会长、最高人民检察院专家咨询委员等职。1988年至今在四川大学任教，1992年破格晋升为副教授，1994年破格晋升为教授。先后获得人事部首批“新世纪百千万人才国家级人选”(2004)、第四届全国十大青年法学家(2004)、教育部首届“青年教师奖”(2000)、教育部首批人文社科“跨世纪优秀人才”(1997)、国家万人计划哲社领军人才(2015)等荣誉称号或奖励。曾为美国哈佛大学、耶鲁大学、哥伦比亚大学、纽约大学、荷兰阿姆斯特丹大学、德国马普刑事法律研究所、香港中文大学的访问学者。主要研究领域为刑事诉讼、司法制度、纠纷解决与法律大数据。承担了包括国家社会科学基金重大招标项目《和谐社会的构建与人民内部矛盾解决体系的完善》(首席专家) 在内的多项国家级、省部级等科研课题；独立或合作出版了《现实与理想：关于中国刑事诉讼的司法》《刑事诉讼的中国图景》《刑事诉讼运行机制实证研究》《中国基层纠纷解决研究》等十余部著作；在《中国社会科学》《法学研究》等期刊上独立或合作发表学术论文逾百篇，其中有五十余篇被《新华文摘》《中国社会科学文摘》等转载或转摘。研究成果获得省部级一、二等奖十余次。

第二版序

《简易刑事程序研究》一书自2005年问世至今已历经十四个春秋,其间,国内外立法和司法均发生了重大的变化,原书内容已显陈旧,确有修订的必要。为此,我召集初版的大多数参与者,并邀请刘方权和朱奎彬两位教授加入对原书的修订工作。

对于修订,我们的基本指导思想是,原书未过时的内容适当保留,以体现本书内容的延续性,而对于已经过时的东西则全部删除,并增加新的内容。如此以来,修订后原书内容保存者仅十余二三,绝大部分内容都是新的。在此一过程中,我们深切地感受到,要让针对具体制度的部门法著作经受住时间考验着实不易。

每本书都有自己的使命和用途。我们撰写本书,主要是为了满足读者了解当今世界简易刑事程序立法和司法的基本现状以及发展趋势之需要,特别是供刑事诉讼法学研究生做专题教学之用。所以我们选择了德、法、美、英、意以及中国两岸四地这几个在简易刑事程序方面较具代表性的国家和地区来进行研究。

需要指出的是,本书是在我确定主要思路与框架结构后由参加编写者通力合作完成的,导论和第七章为本人撰写,第一章由何永军执笔,第二章由全亮执笔,第三章由肖仕卫执笔,第四章由朱奎彬执笔,第五章由谢小剑执笔,第六章由何永军和谢小剑执笔,第八章由刘方权执笔。在整个修订的过程中,何永军教授协助本人承担了协调和联系工作,段陆平博士审读了书稿并提出了宝贵的修改意见。

在此,我要对就本书的研究和写作给予过帮助的所有机构和人士致以特别的谢忱。法律出版社的相关编辑,为本书的出版付出了辛勤劳动,其也是我需要特别致谢的。

是为序!

左卫民

2020 年 1 月 18 日

目　录

导论 刑事诉讼的经济分析

——一个初步的讨论

一、引言

在崇尚理性的社会中,促使人们作出某一行为选择的动因往往在于预期中的该行为结果在功利上大于实施该行为所支付的代价。在经济学理论上,这种功利计算就是运用投入与产出这一基本范畴来判断成本与收益的关系。人们之所以会在实施一项行动之前对其可能投入的成本和可能产出的收益进行考量,现代经济学运用了人们追求自身利益最大化的理性选择理论来解释。作为"经济人"或"理性人","人们都是自己满足度的理性最大化者"①,而在一个相对于人的欲望而言资源稀缺的世界里,受资源约束的限制,个人欲望不可能得到无限

① [美]理查德·A. 波斯纳:《正义/司法的经济学》,苏力译,中国政法大学出版社2002年版,第1页。

满足,因此人以其自利性为出发点,必然以满足自身利益的最大化为标准来合理配置和利用有限的资源,实现有限资源的效用最大化。成本/收益分析就是将一项活动所耗费的资源与取得或预期将要取得的收益加以比较,以便用尽可能少的付出换取尽可能多的收入。当成本一定时,追求收益最大化;而当收益一定时,追求成本最小化。人们通过理性选择,能够比较各种可能行动方案的成本与收益,从中选择出净收益最大的行动方案。

这一发端于经济活动领域的理论并不仅仅只适用于市场行为。早在18世纪就已出现关于"趋利避害"的功利主义分析。[①] 20世纪60年代,著名经济学家加里·贝克尔将人的利益最大化动机运用到了所有个人选择领域,指出经济分析是一种统一的方法,"适用于解释全部人类行为",包括种族歧视、生育、教育、时间使用、犯罪、婚姻、社会相互作用以及其他社会的、法律的及政治的问题,[②]并论证了人不仅在经济活动中是理性的,在所有社会交往活动中都是理性的。即广义上的经济学研究并不仅仅局限于市场行为而是研究一种理性行为,即"用有效率的手段追逐一贯的目的"。[③] 当代制度经济学派进一步运用这种经济分析方法来研究制度变迁,通过成本/收益分析来判断一个制度的运作是否有效率,即该制度对所投入资源的利用能否实现效用最大化。实际上,包括法律制度在内的人类社会相当部分的制度设计及其运作都内在地具有追求净收益最大

① [美]理查德·A.波斯纳:《法律理论的前沿》,武欣、凌斌译,中国政法大学出版社2003年版,第34页。

② [美]加里·S.贝克尔:《人类行为的经济分析》,王业宇、陈琪译,上海三联书店、上海人民出版社1995年版,第11页。

③ [美]罗伯特·考特、托马斯·尤伦:《法和经济学》,张军等译,上海三联书店、上海人民出版社1994年版,第1页。

化的倾向，效用最大化的理性意识会指导与制约着制度建构者和操作者的行为模式，无论人们在行动时是否自觉意识到这一点，因为这有可能是“有关一切人类行为的逻辑”。①

法律程序/诉讼制度作为一基本的社会建制，除了个人为解决涉及自身利益的纠纷而需要为其投入必要的资源外，作为一种在国家主持下的纠纷解决机制也需要国家资源的投入，其运作也存在诉讼成本与诉讼收益的问题。提高收益可以通过加大成本投入来实现，但高投入高产出的收益方式显然缺乏经济性，它至少还存在“帕累托改进”的余地，因此不是最优选择。实际上，加大诉讼资源的投入也常常不现实，因为一定时空条件下可利用的社会物质资源总量有限，而国家能够投入到诉讼中的资源也有限——资源的利用受到诉讼成本的约束，资源投入太多将使国家资源难以承受其成本。尤其是刑事诉讼活动，由于涉及国家和个人之间的纠纷，涉及打击犯罪以维护社会公共安全的层面，整个刑事司法体系的运作主要依靠国家资源的投入来维持与推进。此类活动对诉讼资源需求甚大，具有资源高消耗的特点。因为，与其他国家活动不同，刑事诉讼承载着打击犯罪和保障人权的双重任务。犯罪活动通常具有过往性、隐蔽性、不可回复性，罪犯也具有逃避制裁的本能，因此国家追诉犯罪的活动困难重重；同时在追诉犯罪的过程中，国家还必须花费精力去注意尊重与保障基本人权，故“需要的各种资源远远多于大多数国家活动”。② 刑事司法资源的稀缺性与易耗性，决定了国家在刑事诉讼过程中总是力图以最少的诉讼资源投入来产出最大的案件解

---

① 苏力：《波斯纳及其他：译书之后》，法律出版社 2004 年版，第 83 页。

② 左卫民：《价值与结构——刑事程序的双重分析》，法律出版社 2003 年版，第 41 页。

决数量,所谓"诉讼效率"或"诉讼经济",即从诉讼过程的成本/收益分析角度而言。

需要指出,诉讼资源可能还会面临绝对或相对的恶化状况。诉讼资源的绝对恶化是指在因国家财政汲取能力下降、①公共决策失误或其他原因而导致国家投入司法活动中的物质资源总量较之以往有所减少,但诉讼中待处理的案件数量并不会因之而减少反而有可能增加时,这必然会打破原有待处理案件量和诉讼资源投入量之间的动态平衡——减少的资源要应付没有减少甚至增加的案件量。诉讼资源的相对恶化是指国家投入司法活动中的物质资源量较之以往没有减少甚至还有可能增加,但是诉讼中的待处理案件量大幅度增长,且超过了诉讼资源投入量的增长率②,这同样会打破原来的平衡状态——意味着要保持相应的产出的话,每一个单位量的诉讼资源就要应付较之原来更多数量的案件。

所有这些决定了一个国家的刑事诉讼活动必须追求以尽可能少的诉讼成本投入来产出尽可能多的诉讼收益,即在解决个人和国家之间的纠纷问题上实现资源利用效果的最大化。追求刑事诉讼

① 国家汲取能力是指政府从社会获取财政资源的渗透能力,它是国家制度建设(state building)的首要任务。由于司法/诉讼资源主要来自国家财政投入,而国家财政又主要来自税收,实际上,"税收,即汲取能力,是所有其他国家能力的基础"。参见王绍光:《国家汲取能力的建设——建国初期的经验》,载《中国社会科学》2002 年第 1 期。

② 诉讼资源的相对恶化是一种更常见的状况。如从 1960 年到 1995 年,美国联邦地区法院法官数量从 237 人增加到 604 人,增长了 2.5 倍;法院雇员从 5562 人增加到了 26265 人,增长了 4.7 倍,但每个法官处理的案件数量仍从 341 件增长到了 470 件,增长了 40%;这意味着案件数量的大幅度增长超过了司法机关投入的人力资源及相应经费的增长。而法院各个民、刑事案件完整庭审的天数加起来从 1960 年时的 22006 天增加到了 1995 年时的 60574 天,增长了 2.75 倍;而同一时期法官数量只增长了 2.5 倍:这意味着法官人均庭审负担实际上加重了。相关分析数据来源于[美]理查德·A. 波斯纳:《联邦法院——挑战与改革》,邓海平译,中国政法大学出版社 2002 年版,第 10 页、第 72 页及附录表 A.2、表 A.3 和表 A.4。

的经济性是一个合理的国家理性行为的当然目标，“一个人要是合理的，必须是理性的”。[①] 因此，我们评价刑事诉讼制度的一个重要衡量标准，就是其运作过程是否具有资源利用上的经济性；在比较不同刑事诉讼制度之优劣时，也关注它们在处理相似案件或能达致相同结果的情况下，何者对诉讼资源的消耗更少。

二、权力的经济与权利的经济：诉讼经济的两种框架

权力与权利是充斥刑事诉讼场域、彼此发生密切互动甚至激烈互撞的两种基本因素。一切刑事诉讼制度都必须也必然考虑保障国家权力有效行使以打击犯罪与充分保障涉讼公民基本权利的问题。所谓诉讼的经济，也因之可分为权力的经济与权利的经济。而这两种经济的基本着力点、内涵与具体制度设置显然不同。

（一）权力型经济的基本框架

权力型的诉讼经济以节约国家权力的运行成本，提高权力行使收益为基本着力点，表现如下：

1. 在国家（诉讼）职能方面

（1）国家职能的单一性与有限性。为了追求诉讼的经济，权力型诉讼架构下的国家往往只设置审判职能而没有侦查与起诉的职能，较为单一；而即便是审判职能也非常有限，审判者仅仅是处于被动、消极的仲裁者地位而不主动行使其职权，以节约资源。

（2）国家职能行使的一体化。这主要表现在两方面。一方面，同一司法主体同时承担多种诉讼职能。在比较极端的情况下，同一主体可能集侦查、起诉和审判职能于一身。或者，虽然审判

① ［美］罗伯特·考特、托马斯·尤伦：《法和经济学》，张军等译，上海三联书店、上海人民出版社1994年版，第14页。

职能独立,但侦查和起诉职能由同一个主体行使,比如警察机关承担起诉职能,侦、诉一体化。另一方面,各国家机关之间高度认可彼此工作。在这一点上,最主要、最突出的表现就是案卷制度。案卷制度带来的一个结果,即工作于彼此衔接的不同诉讼阶段的不同机关,尤其是下一环节机关对上一环节机关的工作成果基本持一种信任和接受的态度,后续机关开展独立活动的可能性与工作量大为减小,从而使权力行使成本得以降低。

2. 在诉讼过程方面

权力型经济在诉讼过程上最突出的表现,即以某一个诉讼阶段为最根本、最中心的阶段。在中心阶段,诉讼资源投入最多;而其他诉讼阶段附属于该中心而成为其准备或确认阶段,资源投入相对较少,甚至形式化。因为如果平均分配力量和诉讼资源,使诉讼阶段出现"多中心",显然不能满足权力行使经济性的要求。一般而言,诉讼中心阶段的确立,一方面可能表现为以侦查阶段为中心的"侦查本位"的诉讼制度。国家在侦查阶段投入最多的精力和资源,侦查阶段形成的意见和结论能够在很大程度上决定最后的诉讼结果,尔后进行的审判只不过是对侦查成果的认可和确立而已。另一方面可能体现为以审判活动为中心的"审判本位"的诉讼制度。审前阶段都是在为审判作准备,大量的关键性的诉讼活动在正式审判阶段才展开,审判活动才对整个诉讼过程作出最终结论。

进一步而言,在以审判为中心的模式下,在审级制度的建构上也体现出对诉讼资源的不同分配。要么是以一审(初审)为中心,关于事实的调查和认定一审终审,不许上诉。要么是以监督审或救济审为中心,允许上诉,尤其是对事实的上诉审理,甚至推行三审制。显然对上诉审的偏重就会淡化一审的功用,使投入的资源增加。一般而言,以一审为中心的制度最经济,因为它避免了实质性审判程序的反复启动。

3. 对权力行使的约束方面

总体来说,权力型诉讼的基本思路是对权力行使没有或者很少有约束条件,无论是形式上的约束还是实质上的约束。因为,一旦有约束条件,特别是比较多的约束条件或实质性的约束条件的运用,将导致权力运行成本增加。第一,约束本身需要付出成本,比如对法官和检察官的监督,需要设置监督人员、机构和程序,监督越多,资源投入越多。第二,相应地,被约束的主体为了接受约束,去设置接受约束的机制也需要付出成本,比如审查逮捕是否合适,一方面是接受审查,另一方面还有申请审查,而两方面都要花时间和成本。因此,节约资源的方式一定是对关键性的活动、重要的权力行使不予制约或少制约。制约机关越少,制约条件越低,制约程序越简,权力的成本就越节约。

4. 在权力的指涉对象方面

追求权力的经济性,势必要求减少或取消权力指涉对象的防御和保护措施,最典型的方式就是对被告人诉讼权利的弱化、淡化和漠视。因为律师对被告人的协助、辩护权和沉默权的行使等都会加剧被告人和国家之间的对抗,对权力行使造成妨碍,阻碍国家从被告人那里有效地获取证据和信息,从而促使国家不得不另觅他途,从“外围”而非“内线”展开工作,高成本获取很可能是间接的信息,而在很大程度上丧失低成本获取直接信息的机会。

(二)权利型经济的基本框架

权利型的诉讼经济以尽可能降低被告人在诉讼中为保障自身利益而投入的成本,并尽可能提高权利保障的成效(如获得较快的

处罚、较轻的刑罚或者免除处罚)为基本着力点,表现如下:

1. 简单化诉讼程序的可选择性

赋予被告人以诉讼主体性地位和相应的程序选择权利,通过保障被告人在诉讼程序中的自主感和尊严感,来调动和发挥被告人参与程序的积极性,使其作为程序主体能主动与有关各方就何种诉讼方式最为经济、何种诉讼结果最为有利进行充分、完全的协商或讨论,从而有效地选择并决定简单化程序适用的类型及其结果。因此,在保障被告人基本权利的基础上,权利型经济允许并鼓励被告人通过自愿放弃复杂程序、选择简单化程序来追求诉讼的经济性。

2. 诉讼过程与环节的简单化

由于当事人参与诉讼过程的每一个环节时都需要付出相应的成本,而环节越多,诉讼成本越高。因此诉讼过程的简化将使当事人经历更少的环节,从而直接降低当事人的成本付出。故权利型经济必然追求尽可能少的诉讼环节,以缓解当事人的讼累。

3. 诉讼进程的快速化

快速诉讼在功利的角度上有两方面意义:一是减少在通常意义上随着时间延长,而消耗的当事人在诉讼过程中直接投入的经济资源,比如聘请律师的费用以及其他诉讼开支;二是减少或避免当事人因陷入诉讼而遭致的其他损失,比如经济收入。当然,就非经济功利的角度而言,快速诉讼也有利于公民权利保障的迅速实现,避免"迟来的正义"。这集中体现在刑事诉讼国际通行准则之一的"迅速审判"(speedy trial)之中。

4. 基本权利保障的国家化

由于被告人在诉讼中为保障自身利益需要投入一定的经济成本,对于那些经济能力有限的被告人来说可能就是相当大的一笔开支,从而可能使其无力负担而影响他们对自身诉讼权利的维护。对此,为降低被告人保障自身权益的成本,权利型经济架构下,被告人基本权利的保护将由国家予以提供和促进,比如对无力聘请律师的被告人提供公设律师的帮助,限制保释金的金额,等等。

需要指出的是,权力型经济和权利型经济作为两种不同的诉讼经济之追求,是类似于理想类型的划分而构造出来的"用作比较和衡量实在的概念手段",[①]因此较之实践往往具有某种程度的极端化。我们于现实中从来都不能发现哪种刑事诉讼制度的建构仅仅考虑打击犯罪的经济性,追求绝对的权力型经济,或者只考虑保护人权的经济性,追求绝对的权利型经济。实践中任何一种类型的刑事诉讼制度对经济性的追求,都是二者兼具的。同一个刑事诉讼过程中,权力型经济和权利型经济彼此之间存在微妙、复杂的互动关系。如仔细观察美国的辩诉交易实践,我们就可以发现当事人一方的利益、需求和国家司法机关尤其是公诉方的取向便存在这种复杂关联。[②]

三、刑事诉讼经济性的制度分析

对于各种刑事诉讼制度经济性的表现,笔者将以权力型经济和权利型经济的双重视角来评价。

(一)刑事诉讼制度经济性的历史考察

由于刑事诉讼制度在人类历史上曾经出现过不同的类型,而这

---

① [德]马克斯·韦伯:《社会科学方法论》,韩水法、莫茜译,中央编译出版社2002年版,第47页。

② 关于该种关联性的详细考察,参见祁建建:《美国辩诉交易中的有效辩护权》,载《比较法研究》2015年第6期。

些不同的诉讼类型因各自所处时空条件的不同,在打击犯罪与保障人权这二者的追求上都有不同的面相,因此各自的诉讼经济性必定有不同的体现。

1. 早期弹劾式诉讼的经济性

弹劾式诉讼(accusatory system)是人类历史上最早出现的诉讼类型。古希腊时期、古罗马共和国时期、法兰克王国时期大都按照此种模式进行刑事诉讼。必须指出,这种模式是符合权力型经济要求的模式。这主要表现在:国家职能单一,只负责审判活动,没有专门的侦查和起诉机关,甚至传唤被告人到庭由原告自己负责。[①] 审判者的主要活动是听取双方发表的意见、审查双方提供的证据并判断胜负,基本是以消极被动的主持方式来解决刑事案件。不仅如此,在遇到疑难复杂案件而无法通过司法理性手段证明时,审判便诉诸神灵启示的方式,包括水审、火审、诅誓等,来寻求最终的裁判依据。[②] 这当然是一种简单处理复杂疑难案件,较快裁决而避免拖延的方式,意味着即使在处理复杂疑难案件时,国家投入的资源也不多。

显然,在弹劾式诉讼中,犯罪追诉职能的私人化即非国家化,法官审判角色的消极化以及诉讼过程的简单化,使国家组织刑事诉讼

---

① 公元5世纪法兰克王国的《萨利克法典》第3条规定:“凡传唤别人到法庭者,应偕同证人,一同到被传唤人家,如本人不在,应使其妻子或其他家属通知他本人,前赴法庭。”

② 古巴比伦《汉谟拉比法典》第2条规定:“倘自由民控自由民犯巫蛊之罪而不能证实,则被控犯巫蛊之罪者应行至于河而投入之。倘彼为和所占有,则控告者可以占领其房屋;倘若为之洗白而彼仍无恙,则控彼巫蛊者应处死;投河者取得控告者之房屋。”而其第131条规定:“倘自由民之妻被其夫发誓诬陷,而她并未被破获有与其他男人同寝之事,则她应对神宣誓,并得回其家。”公元9世纪法兰克人的《麦玛威法》中规定:“凡犯盗窃罪,必须交付审判。如在审判中为火所灼伤,即认为不能经受火审的考验,处以死刑。反之,如不为火所灼伤,则可允许其主人代付罚金,免处死刑。”

活动的成本投入无须很多。当然,这种成本的节约是建立在国家权力本身很弱,追诉犯罪的活动主要由当事人个人去完成的基础之上的,而这可能会增加当事人付出的诉讼成本。

2. 中古纠问式诉讼的经济性

从罗马帝国时期始,集权政治逐渐出现,国家权力日益追求对社会生活的控制,统治者开始意识到犯罪行为不仅侵害了个人利益而且更侵害了国家利益并危及政权统治。这时,刑事诉讼职能行使进一步国家化。欧陆古典弹劾式诉讼被从 13 世纪开始推行的纠问式诉讼(inquisitory system)所渐渐取代。[①] 由于纠问式诉讼的基本出发点在于严厉惩治犯罪活动,因此侦查、起诉和审判职能一体化并集于法官一身,法官依职权主动发现并追究犯罪,且秘密展开诉讼活动。国家行使司法权的行使几乎不受任何约束,只要有利于国家刑事司法权力的行使,任何诉讼方法都被认为是正当的。被告人可以被任意羁押,必须如实供述而不允许为自己辩护;为了快速有力地打击犯罪,高度重视口供而使刑讯合法化,[②]被告成为发现证据和查明事实的工具以及炫耀性国家权力的惩罚对象,沦为诉讼客体,基本上没有任何防御性权利可言。和弹劾式诉讼比起来,纠问式是比较明显的追求国家权力型经济性的诉讼制度。

应当指出,打击犯罪职能由国家专门机关承担的制度得以建立,这是诉讼历史发展的必然。而刑事司法权力的国家垄断性,也意味着原先由私人承担并支付成本的针对犯罪的调查和控诉活动

---

① 1532 年德国的《加洛林纳刑法典》和 1539 年法国的《法兰索瓦一世令》都是典型的纠问主义立法,英国在亨利 7 世时期建立的“星法院”也实行纠问主义的审判方式。

② 《加洛林纳刑法典》第 31 条规定:“假如某人被怀疑对他人有损害行为,而嫌疑犯被发觉在被害人面前躲躲闪闪、形迹可疑,同时嫌疑犯又可能是犯这类罪的人时,那么这就是足以适用刑讯的证据。”

将转由国家负责实施,投入刑事诉讼活动中的国家资源大大增加了。与之相适应的是,证据规则开始出现,法官职业开始专门化和国家化,弹劾式诉讼下常见的那种民众可以充当审判者,或司法和行政合一的局面都不复存在;开始出现辅助性诉讼角色,比如验尸官,而在法国最先出现了专门的近代检察官。因此,尽管纠问式诉讼在漠视被告人权利保护的基础上极度追求国家权力行使的经济性,但所花费的国家成本较之弹劾式仍然明显增加了。

(二)现代刑事诉讼制度的经济性考察

近代资本主义兴起以后,主张民主与自由的资产阶级对专制残酷的纠问式诉讼进行了改造,建立了有学者称为"控辩式"的刑事程序①。控辩式诉讼模式有两种典型代表:英美法系的当事人主义(亦称"对抗制",adversary system)和大陆法系的职权主义(亦称"审问制",inquisitorial system)。由于两大法系历史传统的不同,当事人主义和职权主义各自在诉讼形态上有一些明显区别,在打击犯罪和保障人权这两个诉讼目的上表现出不同的追求方式,对诉讼经济性的追求方式亦存在差异。

1. 当事人主义对诉讼经济性的追求

在历史上,当事人主义审判模式曾经是一种低成本的诉讼类型。陪审团审判制度的发源地英国在1558年至1625年,其省巡回法院审理一个案件包括陪审团评议在内仅需要15~20分钟,而到了18世纪晚期也不过才半个小时。而19世纪早期的城堡法庭一个早上就能审理10~12件案子,每个案件的陪审团评议时间仅2~3分

---

① [日]田口守一:《刑事诉讼法》,刘迪等译,法律出版社2000年版,第4页。

钟。[①] 然而,随着近现代社会的发展,当事人主义已成为一种以权利保障为主的诉讼制度,当事人主义为国家权力的指涉对象——被告人设计了较多的“权利技术”,以强化被告人面对追诉时的防御力量,包括广泛的律师帮助权以及不受强迫自证其罪等;同时,当事人主义对国家追诉权力行使设置了较多的约束,法院严格控制和规范检警机构的搜查、扣押等追诉行为。“权利法案的大多数规定都是程序性条款”。[②] 对抗制诉讼过程中设置的大量权利性程序,使诉讼活动的开展较为缓慢;尤其是陪审团审判中,法官消极被动地听审,控辩对抗充分,庭审调查高度口头化,加上使用非职业法官判断案件的事实而需要使用细致复杂的证据排除规则,导致整个诉讼过程耗时较长,需要投入大量诉讼资源。在美国,早在 20 世纪 90 年代初,一起审判的全部人工成本估计就已经高于每小时 400 美元,[③]而当时平均庭审时间至少都在 3 天以上,[④]可见正式审判程序的成本之巨大。尽管其对被告人权利保护十分周到,但确实资源消耗较高而经济性不足,不仅严重制约了国家打击犯罪的活动,也使当事人讼累沉重。

不过,我们并不能因上述现象就忽视了当事人主义对诉讼经济

---

① John Langbein, *The Origins of Adversary Criminal Trial*, Oxford, Oxford University Press, 2003, pp. 16-17.

② 前美国最高法院大法官威廉·道格拉斯语。转引自季卫东:《法治秩序的建构》,中国政法大学出版社 1999 年版,第 3 页。

③ [美]罗伯特·考特、托马斯·尤伦:《法和经济学》,张军等译,上海三联书店出版社 1994 年版,第 660 页。不过这是就所有类型案件的花销平均计算所得,考虑到刑事案件一般比民事案件需要消耗更多的诉讼资源,那么刑事审判的平均审判成本可能还要高于这个数值。

④ [美]理查德·A. 波斯纳:《联邦法院——挑战与改革》,邓海平译,中国政法大学出版社 2002 年版,第 72 页。

性的追求。比如,当事人主义形成以审判为中心的诉讼制度,侦查、起诉、预审等活动都是为审判作准备,诉讼资源集中投入审判阶段予以利用。在审级制度上,美国是典型的以一审(初审)为中心的模式,诉讼资源集中投入一审活动,通过强化初审的功能来避免救济审的频繁启动、重复浪费诉讼资源。还有,美国刑事司法中特别强调被告人接受"迅速审判"的权利,并将之作为一项公民的宪法性权利以敦促司法机构予以重视。

另外,相当重要的一点是,当事人主义还通过为被告人提供灵活的简化处理方式来提高诉讼的经济性。对抗制审判是建立于控辩双方强烈对抗的思路设计之上的:由于个人面对国家权力时的先天弱小,为了防止控诉机关不当削弱和压制被告人主张权利的能力和机会,保证被告人异议表达机制的畅通无阻,因此必然设置大量的程序性权利机制来限制国家权力,给予被告人特别保护。不过,如果诉讼中控辩双方实际上并不总是处于激烈对抗地位而是存在一定的协商与合作,对案件处理结果形成了合意,被告人对指控没有异议,那么对异议表达机制的保障措施实际上就失去了意义转而成为一种额外负担,简化对抗性的程序设置因而势在必行。而美国法律文化中特有的契约精神和实用主义态度恰恰容易促使刑事诉讼中的控辩双方达成妥协。因此,像陪审团审判那样的"普通"审判程序并不经常使用,在美国超过90%的刑事案件实际上都没有进入对抗制审判程序或者说完全就取消了庭审过程,而是在庭前采用一种协商式司法方式解决,如耳熟能详的辩诉交易。可见,虽然对抗制审判拖沓冗长、成本高昂,但其使用率极低;相反,简捷的辩诉交易使用率极高,因此美国刑事司法体制在整体上的经济性并不低。这样,当事人主义就形成了高成本的普通(陪审团)审判程序和低成本的简化诉讼程序(以辩诉交易为代表)两分的格局,并且以大量使用后者而极少使用前者来提高整个刑事司法程序的经济性。检察官提高了定罪率,被告人获得了较轻判决,案件又迅速解决,实现了权利型经济和权力型经济的双赢。

还要指出,自从20世纪60年代以来,美国司法系统的案件数量出现了爆炸性增长。为了应对案件负担的急剧增加,联邦法院系统也进一步寻求多种措施来缓解诉讼压力。除了在初审法院中大规模应用辩诉交易外,还采取各种方法提高诉讼的经济性。比如,在上诉审中一个重要的努力就是压缩口头辩论的长度和频率。尽管口头辩论对于法官思考案件事实非常重要,但是这和辩论长度没有什么高度亲合的关系。而且很多囚犯上诉的案件都是当事人自行辩护,而非律师进行的辩护很少有什么价值。因此,自1960年以来通常的庭审口头辩论时间已经被压缩了一半,上诉案件的口头辩论率也从几乎全部下降到了40%。又如,法官在判决书中不再全盘发表意见,甚至出现"一句话判决",或提出异议但不提供理由。普通法系法官有撰写长篇大论的判决意见并被奉为先例来遵循的传统,但在讼案过多的情况下,人们不得不考虑,在那些明显没有多大可能具有先例价值的案件和出于无谓纷争的诉讼中发表详细的意见是否有必要。而异议意见对于多数意见而言总是会削弱其权威性、影响法律判决的安定性,将诱使人们对判决作出缩小解释甚至推翻之,如果持异议意见的法官并不想带来这些麻烦,那么不提供理由是最好的办法。①

---

① [美]理查德·A.波斯纳:《联邦法院——挑战与改革》,邓海平译,中国政法大学出版社2002年版,第185~186页。

2. 职权主义对诉讼经济性的追求

一种在我国流行的观点认为,大陆法系职权主义更倾向于以打击犯罪来保障社会多数公民的权利不受侵犯,而将涉讼公民的个人权利保护置于相对次要的地位,和英美的"权利保障型"比起来是一种"犯罪控制型"诉讼模式。这其实是一种误读。事实上,法治发达国家的许多学者都认为,无论职权主义还是当事人主义,它们在本质上都体现着人权保障的精神;而对当今美国和德国刑事司法制度有过深入研究的美国耶鲁大学著名的比较法学家约翰·朗本(John Langbein)教授就明确指出,"欧洲的刑事诉讼制度在保障人权方面一点也不逊色于英美国家"。① 职权主义受纠问式诉讼传统的影响,选择了和当事人主义不同进路的权利保障方式。就其本身而言,它是一种非对抗性的制度设置,与对抗制相比要简化得多,经济性也要高得多。

当代职权主义诉讼是以"审判中心主义"构建起来的,而整个审判过程又主要集中在以法官为中心的活动上,法官主动行使职权去查明案件事实真伪,并主导庭审进程。法官的积极活动对控辩双方的主动性形成了抑制,因此控诉和辩护职能相应萎缩,控辩活动消极化,被告方实际处于配合法官查明案件事实的地位,结果是庭审缺乏对抗性。这种非对抗性或说对抗性不强的庭审,使整个诉讼活动实际上就沿着法官为查明案件事实所主要关心的问题而展开。而事实裁判者本人显然最清楚案件的争点,因此法官主导庭审就使得审判非常具有针对性,使诉讼资源集中、有效地投入到查明事实的关键环节上,避免对抗制庭审那种冗长拖沓的消耗战,防止了对

① 左卫民:《在权利话语与权力技术之间——中国司法的新思考》,法律出版社2002年版,第108页。

抗制审判中控辩双方积极活动所带来的“对抗过剩”问题，从而体现出了经济优势。

特别要指出的是，职权主义审判模式虽然也确立了直接言词原则，但并不排斥对先前诉讼阶段中形成的案卷的使用，“审判法院必须听取证人证言，但预审程序仍然继续发挥着重要作用”。[①] 卷宗等书面材料中的记录可以为法官在审判中引证并采纳，避免了英美对抗制审判过程中过度依赖口头化表达而导致庭审时间的拖延而经济性不足。

不仅如此，职权主义诉讼模式不采用陪审团审判，定罪量刑问题均由职业法官或混合参审制度下的法官裁定。对“门外汉”参与审判的控制，免去了挑选陪审员的冗长和花销，省略了控辩双方对陪审团的反复说明，无须法官额外花出时间和精力对陪审团就法律问题进行专门“指示”，也避免了陪审员因专业知识不足而可能导致其讨论缺乏效率乃至出现“悬而未决”的状况。[②] 这样就节约了相应的成本支出。

可见，在保障权利的前提下，职权主义的构造在本质上就已经具有相当经济性。不过其所需要投入的国家成本与传统诉讼模式相比仍要高出很多。而随着职权主义诉讼模式在人权保护和诉讼民主性等向度上的进一步强化，这一成本可能还会上升。因此，职权主义模式也在从其他方面采取措施来进一步节约成本，以应付伴

---

① ［美］米尔伊安·R. 达玛什卡：《司法和国家权力的多种面孔——比较视野中的法律程序》，郑戈译，中国政法大学出版社 2004 年版，第 80 页。

② 所谓“悬而未决的陪审团”（hung jury），即在刑事案件审判中，只要陪审团成员无法就被告人是否有罪达成一致意见，只要有一个人认为被告无罪，就形成 hung jury。当法官宣布案件是 hung jury 时，该次审判即告无效，必须重订日期，重选新陪审员来进行审理。

随经济发展所带来的案件数量的大幅度增长。现今大陆法系国家纷纷设置灵活的可快速处理案件的“略式程序”(对轻微案件进行书面审理),从而完全省略掉了庭审过程。这实际上与加强了审前程序的权利保障,然后放弃审判权利的辩诉交易制度的思路相接近。日本法院每年接受公开审判的被告人大约11万人,但却对大约90万人采用了略式程序。① 德国的处罚令程序之使用比例也超过了提起公诉(因而需要正式庭审)的数量,以处罚令程序结案的案件量占总案件数的50%以上。但被告人的权利并未被忽视,判处缓期执行的监禁刑以上就必须有律师参与,实践中检察官普遍与辩护方就是否采用处罚令以及处罚令的内容进行协商,若被告人事后不服还可以就处罚令向法院提出异议而另外审判。

总的来看,作为现代刑事诉讼制度的当事人主义与职权主义模式仍把节约成本、提高诉讼的经济性作为追求目标。但这种追求是建立在保障诉讼当事人权利基础之上的,没有因国家权力行使的经济性而放弃对人权的保护;同时也更加注重对权利保障经济性的追求,尽量降低被告人维护诉讼权利所支付的代价。不过,和历史上的诉讼类型比较起来,整个诉讼成本的大幅度增加也是难以避免的。这既是权利保障的需要,也是社会文明化程度和司法理性化程度提高后的必然结果。

四、中国刑事诉讼制度的经济问题

长期以来,中国刑事程序都是以打击犯罪为基本理念而设计与运作的,强调国家刑事追诉机构权力运用的积极性、主动性以及其

---

① 参见日本法务省特别顾问、东京大学名誉教授松尾浩也于2004年9月16日应邀在中国政法大学刑事法律研究中心所作的讲座:“日本刑事诉讼法修改的动向”。

在犯罪嫌疑人、被告人面前所呈现出来的压倒性优势，强调对犯罪活动的无情镇压和快速打击，因此整个刑事诉讼程序具有很强的“纠问化”色彩，有学者谓之“超职权主义”或“强职权主义”。这一制度设计思路除了源于诉讼意识形态上与国外的不同定位外，一个很重要的因素就是中国作为一个非发达国家所一直面临的诉讼资源紧缺的现实。正是基于打击犯罪有效性的考虑，中国刑事程序设计及运作在整体上就表现出明显的重打击、轻保护思路，追求一种权力型的诉讼经济性。比如，在1996年、2012年刑事诉讼法修改之前，整个刑事诉讼架构以侦查阶段为中心，诉讼资源集中投入到侦查活动中，随后的起诉和审判受侦查的制约而并不开展太多的活动；而公检法三机关之间也因此互相配合，高度信任和彼此依赖。审判前阶段的程序完全不具备诉讼的形态而类似一种行政治罪程序，被告人无法享有国际公约中规定的诸如任何人不受强迫自证其罪等程序性权利保障，国家追诉权力运行缺乏制约。由于直接言词原则在制度规定上的缺位，整个审判过程大量使用和依赖书面材料，极度缺乏口头化特征，侦查和起诉阶段大量依赖被告人口供而形成的卷宗材料被法院高度重视并理所当然地直接用于定案，证人基本不出庭，从而使庭审时间和消耗无论较之英美还是欧陆国家都大大缩短。审判中法官活动积极化，对控辩双方的诉讼活动，尤其是辩护方的活动予以严格限制，基本不存在对抗性。在国外经验中极为消耗资源并制约诉讼效率的辩护制度，在中国刑事程序中的运作极为不力乃至缺乏，大多数的刑事案件没有辩护律师参与，使犯罪追诉活动大为顺畅。在1996年，特别是2012年刑事诉讼法修改后，上述情况有所改观。例如，在立法层面，确立了反对强迫自证其罪的原则和非法证据排除规则，刑事法律援助的范围有所扩展，2018

年修改的刑事诉讼法进一步确立了认罪认罚从宽制度与速裁程序,建立了值班律师制度;在司法改革层面,中央及最高司法机关也自上而下地推进以审判为中心的诉讼制度改革和庭审实质化改革。但是整体而言,实践中中国刑事诉讼程序的结构尚未发生根本性变化。整体上,中国刑事程序还是以被告作为追诉/审讯对象而构建起来的,[①]直接追求快速而有力地使被告"自证其罪",便于惩罚和威慑。这当然是一种比职权主义诉讼的国家成本更低、诉讼资源使用更为经济的诉讼模式。

法官员额制改革以来,中国法官职业化和精英化的程度得到了进一步提高,法官人均办案数量较以前有更多提升,中国法官人均处理的案件数量不断接近美国的水平。[②] 但在中国看起来相当注重经济性的制度背后,也有理性化程度不够的司法体制对有限诉讼资源的严重内耗。而这里讲到的成本消耗还不包括一些机制性缺陷所导致的案件不能得到正确处理,当事人不断地上诉上访,公众舆论的反复呼吁以及有权机关之间来回"踢皮球"等现象所造成的其他社会成本的额外浪费。

侦、诉、审的"高效"推进伴随了另一种形式的资源消耗——这在现代诉讼中是较罕见的——即对犯罪嫌疑人、被告人的长时间羁押,不论是否有长期羁押的必要,以至于对涉嫌人员如不羁押倒十

---

① 左卫民:《权利话语/实践的艰难展开:1996 年刑事诉讼法典修改的反思》,载《中外法学》2002 年第 4 期。

② 美国联邦地区法院法官人均办案量在 1995 年是 470 件左右,其中包括 74 件左右的刑事案件。数据参见[美]理查德 · A. 波斯纳:《联邦法院——挑战与改革》,邓海平译,中国政法大学出版社 2002 年版,附录表 A. 2 和表 A. 3。而中国近年法官人均办案数量也有较大增加,参见左卫民:《"诉讼爆炸"的中国应对:基于 W 区法院近三十年审判实践的实证分析》,载《中国法学》2018 年第 4 期;等等。

分罕见,结果超期羁押成风。为此,国家需要投入大量的羁押场所及管理人员,诉讼经费开支是巨大的。

国家司法机关在诉讼中承担的职能过多,本应由控辩双方进行的诉讼活动被一定程度上吸收到法官身上,导致诉讼中的国家投入成本增加。由于中国法官承担了和检察官一样的打击犯罪的任务,控诉方在审判前做的一些工作,实际上在提起公诉后又为法官进行;而同时由于辩护活动开展不力,一些本来应由被告一方为诉讼做准备的活动就无疑又揽到法官头上,这便导致法院消耗的成本增大。①

中国法官要承担他们的国外同行所不需要从事的专门的庭外阅卷工作。尽管1996年《刑事诉讼法》修改后,规定检察院不再全卷移送,法院不再作详细的庭前实体性审查,但仍然保留了一部分庭前审查内容。而且由于主客观因素皆具的司法"惯习"(habitus,布迪厄语)的驱使,不少地方仍然实施着全卷移送和变相的实体审查。结果法官的庭外阅卷负担并未有多少减轻。2012年《刑事诉讼法》修改又恢复了全卷移送制度,使法官庭外阅卷全面前移到庭前。这一情况在2018年《刑事诉讼法》修改后也延续了下来。另外,在国外,均无对法官制作判决书施以统一格式之要求,全由法官视案件情况及其需要来决定判决书的写法,可长可短、可详

---

① 在这个意义上,我们可能不应该低估对抗制审判的效率倾向:由于对抗制具有竞争性的特点,和法官作为主要或唯一的证据收集者的纠问式制度相比,控辩双方,尤其是辩护方将具有更大的动力去实施事实调查和证据收集工作。由于竞争包含了双倍的努力,产出的收益通常都大于抵消的收益。因为竞争机制实际上就是一种市场机制,"那么对抗制比纠问制更大程度地依赖市场,而作为大多数物品的生产者,市场又比政府更有效率"。[美]理查德·A.波斯纳:《法律理论的前沿》,武欣、凌斌译,中国政法大学出版社2003年版,第366页。

可略,甚至可以在检察官的量刑意见上直接签字认可而省略判决书的撰写。而中国法官们却长期被要求制作格式统一的判决书。这些无疑占据了法官们的大量工作时间,徒增工作负担和成本(当然,最新的值得肯定的改革方向是在认罪认罚案件中简化裁判文书)。

中国刑事审判中历来就有的案件决策控制机制。例如,案件承办人对一些案件审理后作出的处理意见并不是最终判决意见,这导致一个诉讼案件处理过程中的决策层级增加,“一级法院的审判决定实际上成为一个逐级审判过程的产物”,①参与决策的人员过多,结果独任制或三人合议制实际上变成了四人、五人甚至更多人的合议制,而这无疑是以延长办案时间、增加诉讼资源投入为代价的。目前一些新的改革举措,如七人陪审制,②判决书详细化、公开化(上网),同样也会增加成本。③

中国刑事诉讼制度并非是以一审为事实审中心的模式,而是事实审的两审制乃至三审制(死刑立即执行的复核案件),这必然耗费大量的审判资源于重复审理。不仅如此,对生效裁判普遍申诉与经常复查的事后救济方式,同样导致严重的资源浪费问题。

最后,也是与本书关系最为密切的一点,即中国刑事诉讼程序本身曾长期缺乏灵活多样的案件处理机制,而当下通过推进构建多元化刑事诉讼体系来进一步改善刑事诉讼的经济性依然任重道远。具体而言,1996 年《刑事诉讼法》修改以前,所有案件不分轻重简繁

---

① 苏力:《论法院的审判职能与行政管理》,载《中外法学》1999 年第 5 期。

② 关于七人制合议庭的效率问题,参见左卫民:《七人陪审合议制的反思与建言》,载《法学杂志》2019 年第 4 期。

③ 关于判决书制作发布的效率问题,参见左卫民:《时间都去哪儿了——基层法院刑事法官工作时间实证研究》,载《现代法学》2017 年第 5 期。

都适用相同的审判程序。简单明了的轻微刑事案件与复杂疑难案件在庭审程序上等量齐观,诉讼资源的平均分配必然造成不必要的浪费和大量案件处理效率低下。为此,1996 年修改立法后专门增设了简易程序,旨在对原来适用普通程序的案件进行分流,以实现对简单案件的大批量处理来提高诉讼效率。但令人遗憾的是,由于各种原因,1996 年增设的简易程序在实践中一直不能得到充分利用。因此,从 2003 年起全国司法系统又开始推行“普通程序简化审”,直至 2012 年《刑事诉讼法》修改时将其彻底并入新的简易程序。但新的简易程序仍然满足不了新的时代背景下诉讼爆炸的巨大需求,同时,员额制改革使案多人少矛盾更为凸显,于是新法施行不到两年,国家层面又开始试点更为简化的刑事速裁程序,并最终在 2016 年将前述所有程序升级改造后统一为认罪认罚从宽程序,且在 2018 年修法中予以确认。然而,我们认为,上述措施即使能得到充分利用,其对中国刑事诉讼经济性的改善效果仍然有待观察,这一问题将在随后有关章中专门论述。

总之,尽管中国刑事诉讼制度设计以某种程度地牺牲被告人利益保障为代价来追求打击犯罪的有效性,但其在实践运作中的诉讼经济性有时却依然成问题,所消耗的诉讼成本并不如我们所想象的那样节约。这样一种既不能全面保障权利又不具有充分经济性的尴尬局面,对于一个诉讼资源相当有限的国家而言,无疑是值得反思的。所以,从建构权利充分保障与权力有效行使兼具的经济性诉讼制度的角度来看,中国的刑事诉讼制度还有进一步优化的空间。

第一章　德国简易刑事程序研究

一、概述

简易刑事程序，是指司法机关在办理案件时，由于案件事实简单清楚或被告人自愿认罪，因此对诉讼环节和步骤作出不同程度省略或简化后形成的一种审判程序。在本书中我们将“简易刑事程序”与“刑事简易程序”作了严格的区分，前者指刑事普通程序以外所有各种意在提高诉讼效率的刑事程序，而后者特专指立法中明文称为“简易程序”的程序。但就德国简易刑事程序而言，在今天中国法学界对其具体种类存在两种不同认识：一是王国枢教授等人认为，《德国刑事诉讼法典》特别程序编中所规定的处罚令程序、保安处分程序、简易程序、没收和扣押财产程序、对法人和社会团体处以罚款程序等都应属于简易刑事程序的范围，因为这五种特别种类程序与普通审判程序相比均具有简单、即时、速决的特征。[①] 二是高一飞博士等人认为,德国的简易刑事程序只有两种,第一种是处罚令程序,第二种是《德国刑事诉讼法典》第 417 条至第 420 条所规定的简易程序。[②]

从上述可知,大家对德国的处罚令程序和简易程序属于简易刑事程序已达成共识,只是对其他三种特别程序是否属于简易刑事程序存在分歧。为了对其作出客观的评判,我们认为,有必要对德国的其他三种特别程序做具体分析:第一,保安处分程序。依据《德国刑事诉讼法典》的规定其适用条件必须是行为人无责任能力或无诉讼行为能力,以致无法进行刑事诉讼程序,故说到底其意在预防而不在处罚,法官在此只是执行行政性质之事务,而并非进行刑事诉讼程序,[③]自然其也就不应被视为是简易刑事程序。第二,没收、扣押财产程序。因为没收、扣押财产只是作为可能刑罚、矫正及保安处分的附加处分,其本身并非是对被告人的行为作出是否有罪及应当如何处刑的刑事诉讼程序,故没收、扣押财产程序也不能视为简易刑事程序。第三,对法人、社会团体处以罚款程序。对法人、社会团体处以罚款就其法律性质而言属于行政性处罚,其程序也非刑事诉讼性质,故在克劳思·罗科信教授主编的《刑事诉讼法》中甚至根本就没有提及它,所以对法人、社会团体处以罚款程序也不应视为是简易刑事程序。此外,德国学者在对外介绍其本国的简易刑事程序时,也仅把处罚令程序、简易程序作为德国法中的简易刑事程

---

① 王国枢、项振华:《中外刑事诉讼简易程序及比较》,载《中国法学》1999 年第 3 期。

② 高一飞:《刑事简易程序研究》,中国方正出版社 2002 年版,第 8~9 页。

③ [德]克劳思·罗科信:《刑事诉讼法》(第 24 版),吴丽琪译,法律出版社 2003 年版,第 597 页。

序,而并不认为其他三种特别程序也是德国的简易刑事程序。[①] 所以本书认为《德国刑事诉讼法典》中的简易刑事程序应仅包括处罚令程序和简易程序两种。

现实只是历史发展的自然结果,故为了能够较好地把握德国现行的简易刑事程序,在此还是让我们先从其历史沿革说起。

直到19世纪中叶,“德意志”仍还只是个由若干邦国集合而成的地理概念。其时各邦的刑事立法深受法国法的影响,如《普鲁士刑法典》在总则部分也模仿《拿破仑刑法典》将犯罪分为违警罪、轻罪和重罪三类,同时法国的刑事诉讼法在总体上也成了“德意志”各邦刑事诉讼法的蓝本。[②] 在法国,违警罪是由独任法官组成的违警罪法庭按十分简易的程序处置的。这一做法对“德意志”各邦的刑事立法和司法也产生了一定的影响,故到19世纪中叶“德意志”已具备了产生简易刑事程序的条件。1852年5月3日,颁布的《普鲁士刑法典》首次确立了处罚令程序,用于办理处以罚金或小额徒刑的刑事案件,随后巴登、奥尔登堡、图林根、不伦瑞克和不莱梅等邦先后对其进行了引入,这标志着“德意志”本土化的简易刑事程序的诞生。

1. 1945年以前德国的简易刑事程序

作为近代民族国家的“德国”直到1871年才诞生,即始于俾斯麦通过三次王朝战争建立起来的所谓“德意志第二帝国”。建国伊始,为了维护自身法制的统一,新生的德国便着手制定一系列通行

---

① 参见汉斯-约格·阿尔布莱希特教授于2004年8月5日在四川大学法学院的讲座《德国刑事简易程序》整理稿。感谢岳礼玲教授的现场翻译。

② [德]曼弗雷德·迈瓦尔德:《历史上和现实中德国刑法所受的国际影响》,载范健等主编:《中德法律继受与法典编纂》,法律出版社2000年版,第225~226页。

全国的法律,《德国刑事诉讼法典》也正是在这样的背景下于1877年制定、并于1879年开始生效施行,其在第六编特别种类程序中也设立了处罚令程序,允许在处罚令程序中处以最高不超过6个星期的自由刑。

但由于自中世纪的后半段起,在“德意志”各邦中就越来越流行以纠问方式进行的职权诉讼程序取代早期的自诉程序,1532年制定的《卡罗琳娜刑事法院法典》进一步对自诉进行了限制,规定原告要对诉讼提供担保,并且在诉讼过程中将和被告一同被羁押,只有在被告受到判刑时方能解脱,借此来对原告自行起诉进行吓阻,以便确保国家对刑事起诉权的独占。1877年制定的《德国刑事诉讼法典》也沿袭了这种刑事诉讼的起诉法定原则,其第152条规定:“(一)提起公诉权属于检察院。(二)只要存在足够的事实依据,除法律另有规定外,检察院负有对所有应追究的犯罪行为采取措施的义务。”[①]所有的犯罪无论轻重,依法检察院都必须向法院提起诉讼,不得作任何便宜处置。这种对检察机关起诉裁量权的严格限制,使当时协商性司法在德国的实践中还无从产生。

不过随着形势的发展,1924年艾明格改革时,《德国刑事诉讼法典》新增其第153条规定:“(一)对行为人责任轻微、行为后果不明显的轻微犯罪行为不予追究。但公共利益要求法院作出裁决的除外。(二)在处理轻罪时,行为人责任轻微、行为后果不明显的,经初级法院法官同意,检察院可以不提起公诉。(三)已经提起公诉

---

① 宗玉琨译注:《德国刑事诉讼法典》,知识产权出版社2013年版,第145页。本书所引用《德国刑事诉讼法典》法条均出自此书,后文将不再说明。

的,经检察院同意,法院可以终止程序;对该裁定不得要求撤销。”[①]据此,检察机关可以行为人犯罪轻微不应受惩罚而终止诉讼程序,实际上赋予了检察机关一定的起诉自由裁量权。这为20世纪70年代以来协商性司法的兴起提供了一定的法律基础和制度环境。同时,在这次改革中,处罚令程序可处以的最高刑期被提高到了3个月。

然而,随着纳粹运动的高涨,德国国内的法制环境日益恶化。1933年1月30日,年迈的兴登堡总统任命希特勒为总理,纳粹分子掌握了德国政权,他们很快借助“国会大厦纵火案”炮制了《总统关于保护人民和国家的紧急法令》,宣布德国进入紧急状态,取缔人民的一切自由。同年3月21日,新开幕的国会又在纳粹武装的高压下通过了“授权法案”(《消除人民与国家痛苦法》),使希特勒政府摆脱了议会的制约,拥有独裁的权力。1934年8月2日,兴登堡去世,希特勒颁布《德国国家元首法》,规定将德国总统和总理的职位合并为一,由他就任“国家元首”兼政府总理。在“法律和元首的意志是一回事”的口号下,自由和法治在德国荡然无存,整个司法系统都成为执行纳粹政策的工具,偏离了正常的航道。犯罪嫌疑人和被告人的辩护权、程序选择权等基本人权被完全剥夺,基本的诉讼程序环节也常常被省略掉,简易迅速是纳粹司法的典型特点,刑事司法程序业已蜕变为一种行政治罪程序。例如,1933年3月21日,纳粹政府颁布特别法院组织法,授权组建特别法院,法院既不需要进行庭审前调查,庭审也无须确认控方的指控确有理由,辩护律师甚

① 转引自陈光中、汉斯-约格·阿尔布莱希特主编:《中德不起诉制度比较研究》,检察出版社2002年版,第64页。

至无权要求控方出示指控证据，对特别法院的判决被告人也无权要求上诉。这种即决法院深受纳粹政权的推崇，因为它满足了纳粹政权所谓"好的刑事诉讼"的标准，"通过以最小的代价、最快的速度和尽可能彻底的刑罚来惩罚犯罪"。[①] 此外1939年战争开始后，为加强对异己人士的镇压，在处罚令程序中可处以的最高刑期也被提高到了6个月。毋庸置疑，纳粹时期对刑事诉讼程序的简化已大大偏离了程序正当化的要求，其立法和司法已沦为践踏人权的工具，至今其仍是世人在讨论刑事诉讼程序简易化时的反面教材。

2. 1945年以后德国简易刑事程序的发展

随着第三帝国的崩溃，1945年5月9日，欧洲获得解放，胜利的盟军在德国所做的一件重要事情就是扫除一切纳粹式的立法和司法，实现德国立法和司法的"非纳粹化"。在一号宣言中，盟军总司令下令："关闭所有在被占领区的德国法庭，等候另行通知。"1948年7月初，英、美、法三国军事长官在法兰克福召集"西占区"11个州的总理开会，把三个所谓"法兰克福文件"(《关于宪法决定的声明》《关于改组州议会的声明》《宪法生效后军事长官权限的声明》)交给他们，授权各州在规定条件下开始建国的程序。1949年5月23日，美、英、法三国西占区国会参议院签署了《基本法》(不称"宪法"而称"基本法"，就是为了给将来东、西德的统一留下余地；而且，为了进行非纳粹化，《基本法》废除了死刑，并增加了罪刑法定的原则)，同年9月20日，德意志联邦共和国依据《基本法》正式成立。与此同时，苏联占领的东部地区也于1949年10月7日宣布成立德意志民主共和国，德国正式分离，西德继承了1877年的《德国刑事

① [德]英戈·穆勒：《恐怖的法官——纳粹时期的司法》，王勇译，中国政法大学出版社2000年版，第139页。

诉讼法典》,而东德受苏联法制的影响废弃了"德意志第二帝国"时期制定的各种古老法典。由于1991年德国统一后原"德意志联邦共和国"的法律适用于整个统一后的德国,而原来"德意志民主共和国"的社会主义法制已被废弃,故我们在此只讨论统一前原来西德的简易刑事程序的发展情况,而略去原东德简易刑事程序的立法情况。

废除纳粹时期的酷刑是战后西德立法和司法的重要主题之一,为此,在1955年处罚令程序可处以的最高刑期被降低到了3个月。同时从20世纪60年代起,原西德刑事诉讼程序的简易化在立法上有了进一步的发展。首先,表现在进一步扩大了检察机关的起诉裁量权,为后来诉讼参与各方进行协商性司法提供了更广阔的制度空间。如1974年《德国刑事诉讼法典》对1924年艾明格改革中增设的第153条做了进一步的修改,规定检察机关在处理轻罪时,"对于对他人财产实施的犯罪行为进行追究时,因其行为造成的损害很小而不会受最低刑处罚的,无须得到法院的同意"。并且,新增加了第153条a款,规定对于满足第153条规定的轻微标准的轻罪,控诉人有权要求被告人在向慈善机构、受害人予以一定的补偿,或者从事指定的慈善工作等后,就可对其暂时不予起诉。其次,多次修改法律争取实现刑事司法的全面简化。如1987年1月27日,鉴于刑事案件发案率显著增加而造成的司法部门工作量负担过重以及诉讼拖延,联邦德国制定并公布了《刑事程序修改法》,以谋求进一步简化刑事程序,迅速处理案件。该修改法汇集了刑事诉讼法、法院组织法、刑法、行政法等11种法律的修改条款,并于同年4月1日施行。此次对刑事诉讼法的修改范围较大,对原法的所有七编均有涉及,修改条文多达38条。① 又如1993年制定的《减轻司法负担法》,《德国对刑事诉讼法典》第153条、第153条a款做了进一步的修订,扩展了检察机关中止诉讼程序的权力。1975年以前,在处罚令程序中判处剥夺自由的刑罚是许可的,但后来出于法治国家的考虑而废除,规定处罚令程序只能适用于判处罚金刑。而1993年的《减轻司法负担法》基于"司法机关已经处于工作负荷的极限,用传统的方法已不能获得更多的人力资源,因此必须尽一切可能以使法院的程序更简化、更紧凑",而拓展了处罚令的适用范围,规定只要犯罪嫌疑人有辩护人,在处罚令程序中也可以判处其1年以下缓期执行的刑罚。1994年制定生效的《抗制犯罪法》,将简易程序(das beschleunigte Verfahren)重新规定于《德国刑事诉讼法典》第417条至第420条。② 2004年7月9日,联邦参议院又通过了德国历史上的第一部司法现代化法,以求进一步使刑事诉讼法律规范更加明确,程序更为简化,以减轻司法负担。由于德国犯罪率的上升,一线的司法实务人员不堪重负,自20世纪70年代起德国的刑事司法中出现了刑事协商的实践,但其最初并没有合法性根据,仅仅是实务操作中的"潜规则",引发了诸多争议。2009年,德国正式出台《刑事协商法》,将刑事协商制度纳入《德国刑事诉讼法典》,以便将其制度化和规范化,从此刑事协商变成了德国正式的简易刑事程序之一。

---

① 卞建林、刘玫:《外国刑事诉讼法》,中国政法大学出版社2008年版,第3页。

② [德]克劳思·罗科信:《刑事诉讼法》(第24版),吴丽琪译,法律出版社2003年版,第640页。

二、德国现行简易刑事程序

德国现行刑事诉讼法典中的简易刑事程序,一是规定在第六编“特别程序”中的处罚令程序和简易程序,二是2009年新增设的协商司法制度。

(一)处罚令程序

1.处罚令程序的立法规定及操作

(1)处罚令程序的概念及适用要件。德国的处罚令程序是指对于轻罪,依检察院书面申请,法官、陪审法庭可以不经审判以书面处罚令确定对行为的法律处分的程序。处罚令程序适用的要件是:第一,行为人所涉嫌的犯罪是轻罪。依据《德国刑法典》第12条的规定,轻罪是指“最高刑为1年以下自由刑或科处罚金刑的违法行为”。[①] 第二,检察机关根据侦查的结果认为无审判必要(一般指事实清楚、证据确实充分),而向法官或陪审法庭提出了签发处罚令的申请。依据《德国刑事诉讼法典》第408条a的规定,即使在审判程序已经开始后,在被告人不到场、缺席或有其他重要原因障碍法庭审理时,检察院可在刑事法官和舍芬庭审理的程序中提出处罚令申请。而且法庭审理中,检察院可以口头提出申请,同时处罚令申请的主要内容应当记录在庭审笔录中。第三,只能对被告人单处或并处罚金及不同的从刑、从属效果(罚金、保留处罚的警告、禁止驾驶、追缴、没收、销毁、废弃、有罪判决的公告和对法人或人合团体的罚款;不超过2年的剥夺驾驶许可;在1~3年的期间内禁止饲养、照管及交易任何种类或某一特定种类动物,或者在此间期间内禁止与上

① 参见徐久生、庄敬华译:《德国刑法典》(2002年修订),中国方正出版社2004年版,第8页。

述动物进行职业性接触活动；免于处罚），而不得处以自由刑；只有当被告人在有辩护人的时候，同时是缓期执行交付考验的，才可以对其判处1年以下的自由刑，即如果是自由刑的话也只能是缓刑而非实刑。

（2）适用处罚令程序的法院及审判组织形式。在德国，法院体系是依据权力分散原则和专业化原则建构起来的，既有联邦的法院，又有各州的法院，全国同时并存普通法院、行政法院、劳动法院、社会法院和财税法院等五大法院系统。对于刑事案件而言，判决1年以下监禁的初审可由地方法院的一名法官独任审理，判决不超过4年监禁的刑事案件初审可由地方法院的一名职业法官和两名非职业法官组成的陪审法庭审理。故结合《德国刑事诉讼法典》第417条的规定，适用处罚令程序的法院应是地方法院；就其审判组织而言，有独任法官组成的独任庭及职业法官与非职业法官组成的合议庭两种形式。依据《德国刑事诉讼法典》第408条第1款的规定，陪审法庭审判长如认为刑事法官有管辖权，可通过检察院将案卷移送刑事法官；移送案卷裁定对刑事法官有约束力，检察院可以立即抗告。刑事法官认为陪审法庭有管辖权的时候，也可通过检察院将案卷移送陪审法庭审判长做裁判。

（3）法官或陪审法庭对处罚令申请书的审查。法官或陪审法庭应对检察院的处罚令申请进行审查，如果审查认为从检察院掌握的证据看被告人没有足够嫌疑，法官应当拒绝签发处罚令。拒绝签发处罚令的裁判，等同于拒绝开始审判程序的裁定。检察机关不服此驳回申请之裁判可依据《德国刑事诉讼法典》第210条第2款提出立即抗告。如果对签发处罚令无疑虑，法官应当准予检察院申请。如果抗告法院认为检察机关的处罚令申请合法，不应被驳回，则只能指定审判期日对原案件开庭审理。不过,由于其只是书面审理,故并不要求法官就被告之罪责达到内心确信的程度,而只要求有足够的犯罪嫌疑即可。[①] 如果对不经审判就做裁判有疑虑,或者想偏离处罚令申请中的法律评断,或者要判处与所申请不相同的法律处分,但检察院又坚持它的申请时,法官就将确定审判期日,对案件进行公开开庭审理,并向被告人送达传票,通知其处罚令申请的副本,但不通知检察院对其申请的法律处分。德国学者称此乃为了避免错误裁判而设置的处罚令程序之特别预防。[②]

不过,在现实司法中上述情况是极其少见的,法官绝大多数时候都会同意检察院的申请,即通常法官并不审核案件的真实性而是习惯性地准许检察官的申请,签署处刑命令。[③] 如想偏离处罚令申请中的法律评断,法官常会非正式地向检察机关联系并试图说服检察官根据法官的意见对处罚令申请书作出修改后再次提出新的申请,从而化解法官与检察院之间的意见分歧,促使程序顺利地向前推进。

(4)指定辩护人的问题。如果是将判处被告人不超过1年缓期执行交付考验的自由刑时,法官应当对尚无辩护人的被告人指定辩护人。

---

① 但在德国也有部分学者主张法官应排除合理怀疑地确信被告人有罪。参见托马斯·魏根特:《德国刑事诉讼程序》,岳礼玲、温小洁译,中国政法大学出版社2004年版,第210页。

② [德]克劳思·罗科信:《刑事诉讼法》(第24版),吴丽琪译,法律出版社2003年版,第605页。

③ See Joachim Herrmann, "Bargaining Justice—A Bargain for German Criminal Justice", U. PITT. L. REV. 53, 1992. 胡星昊收集整理的一组数据显示,德国地方法院拒绝检察院处罚命令申请的比例在1%上下。参见胡星昊:《刑事速裁程序的另一种思路》,载《北方法学》2017年第6期。

(5)处罚令应记载的内容。法官或陪审法庭接受检察机关的处罚令申请,审查后不提出反对意见的话,就要依法根据检察机关的申请书及提供的相关材料来制作处罚令。依据《德国刑事诉讼法典》第409条的规定,处罚令上应载明:关于被告人、依据《德国刑事诉讼法典》第407条的规定,提出了申请就是提起了公诉。检察机关一旦向法院正式提起对被告人的处罚令申请,就意味着其正式向法院提起了告诉,被告人就变成了被告。处罚令的内容包括:被告人及可能的附属效果参与人的个人情况;辩护人姓名;被告人被指控的犯罪行为名称、实施犯罪行为的时间及地点、犯罪行为的法定特征;适用的法律条文,按条、款、项、字母的顺序并注明法律名称;证据材料;确定的法律后果;告知提出异议的可能性和对此规定的期限与形式,并指明只要未依照第410条对处罚令提出异议,处罚令将具有确定力并可执行。如果对被告人判处自由刑、保留处罚的警告或命令禁止驾驶,应当同时依照第268条a第3款或第268条c第一句向其告知。第111条i第2款以及第267条第6款第2句的规定相应适用。在形式上处罚令只是一个裁定,但实际上它是一个有罪的判决,如果被告人在规定期间不提出异议其生效后就可作为刑罚执行的依据,所以在文书格式的要求上其与判决书差不多。为了便于司法人员操作,德国司法部门制定有实务中可通行的固定范本。

(6)处罚令的送达。处罚令应向被告人本人送达,如果被告人有法定代理人的,依据《德国刑事诉讼法典》第409条第2款的规定,也应向其法定代理人送达。实务中处罚令一般采取挂号信的方式邮寄给被告人及其法定代理人。

(7)接收处罚令后的法律后果。第一,接到处罚令后,如被告人在两周内不提出异议的,则处罚令生效,其将作为刑罚执行的依据。

生效的处罚令与判决一样也有既判效力,即使后来发现对被告人的行为判处较轻,也不得重新审判。但依据《德国刑事诉讼法典》第373条a第1款的规定,“如果提出了新的事实或新的证据材料,仅依此或与先前的证据结合,有理由因重罪作有罪判决时,对由确定处罚令所终结的程序,亦准许进行不利于受有罪判决人的再审”。第二,接到处罚令后,如被告人在两周内提出异议的,则处罚令将自动失效,法院将确定审判期日,对原案件进行开庭审理。被告人对处罚令的异议可以用书面或者以口头由书记处做笔录的方式向法院提出。不过与普通审判相比,被告人提出异议后的审判仍很特别,一是在判决宣告前还可以撤回起诉;二是被告人可以只委派律师代理,而自身不出席法庭接受审判。当然,依据《德国刑事诉讼法典》第236条的规定,法庭也可以明确要求被告人出庭,甚至可以逮捕令、拘传令的方式强制其出庭。如果发生被告人及其代理律师均不出庭的情况,则其对处罚令的异议将被视为撤回。

在司法实务中被告人对处罚令提出异议的不到1/3,据统计,2000年德国检察官共提出659368份刑事处罚令申请,而被告人共提出166033份异议,约75%的被告人未提出异议。① 因为检察机关在提出处罚申请时一般已与被告人及其辩护人交换过意见。实践中辩护方与检察官就是否通过处罚令处理案件以及处罚令的内容进行讨论已经成为普遍做法,检察机关对被告人的处罚请求大多数是其能够接受的;而且《德国刑事诉讼法典》第411条第4款也规

① 托马斯·魏根特:《德国刑事诉讼程序》,岳礼玲、温小洁译,中国政法大学出版社2004年版,第211页;*Vgl. Heinz*, *Wolfgang*, Der Strafbefehl in der Rechtswirklichkeit, in: Festschrift fuer Heinz Mueller Dietz, Muenchen 2001, s. 304, Tab. 3。而20世纪90年代,被告人对处罚令提出异议在25%上下,参见胡星昊:《刑事速裁程序的另一种思路》,载《北方法学》2017年第6期。

定，在提出异议后，法院在对犯罪行为判决时，不受原处罚令之约束，甚至在量刑上可以为对被告人不利之变更，对其处以比原处罚令上记载的更严厉的刑罚，因此，随意对处罚令提出异议是不明智的。当然，被告人在提出异议后，意识到提出异议是不明智的，法庭可能会加重其处罚。依据第 411 条第 3 款的规定，只要判决还没有宣告，他/她都可以撤回其对处罚令的异议，从而使处罚令产生法律效力。为了进一步提高效率，2004 年 7 月 9 日联邦议会通过的司法现代化法规定，如果被告仅仅对确定的罚金日数提出异议，此时可以不必进行法庭审理，而按照被告及其辩护人或检察官的意见直接作出裁定，对该裁定还可以按照《德国刑事诉讼法典》的规定提出即时抗告。[①] 这个内容，现在已写进了《德国刑事诉讼法典》第 411 条第 1 款中。

2. 处罚令程序的实施情况及评价

处罚令程序如今已成为德国处理简单轻微的刑事案件甚至中度犯罪案件最重要之诉讼种类，[②]有数据表明，自 1985 年以来，德国的检察机关就喜欢更多地以处罚令来结案，而非提起起诉由法院进行常规审理，检察机关向法院提起处罚令申请的绝对数量明显高于提起正式起诉的绝对数量。[③] 而在整个 20 世纪 90 年代，检察院提出处刑命令申请的案件大致占全部刑事案件的 45%上下。[④] 处罚令

---

① *Alexander Otto*, Was Bringt Das Erste Gesetz Zur Modernisierung Der Justiz Fürdie Strafprozessordnung? Accessed http://jurawelt. de/aufsaetze/strafr/9573? stylelite = 1.

② ［德］克劳思 · 罗科信：《刑事诉讼法》（第 24 版），吴丽琪译，法律出版社 2003 年版，第 602～603 页。

③ 参见陈光中、汉斯-约格 · 阿尔布莱希特主编：《中德不起诉制度比较研究》，检察出版社 2002 年版，第 176～177 页。

④ 参见胡星昊：《刑事速裁程序的另一种思路》，载《北方法学》2017 年第 6 期。

程序之所以受到欢迎,一是因为它有利于提高诉讼效率,节省司法部门的时间和费用,让它们有更多的时间、精力和资源用于处理那些重大的刑事案件。与德国普通诉讼程序相比,适用处罚令程序省略了以下环节:(1)在宣告处罚令之前,法官无须对被告人进行讯问。依据《德国刑事诉讼法典》第33条的规定,法院在审判中作出裁判之前应当听取参加人的意见;而依据第407条第3款的规定,在处罚令程序中法官无须对被告人进行讯问;(2)检察机关以处罚令申请可代替起诉之提起,并且要明确提出对被告人的处罚办法,省却了大多数时候法官对犯罪行为的具体定罪量刑;(3)法院无须作出开启审判程序之裁定,省略了中间程序;(4)如法官认为处罚令之宣告没有什么不妥,则无须开庭,仅对案件进行书面审理,从而大大节省了司法资源,所以德国的立法者评论说处罚令程序"毫无疑问是刑事诉讼法上最重要的程序经济化的制度之一,因此特别适宜用来减轻地方法院的刑事司法负担"。[①] 二是它有利于减轻被告人的诉累,减少参与诉讼的费用,避免对其公开审判所引起的麻烦和名誉上的不良影响。故对于那些被告人完全同意、不提出异议的案件来说,德国凭借处罚令程序开辟了一条国家和被告人双赢的刑事司法道路。

当然,德国学者对其弊端也是十分清楚的:一是部分犯罪嫌疑人对处罚令的法律意义不理解,分不清案件是民事的还是刑事的,搞不清犯罪与否的区别,甚至有一部分人收到法院寄的处罚令邮件后会将其丢弃,从而错过提出异议的机会;二是因为其是书面审理,被告人得不到法官口头告诉其权利的关照,从而对部分被告

① Beruendung zum Gesetzentwurf des Bundesrates "Entwurf eines Gesetzes zur Entlastung der Rechtspflege" vom 27,09.91(BT_Drs. 12/1217),42.

人权利的维护带来不利；三是由于被告人未受到审判，常常不能意识到其犯罪行为的严肃性和危害性，不利于对其进行改造；四是导致检察官部分公诉行为的扭曲——在不具备起诉条件时侥幸地提起处罚令或者为了被告人接受处罚令而有意降低对其处罚力度。[①]同时阿尔布莱希特教授对1994年《德国刑事诉讼法典》的修改将处罚令程序扩大到适用于判处被告人不超过1年缓期执行交付考验的自由刑也颇有微词，他主张在处罚令程序中只应判处罚金刑。[②] 此外，对于提出异议的案件来说，处罚令程序无疑仅是白白延长了诉讼周期。不过虽然处罚令程序存在这一系列问题，但由于其具有不可替代的好处，而其处理的也只是轻微犯罪，对被告人的处刑不是特别严重，加之通过赋予被告人表明异议的权利也基本保障了被告人的程序选择权，故严谨而精于计算的德国人仍对其充满信心。

(二)简易程序

1. 简易程序的立法规定

(1)简易程序的概念及适用条件。《德国刑事诉讼法典》中的简易程序是指对那些案情简单或证据清楚的案件应检察院的申请，刑事法官、陪审法庭对其立即进行审理的诉讼程序。

简易程序作为一种快速审判程序，《德国刑事诉讼法典》对其适用条件作出了严格的规定：首先，检察机关必须向法院提出申请，当然申请可以书面或者口头的方式提出，对此没有特别的限制；其次，必须是案情简单（诉讼参与人能够轻易了解，犯罪行为量少，无

---

① 上述评论来源于德国马普外国与国际法研究所所长汉斯—约格·阿尔布莱希特教授2004年8月5日在四川大学法学院的讲座“德国刑事简易程序”整理稿。

② 关于对处罚令程序缺点的相关评论还可参见[德]克劳思·罗科信：《刑事诉讼法》（第24版），吴丽琪译，法律出版社2003年版，第603页；[德]托马斯·魏根特：《德国刑事诉讼程序》，岳礼玲、温小洁译，中国政法大学出版社2004年版，第212~213页。

须全面调查犯罪嫌疑人的经历)或证据清楚(自认或证据可靠)的案件,并且必须是有可能进行立即审理和判决(有立即可掌握的证据,案件情况允许立即或在短期内进行法庭审理),对于那些复杂、疑难和证据不清或在短期内不能审理和判决的案件不得适用;最后,对被告人判处的自由刑只能在1年以下,在简易程序中不允许判处剥夺被告人自由1年以上的刑罚或者科处矫正及保安处分,如果适用简易程序判处被告人1年以上自由刑的,依据联邦最高法院判例[①]之见解,第二审法院应依据《德国刑事诉讼法典》第419条第1款的规定改判之,即重新对被告人判处1年以下的自由刑。但准许剥夺驾驶权。此外,简易程序只适用于成年人,不适用于未成年人(14周岁以上未满18周岁)。

(2)适用简易程序的法院及审判组织形式。简易程序主要由地方法院适用,对地方法院独任法官适用简易程序的判决提出上诉后,地区法院也可适用简易程序进行审理,地区法院审理其他案件、高等法院和联邦法院在审判案件中不得适用简易程序。适用简易程序审判案件的审判组织依法只能是刑事法官(独任制)、陪审法庭(由一名职业法官和两名非职业法官共同组成合议庭)两种。

(3)法庭对适用简易程序的审查。当检察官向刑事法官、陪审法庭提出适用简易程序的申请时,刑事法官、陪审法庭应当对其进行审查,看案件是否具备适用简易程序的条件,如果案件满足适用简易程序的条件,法院就要应检察机关的申请用简易程序对案件进行审理;如果案件不具备适用简易程序的条件,法院就应拒绝检察机关的请求,对此法院从审判开始至判决宣布之前,都可随时作出拒绝适用简易程序的裁定。对此裁定依据《德国刑事诉讼法典》第

① 联邦最高法院刑事判例集(BGHSt),第35卷,第251页。

419 条第 2 款的规定不得提出异议。不过,以简易程序判决的申请被拒绝时,如果被告人有足够的犯罪嫌疑,法院裁定开始审判程序;不启动审判程序和以简易程序判决的申请被拒绝时,可以免予提交新的公诉书。

(4)指定辩护人的问题。依据《德国刑事诉讼法典》第 418 条第 4 款的规定,地方法院适用简易程序审判案件,预计要判处剥夺自由刑至少 6 个月的时候,对尚无辩护人的被告人应为其指定辩护人。

(5)简易程序与处罚令程序之间的转换。如果处刑命令能够有效送达,则处罚令具有优先使用权。[①] 依据 2004 年 7 月 9 日联邦参议院通过的司法现代化法,检察官在庭审中可以当场口头提出对被告人的处刑命令申请,从而实现由简易程序向处罚令程序的转换。

2. 简易程序的实施情况及评价

与普通程序相比,简易程序在下列方面简化和加速了程序的进程:(1)在公诉的提起上,比普通程序灵活,检察机关除可以用书面外也可以用口头提起诉讼。(2)检察院提出申请后,法院无须特别作出开启审判程序的裁定,省略了全部中间程序。(3)传唤期间缩短为 24 小时。只有在被指控人不自愿到庭或者未将其向法院解送的时候,才应当对其传唤,如果被告自愿到庭或被捕则无须传唤。(4)庭审时证据调查的过程被简化。依据《德国刑事诉讼法典》第 420 条的规定,适用简易程序,经出席审判的被告人、辩护人和检察官的同意,对证人、鉴定人或者共同被指控人的讯问,允许以宣读以前的讯问笔录以及宣读含有出自他们的书面声明的文件而代替,不必强求其亲自出庭接受讯问;对公共部门、法医部门依职务所做的

---

① 参见由德国司法部、联邦和欧洲事务部以及内政部 1998 年 7 月 30 日联合发布的《关于适用刑事诉讼法第 417 条 ff. 规定的快速程序的指导意见》(Amtsbl. Schl. -H. 1998 S. 686)。

情况调查、了解以及它们的工作人员所做的调查、了解的声明可不受限制地允许在法庭宣读。在2000年,德国所有初级法院处理的案件,大约有4%的案件是通过简易程序审理而告终的,[①]简易程序已成为德国初级法院处理案情简单或证据清楚的案件的重要工具之一。

对于简易程序的利弊德国人是有清醒认识的,其好处是显然的:一则如上所述它比普通程序简化、快捷,极大地提高了效率,有利于节省司法资源;二则它有利于减少犯罪嫌疑人的审前羁押时间;三则它能迅速地展开对犯罪的制裁,增强对现行刑事犯罪的打击力度,有利于治安防范。但这些好处的取得无疑是以部分牺牲司法程序的正当性为代价的,不能为被告人辩护权的行使提供充分的准备时间和条件,于人权保障不利。对于纳粹"废除刑事诉讼中的形式主义"的做法带来的危害,德国人是记忆犹新的,故大多数德国学者主张应对其适用的案件范围进一步作出严格的限制。

(三)协商性司法

协商性司法作为德国新型的简易刑事程序,经历了漫长的发展过程,其大致可以2009年《刑事协商法》的出台为界分为两段。

1. 实践中的潜规则

纸面上的法律与现实中的司法总是存在差距,"仅仅根据制定法条文以及支配法院诉讼程序的规则来对一种法律制度加以评断,将会曲解它在生活中所产生的实际效果。事实上,规定和期待的东西与实际发生的东西之间的差异无处不在"。[②] 对此,著名的德

---

① [德]托马斯·魏根特:《德国刑事诉讼程序》,岳礼玲、温小洁译,中国政法大学出版社2004年版,第208页。2003年也大致如此,参见宗玉琨译注:《德国刑事诉讼法典》,知识产权出版社2013年版,第290页。

② [美]H. W. 埃尔曼:《比较法律文化》,贺卫方、高鸿钧译,清华大学出版社2002年版,第5页。

国刑事诉讼法学家赫尔曼也曾提醒中国读者，在阅读《德国刑事诉讼法典》文本时，不能陷入一种天真的法律实证主义的思想，认为实际中的刑事诉讼程序在任何一个方面都是与法律的规定完全吻合的；应当把刑事诉讼程序视为一种具有生命的有机体，它如同其他任何一个在社会中产生功能的系统一样，时刻经受着变化，也常常以偏离法律规定的方式自己发生变化。为了说明这一结论，他举了三个例子，其中之一就是虽然德国刑事诉讼程序是一个由法院权威性地裁判是否有罪和处以刑罚的程序而不是对这些问题达成协议或者调解的程序，但事实上，从20世纪70年代以来，辩护人、检察官和法官之间在各程序阶段上就定罪、量刑等问题开展广泛的协商，最终凭协议解决问题已是德国刑事司法中的现实。达成的协议不仅对检察院和法院的决定、裁判产生影响，而且在某种意义上还具体操纵了这些决定、裁判。[①] 一言以蔽之，协商性司法作为德国现实司法自身实践逻辑发展的产物已出现在世人面前。而在协商性司法中由于相关诉讼参与人对案件事实和法律适用问题已形成合意，案件审理程序得以大大简化，故其也是一种实质意义上的简易刑事诉讼程序。

据德国马普外国与国际法研究所所长汉斯-约格·阿尔布莱希特教授2004年的介绍和同年我们在实地的考察得知，协商性司法已是德国刑事司法实践中的普遍现象，有人估计在今天德国20%～30%的刑事案件都进行过某种形式的协商。具体而言，以其是否与处罚令程序有关，可分为下列两类。

---

① ［德］约阿希姆·赫尔曼：《德国刑事诉讼法典中译本序言》，载李昌珂译：《德国刑事诉讼法典》，中国政法大学出版社1995年版，第3～4页。

(1)处罚令程序中的协商

前文已提及,现今检察机关在作出处罚令之前,检察官与辩护人事先就是否适用处罚令程序以及处罚的具体内容进行沟通已很普遍。[①] 如果被告人认罪而只是对罚金的数额有异议时,法官也可在听取被告人的意见后对罚金的具体数额进行修改后发给被告人交付执行,故在部分适用处罚令程序的案件中检察机关、被告人及其辩护人和法官之间也存在一定的协商。

(2)非处罚令程序中的协商

与处罚令程序无关的协商又有两种情形:

首先,是依据《德国刑事诉讼法典》第 153 条 a 的规定所进行的协商。依据第 153 条 a 第 1 款的规定,检察院可以经负责开始审理程序的法院和被指控人同意,在被指控人“履行一定的给付,修复犯罪行为造成的损害,向某公益设施或者国库交付一笔款额,履行其他公益给付,承担一定数额的赡养义务,真诚努力地与被害人达成冲突调处(犯罪人与被害人冲突调处),并修复其犯罪行为造成的全部或绝大部分损害或者力求修复损害,参加社会训练课程,参加《德国道路交通法》第 2 条 b 第 2 款第 2 句规定的进修补习课程或该法第 4 条 a 规定的驾驶矫正课程”的情况下可对其暂缓起诉,对犯轻罪的被指控人暂时不予提起公诉。依据第 153 条 a 第 2 款的规定,即使已经开始审判,经检察院、被告人同意,法院仍可以在审判终结前停止诉讼程序,依据第 153 条 a 第 1 款的条件对被告人处以暂缓起诉。此条不仅扩大了检察院起诉的自由裁量权,同时也为检察机

---

① John H. Langbein and Lloyd L. Weinreb 在 1978 年发表的文章中还认为在处罚令程序中不存在交易。See John H. Langbein and Lloyd L. Weinreb, “Continental Criminal Procedure: ‘Myth’ and Reality”, *YALE L. J.* 87, 1978.

关、被告人及辩护人和法官之间的协商提供了制度性前提和条件，因为要最终作出暂时不予起诉的决定需要三方一致同意，故协商就常常在所难免。对被告人而言，如能获得对其暂时不予起诉的处置无疑是十分有吸引力的，如此可以避免审判对其带来的心理压力与负面效应，将来的生活和工作也不会受到曾有犯罪记录的负面影响；而对德国的辩护律师来说，由于他们是实行计件收费的，而不是按工作时间长短来收取报酬，故迅速终止诉讼程序无疑也正是其希望的，那样，他们就可节省时间去经营其他业务；而对检察机关和法院来说，作出暂时不予起诉的决定也可节省大量的司法资源。所以，协商就成为一种皆大欢喜的选择。据我们在德国的考察所知，具体的协商过程一般都是检察官和辩护人在私下进行的，法官和被指控人一般是不参与协商的，因为法官一般都会同意检察官的决定，被指控人也完全由其辩护人代理。早先的时候这种协商主要是发生在交通以及其他轻微的犯罪案件中，①但现在有时即使是涉及重罪案件，检察官与辩护律师也可通过协商使用一个轻罪指控代替原重罪指控的办法，使其符合《德国刑事诉讼法典》第 153 条 a 规定的适用条件，当然这样做无疑已与立法的初衷相去甚远。

其次，是重大疑难案件中的自白协商。在德国刑事诉讼中，被告人有提出证据的权利，并且对于被告人所提出的证据法官有审查的义务。对于像重大疑难的经济犯罪、环境犯罪、税收犯罪和毒品犯罪等新型犯罪案件，由于证据多、涉及面广，法庭进行证据调查将要花费很长的时间，检察官和法官意识到如果被告人能自白的话，那么，法庭的审理周期无疑将会大大缩短。为此，检察官和法官

---

① Herrmann, "The Rule of Compulsory Prosecution and the Scope of Prosecutorial Discretion in Germany", *U. CHI. L. REV.* 41, 1974.

常常会自动与被告人的辩护人私下联系,作出一个减少指控、为被告人请求较轻的刑罚或可能判处刑罚的上限等的承诺,以换取被告人的自白。据德国学者介绍,[①]这种自白协商可分为三种情形:一是起诉前检察官和辩护人之间的协商。由于依据《德国刑事诉讼法典》第 147 条的规定,辩护人可在侦查终结后查阅检察院保管的案卷,对案情和检察机关手中掌握的证据情况进行全面了解,借此辩护人可以与被告人就是否自白进行充分的意见交换。这种公诉和辩护双方知己知彼的背景为协商创造了广阔的前景,如被告人自白,检察机关就可承诺只起诉其犯罪行为中的一部分,而撤销其余部分,或者向法院申请对被告人作出轻微的处罚。二是在起诉以后到主审程序之间,即中间程序这一段时间,法官与辩护人之间进行的协商。法官在初步阅卷后预计案件的审判将进行较长时间,那么,他就会考虑与辩护人协商的可能性,如果被告人自白,法官将会明示案件刑罚判决的上限,双方达成协议,辩护人就会建议被告人自白。三是在主审判程序进行之中法官与辩护人之间的协商。这时的协商大多都是法官看到由于需要调查的证据太多,诉讼将面临长时间的拖延而主动向辩护人提出的,如果被告人自白,他就将获得法官的减轻处罚或者撤销部分已经起诉的犯罪行为的宽大。据实务界人士介绍,通常被告人自白一般都能获得减轻 1/3 左右的量刑。

不过,无论是在何种情况下的协商,辩护人都是最重要的参与者,被告人本身一般并不参与具体的协商活动。这是因为辩护人与检察官和法官一样熟悉法律,大家都知道在什么时候妥协是最理智

---

① 对此可参见[德]约阿希姆·赫尔曼:《德国刑事诉讼程序中的协商》,王世洲译,载《环球法律评论》2001 年第 4 期。

的。因此,一旦具备协商的前提条件,双方就可迅速而富有成效地达成协议。

德国司法实践中的这种协商性司法由于最初并没有立法上的根据,[①]也与德国传统的基本司法理念相违,故在开始的数年里大家都只是秘而不宣的私下进行。直到 1982 年时,才有人用“Detlef Deal”的笔名发表文章对这种秘密实践进行披露,[②]随即其便遭到了德国法学界和媒体的强烈批评与诸多质疑。人们对其的质疑、批评和讨论主要集中在协商性司法的合宪性与合法性、自白和不正当的协商伎俩等方面。[③] 毋庸置疑,如果单从理论上讲,这种协商性司法是存在一系列问题:一是它与罪刑法定和罪刑均衡原则存在冲突,通过协商被告人最后所得的刑罚常常就与其犯罪的性质不相称。二是它与法律面前人人平等原则也存在冲突,诉讼中进行过协商的被告人与未进行过协商的被告人在量刑上的待遇将明显不同。三是辩护人与检察官和法官私下进行协商,有违公开审判原则,司法的透明度不够,不利于公众对刑事司法进行监督;即使是在法官主持下各方当事人均参与公开进行的协商,其也与《德国刑事诉讼法典》赋予法官查明案情的义务、直接审理和口头辩论原则相悖。四是协商性司法中如要求被告人承诺放弃上诉,便导致了上诉制度的虚置。五是协商的诱惑对无辜者常会带来压力,使他们出于避免上法庭以维护自己的声誉、顾全自己的面子等考虑而放弃争辩,接

---

① 《德国刑事诉讼法典》第 136 条 a 第 1 款规定,讯问被指控人时“禁止以刑事诉讼法不准许的措施相威胁,禁止许诺法律未规定的利益”,协商性司法实际已突破了此条规定的精神。

② *Detlef Deal*, Der Strafprozessuale Vergleich, 1982 Strafverteidiger 545.

③ See Joachim Herrmann, “Bargaining Justice—A Bargain for German Criminal Justice”, *U. PITT. L. REV.* 53, 1992.

受有罪判决。

然而尽管如此,德国司法界仍基本上认可了协商这种司法形式。1989年,第58届德国法学会大会赞同了刑事程序中的协商,在1990年举办的德国法律人大会最后的投票表决过程中,大部分代表对协商性司法的实践投了赞成票。1997年8月28日,德国联邦最高法院第四刑事庭的判决首次阐明了刑事协商所需要遵循的基本原则:[①]第一,协商结果只能在全部案件当事人在场的情况下公开达成;第二,法官不得通过提出确定的刑罚使人产生一种印象,他将受此协商结果的限制;第三,为了实现"简短程序"的努力,不得使人对案件的困难程度产生误解。[②] 这种对协商性司法进行规范的努力,实际上也就使其获得了部分的合法性。

对于德国这种协商性司法应怎么定性,德国学者有比较一致的看法,他们认为这就是德国式的辩诉交易,[③]是德国刑事司法实践演绎出的一种新型简易刑事程序。不过公允地说,德国这种协商性司法在形式上虽然与美国的辩诉交易有几分相似——辩护方和公诉方之间都进行了一些实质性的谈判,诉讼结束后被告人都受到了有罪的判决,并且被告人都享受到了相对较为轻缓的处罚,正式诉讼程序都被大大简化——但它们之间仍存在重大区别:一是美国的辩诉交易可适用于各种类型的轻罪和重罪,而德国的协商性司法主要

---

① BGHSt 43,195.

② 王世洲:《德国经济犯罪与经济刑法研究》,北京大学出版社1999年版,第176页。

③ See Joachim Herrmann, "Bargaining Justice—A Bargain for German Criminal Justice", *U. PITT. L. REV.* 53, 1992. For An Overview in German, See *Thomas Weigend*, Der BGH Vor Der Herausforderung Der Absprachenpraxis, in 4, 50 JAHRE BUNDESGERICHTSHOF: FESTGABE AUS DER WISSENSCHAFT 1011 (Roxin and Widmaiereds. ,2000).

适用于各种轻微的犯罪以及一些新型犯罪案件，对于涉及面广、法律问题复杂的经济犯罪大案，几乎不可能进行协商；二是美国的辩诉交易只是在公诉方和辩护方之间进行，法官一般不参与具体交易过程，而德国的协商性司法常常是直接在法官的主导下进行的，以法院与诉讼参与人之间进行协商为基本形态；三是美国的辩诉交易是建立在犯罪认否程序的基础之上的，而德国并没有这样的程序；四是美国的辩诉交易内容包括指控交易、罪状交易和量刑交易，甚至被告人由何法院审理、由何法官审理都可交易，而德国的协商仅限于量刑，不包括指控和罪名。所以，像 John H. Langbein 这样的美国比较法学家根本就拒绝承认德国存在辩诉交易。①

但这一切并不妨碍德国人将他们的协商性司法视为德国式辩诉交易，②诚如维特根斯坦所言："一个语词的意义就是它在语言中的用法。"③不要太在乎对一个词应该怎么定义，关键要看人们在日常生活中如何使用它。我们认为，德国学者说协商性司法就是辩诉交易是有他们的苦衷的，那就是为了给他们的实践以"正名"，使其在学理和声誉上具有某种正当性。因为假如是一种辩诉交易的话，那确实是无须任何大惊小怪的，人们轻易地就可举出当今世界上不少国家在日常司法中都依赖于这种制度，为此其也就不应特别遭受过多非议。

---

① John H. Langbein, "Land Without Plea Bargaining: How the Germans Do IT", *Michigan Law Review* 78, 1979.

② 由于受 Joachim Herrmann 等文章的影响，现在美国学术界一般也承认在德国具有辩诉交易，而 John H. Langbein 早先认为德国不存在辩诉交易的观点已为人们所抛弃。See Markus Dirk Dubber, "American Plea Bargains, German Lay Judges, and the Crisis of Criminalp Rocedure", 49 *Stan. L. Rev*. 547, 1997.

③ [奥]维特根斯坦：《哲学研究》，李步楼译，商务印书馆 1996 年版，第 31 页。

2. 正式合法化

协商性司法虽然存在诸多问题,但是对于这样一个为诉讼参与各方都带来便利和好处的做法——检察机关凭此可减少侦查、诉讼时间和经费的投入;法官凭此可节省成本、减少案件积压;律师凭此可减少案件的承办时间和精力;被告人凭此常可获得相对较轻的处罚——虽然其存在一定弊端,但其发展趋势却是不可逆转的。2005年3月3日,德国联邦最高法院大刑事庭在判决中呼吁立法,以明确刑事协商的容许以及对协商的重要法律条件和界限,对其进行法律规制。[①] 响应此呼吁,2009年《德国认罪协议法》(Act on Plea Agreement)正式出台,将协商性司法正式纳入法制的轨道。具体来说,就是在《德国刑事诉讼法典》中新增加了第160条b、第202条a、第212条、第257条b、第257条c这些条款,而第257条c是关于协商性司法最核心的条款,对协商性司法加以明确的规范和限制,从而使其变成了德国的一项正式法律制度。

在公诉的准备阶段,依据第160条b的规定,"只要对促进程序看来适当,检察院可以与诉讼参与人就程序状态讨论"。这使检察院与犯罪嫌疑人在公诉的准备阶段进行协商有了法律依据。

在开启审判程序前后,依据第202条a和第212条的规定,只要对促进程序看来适当,法院都可以与诉讼参与人就程序状态进行讨论,使法院与被告人在开启审判程序前后阶段进行协商有了法律依据。

在法庭审理中,依据第257条b的规定:"只要对促进程序看来适当,法院可以在法庭审理中与诉讼参与人就程序状态讨论。"这使

① BGHSt 50,40.

法院与被告人在法庭审理阶段进行协商有了法律依据。

而第 257 条 c 则明确规定了法院与诉讼参与人之间的协议问题:“(一)在适当情形中,法院可以与诉讼参与人就嗣后的程序进程与结果,依照下列各款指示进行协商。第二百四十四条第二款的规定不受影响。(二)协议标的只能是:能够构成判决及其所属裁定之内容的法律后果、在据以采取措施的认识查明程序中其他涉及程序的措施、诉讼参与人的诉讼行为。任何协议应当包含供认。有罪宣告和矫正及保安处分不得为协议标的。(三)法院告知协议可能包含的内容。同时它亦可在对案件所有情况及综合量刑考虑进行自由评断的情况下,提出刑罚上限与下限。诉讼参与人有发表意见的机会。如果被告人和检察院同意法院的提议,协议即成立。(四)如果法律上或事实上具有意义的情况被忽略或新出现,且法院因此确信所有承诺的刑罚范围不再与行为或罪责相当,法院不受协议拘束。如果被告人嗣后的诉讼行为与法院作预测所根据的行为不相符,此同样适用。在这些情形中,被告人的供认不得使用。法院应当不迟延地告知将背离承诺。(五)应当告知被告人,法院依据第四款背离承诺结果的前提条件和后果。”

根据上述法律的规定,德国刑事协商性司法包括庭前协商与庭审中的量刑协商制度。为了避免以往司法实践中的乱象,确保程序的公正性,新的法律尤其重视合意的自愿性以及透明性,为刑事协商设置了严格的告知义务和记录义务,要求将与协商有关的所有事项告知诉讼参与人,并规定讨论的主要内容都应当记入案卷。①

虽然合法了,但是德国的刑事协商制度仍然面临诸多的问

---

① 施鹏鹏、褚侨:《德国刑事协商制度的新动态》,载《检察日报》2019 年 4 月 3 日,第 3 版。

题,与实质真实主义、无罪推定、罪责原则等德国刑事诉讼基本原则仍然存在龃龉,实践中仍然存在诸多乱象。[①] 对此,德国联邦宪法法院,于2013年3月19日和2015年1月15日,先后对刑事协商做出了判决,而关于刑事协商制度的走向,德国学者提出了保持现状、通过超法规的法律续造来规制刑事协商、将非正式协商犯罪化、彻底禁止刑事协商、改职权主义结构为当事人主义结构等五种方案。[②] 虽然存在争议,但对于德国刑事协商制度的未来大多数人还是看好的。

三、德国简易刑事程序发展之原因

德国的简易刑事程序从单一的处罚令程序发展到包括处罚令程序(其中部分案件检察机关、被告人及其辩护人和法官之间也进行了协商)、简易程序、协商性司法等在内的一个完整体系,简易刑事程序适用的案件范围和领域也在不断的扩展。这是与其以下现实分不开的。

第一,在德国随着社会的发展,刑法调整的范围不断扩大,新的罪名不断涌现,犯罪率也不断攀升,司法机关不堪重负,迫切需要通过简易刑事程序来分流案件,以增强其应对犯罪形势变化的能力。"刑法的历史是其从来就没有终结的历史",[③]随着社会生活的丰富多彩,刑法的调整范围不断扩大到像计算机犯罪等新的领域,而像社会发展出现的汽车增多等也使交通犯罪行为与日俱增。在德

① 周维明:《德国刑事协商制度的最新发展与启示》,载《法律适用》2018年第13期。

② 周维明:《德国刑事协商制度的最新发展与启示》,载《法律适用》2018年第13期。

③ 转引自[德]阿耳宾·埃斯尔:《二十世纪最后十年里德国刑法的发展》,冯军译,载《法学家》1998年第6期。

国,长期以来犯罪率是稳步增长的,1963 年平均每 100 个居民中还只有 3 件犯罪行为,到 1983 年已增至 7 件,而到 1993 年(其统计数据包括东柏林)平均每 100 个居民中的犯罪行为已超过 8 件。[①] 就案件的绝对数量来说,1981 年联邦德国全年发案数是 2,133,000 件,而到 1990 年全年发案数已增至 2,876,000 件,[②]同时段相比发案数约增长了 35%。对于协商性司法产生的原因,德国学者就认为与美国的辩诉交易相同。这一实践产生的主要动因正是犯罪数量增加而司法资源有限,刑事司法体制负担过重。[③] 故从 20 世纪 60 年代案件数量增加引起刑事司法机关处理能力不足问题出现时起,刑事程序的简单化和刑事制裁的简单化就已经提到了立法者和政策制定者的议事日程上来。

第二,对减少成本、提高诉讼效率的追求。效率是人类追求的普遍价值之一,特别是由于刑事案件的日益增多致使司法机关面临沉重的工作压力,提高司法效率显得尤为迫切,而建立多种简易刑事程序、扩大简易刑事程序的适用范围无疑正是其最佳的选择途径。特别是在 20 世纪 90 年代,两德统一后,原民主德国地区面临着一系列的政治和经济问题,社会极不稳定,犯罪率较高,如在 1993 年至 1996 年的连续 4 年里,平均每 100 个居民中发生的犯罪行为都在

---

① H. Entorf, H. Spengler, "Socioeconomic and Demographic Factors of Crime in Germany: Evidence from Panel Data of the German States", *International Review of Law and Economics* 20, 2000.

② 陈光中、汉斯-约格·阿尔布莱希特主编:《中德不起诉制度比较研究》,中国检察出版社 2002 年版,第 271 页。

③ 面对犯罪数量增加和司法资源有限之间的矛盾,现实要求扩大检察机关的起诉自由裁量权(See Goldstein & Marcus, "The Myth of Judicial Supervision in Three 'Inquisitorial' Systems: France, Italy, and Germany", 87 *YALE L. J.* 240, 1977),而这无疑为协商性司法提供了现实合理性基础和适宜的司法环境。

10件左右(其中,1995年略高于10件),[①]故从政治、经济和文化等方面支援原民主德国地区以维护国家的统一就成为整个德国政治、经济和文化生活中的头等大事。为此,立法已被德国的统治者视作应付国家统一后转型时期出现的经济问题的主要工具。为了使其能对经济的发展作出迅速的反应,降低原联邦德国司法的平均耗费水平,以便国家能够拿出更多的司法资源来分配给原民主德国地区,使其能够按照施行于联邦德国并在联邦德国已经占据优势地位的标准来重建原民主德国地区的法制和司法就成为当然的选择。为此,追求效率、实现刑事司法的简单化又一次主导了德国刑事政策的制定。

第三,受"非刑化"等刑事政策的影响。德国刑事政策的制定者认为,负有"社会国家原则"义务的国家不能仅满足于对违法者的处罚,而且还必须考虑到刑罚执行完毕后受刑人能够重新在社会上找到一个适当的生存位置。因此,国家应当为行为人回归社会做出努力,给予犯人尽可能多的重返社会的机会和在社会中继续发展的条件,以消除其再犯罪的因素。[②] 由此,对犯罪人"尽可能少地科处刑罚、尽可能多地给予社会帮助"已成为德国司法界的口号;体现在刑事立法上就是强调"非刑化"。联邦德国在非犯罪化方面的调整始于1952年制定的《违反秩序法》,后来1968年修订的《违反秩序法》进一步对一些轻微犯罪继续实行非犯罪化:一是根据形势的需要于1968年废除政治刑法,有关内容根据自由法治国家原则予以重新规

---

① H. Entorf, H. Spengler, "Socioeconomic and Demographic Factors of Crime in Germany:Evidence from Panel Data of the German States", *International Review of Law and Economics* 20,2000.

② 马登民、张长红:《德国刑事政策的任务、原则及司法实践》,载《政法论坛》2001年第6期。

定;二是排除妨害风俗行为的犯罪性,1960年《第一部刑法改革法》废除了对通奸、成年男人间的性行为和与动物的性行为的刑事处罚规定,随后卖淫、吸毒行为也不再作为犯罪处理,此后于1994年又完全废除了对同性恋的处罚规定;三是排除违警罪的刑事不法性,把违警罪行为仅视为一种行政违法,只对其处以行政罚款,而非刑事罚金。此外,刑法还将盗窃和侵占价值甚微物品的行为规定为告诉才处理的案件,而且该规定还可相应适用于其他财产犯罪,而《少年法院法》第9条还特别规定,对未成年人轻微违法行为和越轨行为不科处刑罚。

非刑罚化不仅直接导致了德国刑法的改革,而且也影响了刑事诉讼的立法。它要求在刑事诉讼中实行程序分流,对于轻罪或其他轻微犯罪的行为人,可不经由法院定罪量刑,而是由其他机关采取非刑罚手段加以惩戒和教育,如训诫、参与治疗项目、参加工作培训、向被害人赔礼道歉并赔偿损失或提供一定的公益服务等。这就直接导致了像《德国刑事诉讼法典》第153条a这样的条款的诞生,使运用协商性司法处理各种轻微犯罪成为现实。

四、对形式正义和实质正义的双重追求——德国简易刑事程序之整体评价

从形式上讲,正义即各得其所,只要把一定法律及制度安排下的特定主体应得的权利和义务交付给他,便被视为实现了正义。但在此意义上的正义是什么本身并未得到任何说明,他还必须仰仗法律及制度的实质性规定才能得以明确其自身的内容。故正义包含形式和实质两个基本层面,所以有论者说:“正义就是各得其所,而

所得的内容是由每个人所处时代的物质生活条件和文化背景决定的。"[①]通过我们的考察,就总体而言,德国的简易刑事程序正是这样一种对正义进行形式性和实质性双重追求较好结合的典范。

(一)类型化司法——德国简易刑事程序对正义的形式性追求

就像给事物下定义一样,对事物进行一定的划分和归类也是人类认识和把握事物的基本手段和工具,针对不同类型的事物给予恰如其分的处置正是人类认识进步、聪敏睿智的标志。如对德国刑事司法进行整体考察,那么,在一定意义上我们可以说德国的刑事司法实际上是一种高度发达的类型化司法:整个诉讼程序体系由普通程序和简易刑事程序两部分构成,而其简易刑事程序又由处罚令程序、简易程序和协商性司法构成,以此分别应对和处理不同类型的刑事案件,因地制宜地实现各类型案件中价值和利益的权衡及取舍,从而使实践朝着最优化的方向发展。首先,依据《德国刑事诉讼法典》第153条a的规定,在检察机关、被告人及辩护人和法官协商一致的前提下,让被指控人实施一定的给付、弥补行为造成的损失、向某公益设施或者国库交付一笔款额、作出其他公益给付或者承担一定数额的赡养义务等行为而暂时对其不予提起公诉,通过这种非刑化的方式把一部分被告人具有支付能力的轻罪案件第一批分流出去。其次,通过处罚令程序对处以罚金及不同的从刑、从属效果,能够有效送达、无审判必要的轻罪案件进行第二次分流,使法院得以对近一半的案件运用书面审理的方式加以处理。再次,对成年人所为的判处1年以下自由刑或剥夺驾驶权的、案情简单或证据清楚的案件运用简易程序进行再次分流,以便对于各种现行犯、自首

① 杨一平:《司法正义论》,法律出版社1999年版,第21页。

犯作出及时的处理。最后，对于证据多、涉及面广、重大疑难的经济犯罪、环境犯罪、税收犯罪和毒品犯罪等新型犯罪案件运用自白协商进行第四次分流，攻克刑事司法中耗时耗力的个别堡垒。故经过上述层层分流，结果只剩下较少一部分案件得以按部就班地进入普通程序的轨道，以完成刑事司法对整个社会的治理。

德国的刑事诉讼之所以形成今天这种多层级、类型化的局面，无疑既有其深厚的历史积淀也有其坚固的现实基础（尤其是20世纪60年代以来犯罪率的不断攀升这一事实）；是立法者及司法者对刑事司法自身规律认识和把握不断深化的产物，也是其对国家权力和个人权利关系重新调整和定位的结果（特别是协商性司法在实践中的兴起，使被告人有机会参与对自身命运的决定，打破了国家权力对刑罚决定的垄断）。但在此我们须特别指出的是，德国这种多层级、类型化的刑事司法不仅成为司法机关应对犯罪率高涨现实的有力工具，而且也因它本身与现实犯罪的类型化特征相一致而成为一种最贴近形式正义本意——各得其所——的司法，因为在其司法过程中各类犯罪人不但得到了与其罪行相适应的刑罚结果，而且也享受到了与其罪行相适应的程序待遇。正是依据案件情况类型来设计相应的程序类型，依据犯罪者个体的罪行情况来施予其相应程序处置，才使程序自身获得了牢固的形式正义性，确保了其符合“相同情况给予相同对待，不同情况给予不同对待”这个形式正义的律条。

（二）权利型司法——德国简易刑事程序对正义的实质性追求

光有这种外在形式上的正义性还是不够的，一种程序要获得人们的认同还必须具有一定的实质性内容。简易刑事程序“减去”了普通程序的许多环节，在一定程度上削弱了辩护权的行使，削弱了程序对权力的约束,对司法公正构成现实威胁。德国的简易刑事程序是如何保障其自身的正当性的呢?我们认为正是通过权利型司法——以充分保障被告人的利益为宗旨,国家权力的行使以优先确保被告人的权利为基点,国家权力行使效率的提高本身也正是为了保障被告人的利益或为其所欲——来保障的。通过本章前述部分的介绍,我们已知道德国简易刑事程序主要是依靠三个方面的措施来确保其程序的实质正义性的:一是严格限定简易刑事程序的适用范围。简易刑事程序主要适用于简单轻微的刑事案件或者被告人自动认罪的特殊案件,并且在适用简易刑事程序的审判中给予被告人相对轻缓的处刑,大多数时候只对被告人处以罚金或者缓刑,以后果的相对不严重性来降低程序的非正当性。二是在简易刑事程序中充分保障被告人的程序选择权。现代国家统治的合法性根据只能建立在被统治者同意的基础之上,即基于同意的统治,任何人在行使国家权力时只有在征得相应当事人同意的基础上才能对其权利作出不利的处置。能否保障被告人的程序选择权正是决定实施简易刑事程序是否正当的关键所在,如能给予被告人以充分的程序选择权,使简易刑事程序的适用建立在其自愿和同意的基础之上,就能使其获得充分的合法性和正当性。对此,德国的处罚令程序赋予了被告人表示异议的权利,在其协商性司法中更是对程序的选择具有很大的决定权,故其已在根本上解决了司法的正当性问题。三是在简易刑事程序中同样给予被告人的辩护权以充分的保障。在德国简易刑事程序中对被告人的知情权、辩护权和获得律师帮助的权利都给予了足够的关照。正是通过上述三方面的同时努力才确保了德国简易刑事程序的实质性正义,使德国现行的简易刑事程序区别于纳粹式粗暴的“权力型司法”——程序的简易化、司法的非形式性完全是为了国家权力行使的方便，处刑也极其严厉，完全不考虑被告人的权利。

不过，正如前文相关讨论所示，德国简易刑事程序在具体制度安排的细节上仍存在许多可圈可点的地方，德国的简易刑事程序也仍处于不断完善和发展的过程之中，但作为一个曾经背离法治、在经历阵痛后又走回法治轨道的国家来说，其所做的思考和探索无疑会给我们一定的启发。

第二章 法国简易刑事诉讼程序

一、概述

作为现代大陆法系法律制度的重要渊源地，法兰西共和国在长期的法治演进中逐步建立起了一套具有自身鲜明特色同时也较为复杂的刑事诉讼制度。而要了解法国的简易刑事诉讼程序，不仅需要从《法国刑事诉讼法典》入手，而且还必须熟悉《法国刑法典》《公路法典》《劳动法典》等法律的内容（尤其是后两部法典中大量涉及有关适用简易程序的罪名）。本章的主要内容就是通过梳理这些法律规定为读者呈现法国简易刑事程序的基本样貌和主要脉络。

（一）“一套人马、两块牌子”的法院体系

要真正理解法国简易刑事诉讼程序的运作流程和刑事案件的简化处理方式，除了熟悉前述法律规定本身之外，还必须要了解法国独具特色的司法制度。在法国，法院体系划分为行政法院体系和司法

法院体系，而行政法院体系实际上属于行政机关，不属于我们通常意义上理解的司法机关，因此笔者在此处的行文也只涉及司法法院体系。

法国司法法院系统也分为普通法院和专门法院两类。其中普通法院系统又分为三级，即初审法院、上诉法院和最高法院。而在初审法院，同一所法院既管辖民事案件，又管辖刑事案件，这与世界上大多数国家并没有什么不同；但法国法院的特色在于，同一所法院根据其刑事和民事管辖的不同，可以同时拥有刑事法院和民事法院两种称谓。换言之，根据其审判职能的划分，初审法院采用了“一套人马、两块牌子”的方式，即受理简单民事案件的“小审法院”（相当于我国的基层法院），在受理轻微刑事案件时则称“违警罪法院”；而受理稍微复杂民事案件的“大审法院”（相当于我国的中级法院），在受理相应刑事案件时则称“轻罪法院”。从组织结构上看，违警罪法院其实是设立在小审法院中的刑庭，轻罪法院则是大审法院中设立的刑庭。只有重罪法院是只管辖刑事案件，不受理民事案件。[①] 除普通法院外，法国的专门法院主要包括未成年人法院、军事法院、海商法院等[②]。

换言之，在法国的普通刑事审判体系中，负责初审的法院有三种：违警罪法院（tribunal de police）、[③]轻罪法院（tribunal correc-

---

① 不过在几个大城市如巴黎、里昂，由于案件太多，民事与刑事审判机关则是分开设立的。

② 关于法国法院体系的具体介绍，可参见宋英辉、孙长永、朴宗根等：《外国刑事诉讼法》，北京大学出版社 2011 年版，第 195～207 页。而基于本书主旨，笔者在这里主要只提及了与简易刑事程序有关的审判机构。

③ 在中国国内著述中，“违警罪法院”也有翻译为“治安法院”或“警察法院”等称谓。

tionnel)和重罪法院(la cour d'assises)——不同的法院负责受理不同的初审案件——所有的重罪案件都必须在经过预审法官进行预审(正式侦查)后向重罪法院提起诉讼,而轻罪案件或违警罪案件则可以不经过预审①,而是通过检察官或被害人运用"直接传讯"的方式将被告人直接起诉到轻罪法院或违警罪法院,而这就涉及法国刑事诉讼中的简易程序问题了。

(二)"罪分三类"的刑罚体系

法国刑事司法制度的另一大特色,是依据犯罪的严重程度和被科处的刑罚,将犯罪(罪名)分为三类,并在不同的法院运用不同的程序对这三类犯罪进行审理。《法国刑法典》将犯罪行为区分为违警罪(contravention,仅判处不超过3000欧元罚金刑的犯罪)、轻罪(Délit,判处10年以下监禁刑及高额罚金刑的犯罪)和重罪(crime,判处10年以上监禁刑的犯罪)三类。关于罪名的界定,《法国新刑法典》第111-2条规定:"法律规定重罪与轻罪,并确定对罪犯适用的刑罚。法规规定违警罪,并依法律所定限度与区别,确定对犯违警罪者适用的刑罚。"重罪是对公共秩序的持续侵犯,违警罪是违反了"社会纪律的规则"即法规规定的社会纪律,轻罪则介于两者之间。但需要提请读者注意的是,按照中国法的理论观念,法国这个违警罪的法律渊源就不是法律而是行政法规。1958年的《法兰西共和国宪法》第34条详细规定了法律(loi)调整的范围,包括重罪和轻罪及其相应的刑罚,但不包括违警罪,违警罪属于法规

① 预审是指法院在正式开庭审理前对刑事案件进行的预先审查,旨在保证只将具有事实和法律根据的指控提交给一审法院,以便在开庭前驳回缺乏根据的指控,仅适用于严重的犯罪。预审制度首见于1808年《法国刑事诉讼法典》,此后为欧洲多数国家采用,其实质是法官行使司法权对侦查和起诉进行审查和监督。法国据此建立有预审法院(含预审法官与上诉法院预审法庭这两级预审组织)对重罪案件的起诉进行"过滤"。

(Règlement)调整的范围。"[①]与之相应,法国便在司法体系上分别设立了违警罪法院、轻罪法院和重罪法院,以对应受理前述三类犯罪。

《法国刑法典》还将违警罪进行了分类和分级。违警罪依照其排列原则保护法益,分成侵犯人身之违警罪、侵犯财产之违警罪、危害民族、国家或公共安宁之违警罪以及其他违警罪等类别。每类违警罪的罪名又按严重程度从低到高分为1级至5级。对违警罪只能判处相应的罚金,从低到高的5级的罚金上限分别是35欧元、150欧元、450欧元、700欧元和1500欧元;当法规有特别规定时,可对第5级违警罪适用累犯的规定,罚金则最高可达3000欧元。另外,未成年人犯第5级违警罪以外的其他4级违警罪时,同成年人一样也受违警罪法院管辖;只有当未成年人犯第5级违警罪(轻罪或重罪时),才由专门法院即未成年人法院管辖[②]。不过,法国在2002年设立了社区法院这一机构来分担违警罪法院的工作负担。[③] 因此,目前法国刑事诉讼简易程序就主要适用于社区法院、违警罪法院和轻

---

① 卢建平:《法国违警罪制度对我国劳教制度改革的借鉴意义》,载《清华法学》2013年第3期。

② 卫佳:《论我国未成年人刑事诉讼制度的完善》,华东政法大学2014年硕士学位论文。

③ 为了方便民众更容易地接近司法,更好地分流案件,提高诉讼效率,以应对普通法院日益增长的案件量压力,法国在2002年设立了社区法院(国内也翻译为邻近法院、近民法院,juridiction de proximite),主要受理1500欧元以下的普通动产民事案件和轻微刑事案件。在社区法院设立后,5个等级的违警罪中前4个等级的违警罪(第1级至第4级违警罪),已经交由社区法院来受理,故违警罪法院现在只受理第5级违警罪。社区法院的法官实行独任审理,他们都是兼职的非职业法官,一般从退休法官或资深律师中选拔,没有工资但有一定补贴。从这个角度上看,社区法院其实才是英美法系概念中的"治安法院"——"这种非职业的社区法官其渊源可以追溯至法国大革命之后1790年8月16日至24日法设立的治安法官(juge de paix),凡追求公正秩序、具备良好品行、习惯和性格的善良公民,具有法律专业教育或执业背景,经过考试,均可担任社区法官"(参见程味秋:《两大法系刑事诉讼之比较》,载《法律适用》(国家法官学院学报)2002年第1期)。

罪法院受理的案件,重罪法院不得适用简易程序。

(三)简易化刑事程序与刑事简易程序

《法国刑事诉讼法典》第二编“轻罪之审判”之第一章“轻罪法庭”之第七节的节标题就是“简易程序”,其第三编“违警罪之审判”之第二章的章标题也就是“简易程序”。但必须要说明的是,《法国刑事诉讼法典》上述两处所规定的“简易程序”(la procédure simplifiée),专指在轻罪法院和违警罪法院中适用的类似德国法上的“刑事处罚令”(strafbefehl)程序的一种快捷的“不经辩论程序”——“刑事裁定书”(ordonnance pénale)程序(盖因该程序所处理的案件只需法院以裁定书的形式结案而得名)。换言之,法国刑事诉讼法语境中的“简易程序”这个概念是特有所指的,不是对所有具有程序简化性质或特点的诉讼程序的总称。

事实上,在法国刑事诉讼程序体系中,除了这个“刑事裁定书”程序外,具有高效便捷性质的诉讼程序其实还包括:附条件不起诉、刑事和解、刑事调解以及被告人在事先承认犯罪的情况下出庭的程序(即法国式“辩诉交易”)。比较起来,中国刑事诉讼中的“简易程序”也有特定内涵,我们同样也没有把刑事和解等特别程序等视为“简易程序”。但在我国认罪认罚从宽制度改革背景下,刑事诉讼法上的“简易程序”已经被纳入了认罪认罚从宽制度体系——这一具有简易化性质的诉讼程序还包括了刑事速裁、量刑协商等。因此基于比较借鉴的需要,本书对法国“刑事简易程序”的介绍虽然不包括附条件不起诉、刑事和解与刑事调解,但是涵盖了“被告人在事先承认犯罪的情况下出庭的程序”,即法国式辩诉交易。

另外,有学者将“刑事裁定书”程序直接称为“刑事处罚令”程序,将法院通过该程序作出的裁定称谓“刑事处罚令”,理由是该制度移植自德国且在运作上基本类似。笔者认为,“刑事处罚令”程序确系德国所构建,法国的“刑事裁定书”程序也确实渊源于此。[①] 但在法律移植问题上简单照搬名词未必妥当。因为德国的刑事处罚令程序作出的裁判只能是一个有罪的结果,而法国的这个刑事裁定书程序还可以得出无罪的结果——法院认为被告人无罪时作出的裁定显然不能称为“处罚令”,因此用“刑事处罚令”程序来称呼该种简易程序显然不够全面。不过,为保证全书行文概念上的前后统一,故笔者在这里仍将该种“刑事裁定书”程序直接称为“简易程序”。

二、轻罪审判之简易程序

《法国刑事诉讼法典》第二卷“审判法庭”的第二编“轻罪审判”的第七节规定的就是“简易程序”,即该法典的第 495 条以及第 495-1 条至第 495-6 条的规定。这一程序是在 2002 年 9 月 9 日第 2002-1138 号法律第 42 条上规定的。这一程序的最大特点是不开庭的非对席审理[②]——法官和检察官都不用传讯被告人,也无须辩护人参

① 正如本书第一章介绍过的,刑事处罚令程序源起自德国。历史上在阿尔萨斯和洛林被德国割占后,其域内便跟随德国法实行了刑事处罚令制度,即使后来两地又回归法国,阿尔萨斯和洛林仍然保持了该制度。由于该制度确有提高诉讼效率之优势,法国于 1972 年 1 月 3 日通过法令在全法国实行了借鉴德国法的“刑事裁定书”程序,由于该程序相对于法国传统的刑事诉讼(普通)程序大大简化,因此被称为“简易程序”。

② 所谓“对席审理”是指控辩双方均出席法庭(席位相对而立),相互进行举证、质证和辩论,开庭审理通常就是这种情况,而“非对席审理”则往往是指被告人一方不出席法庭,换言之就是缺席审理。根据现代诉讼“不告不理”原则,检察官作为控诉方一般不可能缺席,因此所谓缺席审理一般都是指被告人一方缺席。又因现代司法公开开庭审理制度的一个重要意图在于满足被告人对于审判的亲历性(知情权、陈述权、辩论权、对质权),因此如果被告人一方不出席庭审的话,开庭审理就失去了基本意义,而书面审理则是更理性的选择。不过,缺席审理不完全等同于非对席审理或书面审理,如我国在 2018 年修改《刑事诉讼法》时设立的缺席审判制度,虽然被告人缺席,但辩护人可以出庭,因此仍属于要开庭的对席审理。

与,法官不经庭审辩论也无须听取被告人辩解即作出裁判,实际上就是书面审理。因为在这种情形下,案件事实简单明了,而且经司法警察确认无疑,故不再需要法庭辩论①,其对诉讼效率的追求可见一斑。

(一)适用范围

能够适用轻罪审判简易程序的轻罪,包括 2004 年 3 月 9 日通过的《公路法典》规定的轻罪以及有关联的违警罪,违反陆路交通运输规章的轻罪,以及 2005 年 8 月 2 日通过的《消费法典》第四卷第四编规定科处罚金的轻罪。② 和我国相关立法习惯一样,该法典第 495 条除了正面规定可以适用简易程序的条件外,也从反面明文规定了排除适用简易程序的情形:

如果被告人在实行犯罪之日尚未满 18 周岁的;或者如果受害人在调查过程中提出损害赔偿请求权或者归还物件的请求的;或者在按照简易程序审理案件但裁定尚未作出之前即已直接传讯被告人的;以及如果在实行违警罪,或非故意杀人或非故意伤害人之身体罪的同时实行了《公路法典》规定的轻罪的。此外,累犯是否适用由检察官决定。

在这里可以看出,该种简易程序的排除适用范围有三类:

一是犯罪主体特殊者,即未成年人犯轻罪的不适用该简易程序。基于未成年人心智不成熟而需特别保护的立场,未成年人犯罪不适用简易程序似乎是"国际惯例",而中国法律上并没有做这样的

---

① 卢建平:《法国违警罪制度对我国劳教制度改革的借鉴意义》,载《清华法学》2013 年第 3 期。

② 贝尔纳·布洛克:《法国刑事诉讼法》,罗结珍译,中国政法大学出版社 2009 年版,第 477 页。

明文限制。这倒不一定是中国法上的缺陷，笔者认为这与中外对简易程序构造的设计思路不同有关。①

二是犯罪罪行特殊者，即如果在实行违警罪，或非故意杀人或非故意伤害人之身体罪的同时实行了《公路法典》规定的轻罪的，不适用简易程序。《公路法典》上规定的轻罪本可适用简易程序，但在同时犯有前述多个罪行时——简易程序按理适用罪行轻微的情况，但同时触犯多个罪名则难言轻微——故为体现立法上宽严相济的意图，此时应予以排除。

三是诉讼程序特殊者，即受害人在犯罪调查过程中已提出损害赔偿或者返还财产的请求，或者在按照简易程序审理案件但裁定尚未作出之前即已直接传讯被告人的，不适用简易程序。前文已述，该简易程序是不开庭的书面非对席审理，但按照《法国刑事诉讼法典》的规定，前述两种情形下被告必须出席参加庭审，故已经不符合适用该种简易程序的条件。

（二）启动条件

只有经司法警察调查之后，指控被告人的犯罪事实得到确认并且有关被告人格的情况，特别是有关被告人负担与收入的情况已经充分查明，从而能够确定刑罚时，检察院才能启动该简易程序。这是因为在该简易程序中，不必经过事先辩论，审判长就可以作出最

---

① 法国的刑事裁定书程序、德国的刑事处罚令程序和日本的略式程序等大陆法系国家的“最简单”的简易程序几乎都是庭审省略式的程序——被告人认罪后不开庭也不需要辩护律师，但通常认为未成年人获得律师帮助是少年司法的基本特征，因此未成年人案件通常不适用这种庭审省略式的简易程序。但中国的简易程序构造中迄今为止并未设计出完全省略庭审的程序，即使是最简单的速裁程序也仍然需要开庭——换言之，其并不排斥律师参与，因此其适用于未成年人案件也并不违反少年司法的基本理念。这样看来，中国的相关规定其实并没有什么大问题，真正的问题在于我们的简易程序体系多元化的不足。

终的刑事裁定,这也就意味着法官不会当庭调查事实,所以要求犯罪事实在起诉时就务必清楚。同时,法院在该简易程序中除了可作出无罪宣告外,就只能判处罚金刑,因而要求被告人财产情况必须明确,以便于执行罚金刑——这也就意味着在该简易程序中,适用案件的判决结果不能科处监禁刑或者剥夺人身自由的徒刑,[①]否则应转化为普通程序进行审理。

(三)审判程序

1. 程序启动

根据法律规定,检察院可以选择适用简易程序,并且应该向法庭审判长报送追诉案卷及其提出的公诉意见书。易言之,启动简易程序决定权属于检察官的权力,[②]"他在任何时候都可以决定是否起诉,将案件移送给预审法官进行进一步的侦查,发起调解或者采用替代审判的措施"。[③] 质言之,启动简易程序属于检察官的程序选择权内容之一。当然,法官也享有对适用该程序的否决权,如果法官认为该案适用对席审理更为合适,或认为被告人应当判处监禁刑的,则可将案卷退回检察院,要求按普通程序提起公诉。

2. 审理组织

轻罪审判简易程序由轻罪法院组成合议庭进行审理,由审判长

---

① 在法国刑法上,"徒刑"一词是指重罪自由刑,"监禁刑"一词则专指轻罪自由刑。

② 在中国刑事诉讼中,简易程序的启动决定权属于法院,检察院只有建议权,即使检察院不建议,法院经审查后也可以主动决定适用简易程序并通知检察院配合;两相对照,法国检察官在刑事诉讼审前程序中的主导地位可见一斑。

③ 杰奎琳·霍奇森:《法国检察官的独立性:基于新近扩权改革的多重质疑》,朱奎彬译,载《交大法学》2011 年第 1 期。

及两名法官组成，驻轻罪法院的检察院的职权由一名共和国检察官[①]或者一名代理共和国检察官行使。

3. 审理过程

按照简易程序审理的轻罪案件，轻罪审判的庭审程序予以省略，审判长不经过事先辩论，就直接作出具有既判力的刑事裁定。

4. 程序转化

如果在审理过程中，法官认为有必要进行对席审理或者在审理后应当判处被告人监禁刑的，则应将该案案卷移送检察院依照轻罪法院的普通审理程序重新处理。

5. 裁定

按照简易程序审理的案件，其终局裁定要么宣告被告人无罪，要么判处罚金刑，并可以判处附加刑。这些附加刑也可以作为主刑宣告。

刑事裁定书应当载明被告人的个人信息（包括姓名、出生日期、出生地址以及住所），归咎于他的犯罪事实的法定罪名和所适用的刑罚，以及在作出有罪判决的情况下所宣告的一种或数种刑罚。通过轻罪简易程序所作出的裁定必须要说明理由，也是与通过违警罪简易程序所作裁定的主要区别所在。

（四）救济措施

对于通过轻罪审判简易程序作出的刑事裁定，检察院以及被告人都有提出抗诉或异议的权力（利）。相比而言，被告人的异议期要长于检察院，因为该裁定实际上是一个缺席判决，需要给缺席的被

① “共和国检察官”（Procureur de la République）这一称谓不是泛指法国司法体系中所有的检察官，而是特指驻大审法院检察院的检察官，即专门负责对轻罪案件提起公诉的检察官。

告人留出一定的“响应时间”。不过,控辩双方的异议并不会引发上诉程序,而是将阻止该终局裁定的生效与执行,即将使简易程序归于无效而使案件重新进入普通程序进行审理。如果在异议期内没有人提出异议,则此裁定就发生法律效力即产生既判力,从而进入执行程序。但这种既判力只针对刑事部分,对因犯罪造成的损害请求赔偿的民事诉讼则不具有效力。①

1. 检察院抗诉

刑事裁定一经作出,即送交检察院,检察院应在 10 日内以向法院书记室提交的声明提出抗诉,或者要求执行该刑事裁定。换言之,检察院在该简易程序中的抗诉期为 10 日。

2. 被告人异议

(1)异议时间

该刑事裁定将以挂号信并要求回执的方式通知被告人,也可以由检察院直接进行通知或者由得到授权的人进行通知。被告人得到通知后,可以自该项通知之日起 45 日内对刑事裁定提出异议。如果被告人未收到该裁定的通知,被告人在 30 日期限经过之后提出的异议仍然可以得到受理,该 30 日期限自当事人知道该有罪判决之日起计算,或者自其知道执行文书之日或其他任何方法知道该文书之日计算;另外,30 日期限自被告人可以提起异议的期间与形式之日起计算。国库会计员在收悉由法院书记室制作的有关对刑事裁定书已提出异议的通知后,即停止收取罚金。

(2)异议后果

被告人一旦提起异议,则案件须转至轻罪法庭进行公开的对席

---

① 换言之,法国的附带民事诉讼问题不通过简易程序来解决,如果刑事责任部分通过简易程序解决,则附带民事赔偿通过普通程序单独提起。

审理,即进入普通程序进行审理。审理过程中,被告人有权获得辩护律师的协助,被告人可以请求法庭依职权为其指定一名辩护律师。被告人还应当被告知,如轻罪法庭认为被告人受指控的事实构成犯罪而且应当判处监禁刑的,法庭有可能对被告人宣告监禁刑。换言之,“简转普”后,被告人有可能面临更重的刑罚。

3. 程序

在检察院或被告人对刑事裁定提出抗诉或异议的情况下,案件将被移送轻罪法庭按照普通程序重新进行开庭审理。对重新审理的结果,被告人仍然可以提出异议从而引发上诉程序。但是,如果重新审理是缺席判决的,则被告人不准再行提出异议。

4. 放弃异议

在轻罪法庭正式审理前,被告人均可明示放弃其提出的异议。被告人明确表示放弃异议的,原来作出的刑事裁定则恢复其执行力。被告人只能明确放弃异议一次,放弃之后不能再提出新的异议。

5. 上诉

“简转普”后,对轻罪法庭的判决,控辩双方均可向上诉法院提起上诉。根据《法国刑事诉讼法典》第 497 条的规定,上诉权属于:

(1)刑事被告人;

(2)对犯罪结果负有民事赔偿责任的人,但仅以民事利益部分为限;

(3)附带民事诉讼当事人,但仅以民事利益部分为限;

(4)共和国检察官;

(5)由公共行政部门行使公诉权情形时的公共行政部门;

(6)驻上诉法院检察长。

除检察长提起上诉有两个月期限外,其余上诉主体应在10日期限内提出。多个当事人中有一人于上诉期限内提起上诉时,其他当事人应有5日补充期限提起上诉。具体的上诉程序适用对轻罪法院判决不服的一般上诉程序的规定,故此处不再赘述。

(五)生效时间

没有受到异议的刑事裁定,或者没有被检察院提交轻罪法庭开庭审理的刑事裁定,具有产生既判力的效力。在没有提出抗诉和异议的情况下,刑事裁定按照《法国刑事诉讼法典》规定的执行轻罪判决的规则交付执行,即裁判决定最终确定之后,依检察院的申请执行之。

至于该裁定的生效时间,虽然立法只规定了执行的时间,但联系前述关于裁定恢复执行力的时间,应理解为裁定自作出之日起生效,即执行力产生之时即为裁定生效之时,而具体执行时间,应该自检察院申请执行之日起——经过异议的,即对于被告来说最长为45日,被告无异议则检察院申请正式执行。

(六)刑事附带民事诉讼

《法国刑事诉讼法典》明确规定,通过简易程序作出的刑事裁定对因犯罪造成损害而请求赔偿的民事诉讼没有既判力(预决效力)。换言之,民事诉求需要单独提起,另行审理。如果刑事裁定已经产生既判力,则法庭应仅就民事利益作出审判,开庭由审判长独任审理。

(七)评价

法国"刑事裁定书程序"这种简易程序最早是针对十分轻微的违警罪案件而设立的,自1972年立法以来就成了违警罪案件中最普遍、最常见的裁判方式,是一种典型的速审程序。其运作的基本理念是,对于经过司法警察调查,已经认为案件事实清楚、证据充分的轻微案件,通过省略诉讼环节并不会影响案件的实体真实反而有助于提高诉讼效率。可见,对于具有追寻实体真实传统的法国来说,其简化诉讼程序的一个前提性考量是追求效率对真相发现是否构成妨碍,其程序正当性并不来源于被告人是否同意或说是否认罪,而是相对谨慎地坚持正当程序保障正当结果的传统。但这一“保守”做法也相对限制了该程序的适用率,更多地应在轻罪法院处理的案件不能得到及时的处理,严重影响了法国司法体系的运转效率。因此,在 2002 年 9 月 9 日的《司法导向与规划法》中,立法机关将这一程序扩大到了部分轻罪案件中。那么在案件性质“升级”(更加复杂)以后,原有的“简化程序不影响实体真实(司法公正)”的预设判断是否依旧成立呢?这也是法国人一直存在争议的话题。其实,扩大简易程序适用范围几乎是一个全球化的趋势,中国也不例外,因为在诉讼爆炸的时代,司法成本是主事者不得不考虑的因素,毕竟波斯纳法官早就指出“公正的第二个含义就是效率”。质言之,正当程序向诉讼效率适度让步在当今是不可避免的,因为程序在本质上是反效率的。但为了避免实体正义遭受不当减损和当事人诉讼权利被过度省略,除了保障当事人的异议权、上诉权外,将当事人的同意或认罪作为简化程序的前提成为一条新的制度设计路径——尽管法国人历来比较忌讳这一点,但在 2004 年引入的法式辩诉交易程序中其实已经体现。这种协商性或合意性的司法技术通过高度强调当事人的程序主体性,能在很大程度上弥补当事人被减损的程序利益,同时有助于减少司法官员单方认定事实真相过程中可能伴有过于自信的过失。

三、违警罪审判之简易程序

《法国刑事诉讼法典》第二卷“审判法庭”的第三编“违警罪审判”的第二章规定的就是“简易程序”,即该法典的第524条至第528条以及第528-1条至第528-2条,下面笔者梳理之。不过,前文已经较为详细地介绍了轻罪简易程序,而违警罪简易程序与轻罪简易程序在程序构造上区别不大,因此下文在介绍中会有必要的简略,以免冗赘。

(一)适用范围

《法国刑事诉讼法典》第524条规定,任何违警罪,包括累犯,均可以适用该简易程序。换言之,法国的违警罪案件基本都是通过该简易程序来处理的。与轻罪审判简易程序类似,法条中明文规定了不能适用的情形:

(1)由《劳动法典》规定的违警罪,即法条所规定的雇主基于性别、种族、政治观点、宗教、工会活动、家庭状况、健康状况等因素而拒绝雇用的歧视行为,受到刑法违警罪的处罚,将处以2年监禁和3万欧元罚金——此种特殊情况下的量刑已经超过了简易程序的承载范围;

(2)被告人在犯第5级违警罪之日年龄尚不满18岁时——此种情况下的案件管辖权属于未成年人法院,不由违警罪法院受理;

(3)受害人在简易程序作出终局裁定之前申请直接传讯被告人的——此种情况下必须按照普通程序开庭进行对席审理,故不能适用(或继续)适用简易程序。

(二)审判程序

违警罪简易程序在程序设计及其程序转化上,与轻罪简易程序的设计基本相同。

1. 程序选择与启动

是否选择适用简易程序由检察院决定，如果决定适用则须向违警罪法院法官报送追诉案卷及其提出的公诉意见书，从而启动该程序。

2. 审理组织与权限

违警罪简易程序的审理组织由一名职业法官、公诉人与书记官组成，实行独任审理，仅享有判处罚金刑的权力，但在历史上曾赋予法官以宣判监禁刑的权力。[①] 前4级违警罪现已交由社区法院管辖，因此在前4级违警罪案件审判中，公诉人一般由警察分局局长担任。[②] 现只有相对较重的第5级违警罪案件才在违警罪法院中进行审理，也才需要由驻大审法院的共和国检察官（通常是他的助理）在违警罪法院中提起公诉。当然，在认为有必要的情况下，共和国检察官也可取代警察分局局长行使职权。

3. 审理程序与转化

按照简易程序审理的案件，法官采用“不经辩论即作出的处理案件实体问题的裁定”[③]来对案件作出审理裁判。但如果在审理过程中，法官认为有必要进行对席辩论的，则将案卷送还检察院，按普通程序进行追诉。

---

① 伊夫·斯特里克莱、田庄、巢志雄：《法国刑事诉讼中的法官独任制》，载《司法》2013年卷。

② “法国在1808年的《重罪审理法典》中确定了检警合一的工作模式。检察官在具体的诉讼活动中处于主导地位，领导、指挥司法警察开展侦查工作”（参见葛俊宋：《从乌特罗案探析法国刑事诉讼制度的特点》，载《中国检察官》2018年第12期）。在检警一体化的模式下，警察接受指派代行检察职能也很正常。

③ 贝尔纳·布洛克：《法国刑事诉讼法》，罗结珍译，中国政法大学出版社2009年版，第477页。

4. 裁判方式与内容

按照简易程序审理的案件,用“刑事裁定书”对被告人或做出无罪宣告,或者科处罚金,以及在相应情况下,对被告人判处一项或数项附加刑(第 5 级违警罪和前 4 级违警罪相比,可以科处更多的附加刑)。

刑事裁定书应写明被告人基本信息(姓名、出生日期与出生地点、家庭住所)、归咎于被告人的犯罪事实的法定罪名、犯罪事实发生的日期与地点,适用的法条,科处刑罚情况下的罚金数额,以及实行司法强制的时间。

对于通过违警罪简易程序处理的案件,法官无须说明作出刑事裁定的理由,这与轻罪简易程序不同。

(三)救济措施

1. 提出异议

在违警罪简易程序中,检察院对裁定结果提出异议的方式与轻罪简易程序中的规定基本一致,即根据《法国刑事诉讼法典》第 527 条规定,检察院可自刑事裁定书作出起 10 日内,以向法庭书记室递交声明的形式,对该裁定的执行提出异议(opposition)。但法律对被告人提出异议的方式之规定有所不同:

(1)在轻罪简易程序中,刑事裁定书在送交检察院的同时就以挂号信并要求回执通知被告人;而在违警罪简易程序中,只有当检察院在规定期间内没有提出异议后,刑事裁定书才以挂号信并要求回执的形式通知被告人。

(2)在违警罪简易程序中,被告人提起异议的时间是 30 日,即被告人得在上述挂号信寄出起 30 日期限内,对刑事裁定的执行提出异议;但在轻罪简易程序中,异议期是 45 日。

当然,如果从送达回执来看,不能认定被告人已经收到了通知函,则该30日期限届满后提出的异议仍可被受理。此期间自当事人通过执行令或其他任何途径知道其受到处罚之日开始计算,或者是自当事人知道其可以提出异议的期限与形式之日起开始计算。

(3)对于违警罪简易程序,在没有支付罚金或者在上述期限内没有提出异议的情况下,即可对罚金及诉讼的固定费用进行追偿。

2. 异议程序

在检察院或被告人提出异议的情况下,案件将被违警罪法院退回检察院,按普通程序重新向违警罪法院起诉并开庭审理,即“简转普”。若被告人缺席重新审理的,则不得再对重审结果提出异议。

3. 上诉

对违警罪案件“简转普”的审理结果,法律同样允许向上诉法院上诉。具体来说:

(1)当处的罚金为第5级违警罪当处之罚金时,以及在宣告《法国刑法典》第131-16条第1项规定之刑罚时,或者在宣告的罚金刑超过第2级违警罪当处之罚金最高数额时,上诉权属于被告人、负有民事责任的人、共和国检察官及驻违警罪法院之检察院的官员;

(2)在判处损害赔偿时,上诉权属于被告人以及应负有民事责任的人;

(3)在所有场合,上诉权属于民事当事人(受害人),但仅以涉及民事利益为限;

(4)在应林木水道管理部门之申请提起追诉的案件中,无论所判刑罚之性质与轻重如何,各方当事人均可提出上诉;

(5)检察长对违警罪案件简易程序的所有判决均可向上诉法院提出上诉。

另外,违警罪简易程序的上诉期限与轻罪简易程序的上诉期限来源于同一法律规定,即《法国刑事诉讼法典》第 498 条至第 500 条,而这就是轻罪上诉期限的规定,即除检察长提起上诉有两个月期限外,其余上诉主体均应在 10 日期限内提出。多个当事人中有一人于上诉期限内提起上诉的,其他当事人应有 5 日补充期限提起上诉。

(四)生效方式

直至“简转普”开庭审理之日,被告人均可明示放弃异议;在此情况下,刑事裁定恢复执行力,再行对其提出异议,不予受理。而没有受到异议的违警罪简易程序刑事裁定书,则具有既决案件之判决书的效力。

(五)刑事附带民事诉讼

在对附带民事诉讼的即判力规定上,违警罪简易程序与轻罪简易程序的规定相同,即刑事裁定书对因犯罪造成的损害请求赔偿的民事诉讼不具有预决效力。《法国刑事诉讼法典》第 528-2 条也明确规定,违警罪简易程序的规定不涉及受损害的当事人依该法典规定的条件直接向违警罪法院传讯违警罪行为人的权利,即在刑事裁定书作出之后,受害人仍可提起民事诉讼主张民事诉求,这与轻罪简易程序规定相同。

(六)定额罚金程序

1. 程序概说

“定额罚金程序”(见于《法国刑事诉讼法典》第 529 条、第 529-1 条至第 529-11 条、第 530 条、第 530-1 条至第 530-3 条)是较之于前述违警罪简易程序更为简化的诉讼程序,适用于某些违警罪、违反陆路交通运输公共服务事业规则的某些犯罪和违反交通规则的某些犯罪。[①] 与刑事裁定书程序这一“司法程序”相比，定额罚金程序几乎就是一种行政性质的程序。因此，其适用范围是经由法国最高行政法院提出资政意见后颁布法令确定的，主要在第 1 级到第 4 级违警罪中适用，但排除适用有关累犯之规则。换言之，第 5 级违警罪不能适用定额罚金程序。但如果被告人在该领域中同时实施了多个犯罪，只要其中有一个罪名不能适用定额罚金程序的，则全部罪行都不能适用本程序，而应当按照普通程序进行追诉。

2. 程序内容

“定额罚金程序”实际上包括两种情况：一是定额罚金，二是定额赔偿金。对于违反《公路法典》《保险法典》《森林法典》以及交通规则的某些犯罪（如违反交强险的规定、驾照扣分等情形），原本需要提起的公诉可通过被告人支付定额罚金的方式而消灭。该罚金可当场交付给在现场查证犯罪、制作笔录的人员，或者在查证犯罪之后 30 日内到违警罪通知书指定的部门交付。对于违反陆路交通运输公共服务事业规则的某些犯罪（如在火车上逃票），原本需要提起的公诉可通过被告人与服务提供者委派的工作人员进行和解交易的方式而消灭，定额赔偿金应在认定违警罪后 2 个月内交付给和解交易提议书中指定的经营者的部门。

---

① 和中国法律相比较可知，法国的这个定额罚金程序所适用的犯罪在我国通常都是一些属于行政违法性质的行为，比如违反交通规则需要给驾照扣分的情形。事实上，西方很多国家都把我国法律中视为行政违法的行为当作犯罪来处理，只不过属于相当轻微的犯罪，如驾车超速。也正是因为其行为性质实在是轻微，故无须走正式诉讼程序，以一个固定金额的罚款解决即可。其实在我国的《道路交通安全法》中，对很多交通违章行为也是通过缴纳固定金额的罚款来处罚的（如机动车闯红灯就是扣六分并罚两百），那也可以说其是一种“定额罚金程序”——只不过在我国这是一种单纯的行政处罚程序。

3. 程序效力

上述款项必须在法定期限内一次性结清,或者在法定期限内向收款部门提出免除罚金的申请或免除赔偿金的异议,否则将会被依法加收数额。如果被告人提出申请或异议,检察院可以:

(1)根据自由裁量权对该案作出适当评判后,放弃追诉;

(2)终止定额罚金程序,改为按照违警罪的简易程序进行追诉;

(3)终止定额罚金程序,改为按照违警罪法院或社区法院的普通程序进行追诉;

(4)告知当事人,因其请求因未说明理由或在提交申请时没有附相关的通知单而不予受理。

需要指出的是,从实践来看,如果被告人不接受定额罚金程序的处理,而选择了提出申请或异议使案件进入简易程序或普通程序,则一旦不能获得无罪判决,那么他将面临被判处更高额罚金的风险。①

四、被告人庭前认罪情况下出庭程序

从上述违警罪案件和轻罪案件适用的"刑事裁定书"程序可以看出,法国立法者在追求诉讼效率时并没有把被告人认罪或被告人同意作为其适用前提,某案件是否走简易程序处理主要取决于检察官对案情的判断和处理选择,被告人甚至都没有亲自参与这样一种非对席、无庭审的简易程序。相较而言,中国法律上现行的刑事简易程序还是以被告人认罪和同意为适用前提的,其更多地体现了向英美法学习的倾向。法国这一做法无疑体现了职权主义诉讼模式

---

① 贝尔纳·布洛克:《法国刑事诉讼法》,罗结珍译,中国政法大学出版社 2009 年版,第 483 页。

的特征,也与法国根深蒂固的追求案件实体真实的大陆法系司法传统不无关系。

然而,一方面,缘起于英美法系的协商性司法潮流日益成为难以拒绝的趋势;另一方面,“法庭堵塞已不能仅通过增加财政及人员投入来解决”。① 因此,继 1993 年的刑事和解制度和 1999 年的刑事调解制度入法之后,法国在 2004 年再次修改法律,进一步扩大了“合意程序”的范围,设置了“被告人审前认罪出庭程序”(见《法国刑事诉讼法典》第二卷“审判法庭”的第二编“轻罪审判”的第八节,即该法典第 495-7 条至第 495-16 条),但这一程序往往被外界误认为“有罪答辩程序”。② 这一典型地借鉴美式辩诉交易制度而建立起来的法国式辩诉交易制度之主要目的,按照时任巴黎大审法院第一副院长 BIBOCHE 先生的说法是,“减轻法院的负担,通过对轻微以及中等严重程度的案件适用以节省资源”。③ 不过,作为一个老牌的大陆法系国家,对于移植这样一个完全来自异域又同时伴有诸多“负面风评”的舶来品,法国的立法者实际上比意大利同仁更为谨小慎微,下面分述之。

(一)适用范围

根据《法国刑事诉讼法典》第 495-7 条的规定,适用法式辩诉交易程序的案件必须满足两个条件:一是只能适用于主刑为罚金刑或者 5 年以下监禁刑的轻罪,二是犯罪行为人在共和国检察官审查起

---

① 施鹏鹏:《法律改革,走向新的程序平衡?》,中国政法大学出版社 2013 年版,第 153 页。

② 贝尔纳·布洛克:《法国刑事诉讼法》,罗结珍译,中国政法大学出版社 2009 年版,第 478 页。

③ 陈卫东、刘计划、程雷:《法国刑事诉讼法改革的新进展》,载《人民检察》2004 年第 10 期。

诉时业已承认其受到指控的犯罪事实(当然实际上也必须认可检察官提出的量刑建议)。那么这与前面的刑事裁定书程序适用条件相比,首先,可以适用的罪行不限于只能判处罚金的情形,即适用的范围更大,扩展到一些更为严重的罪行;其次,强调被告人认罪这个前提,即较之刑事裁定书程序更具有合意性;最后,没有强调检察院要承担对案件事实是否已经查清的审查责任,其实是符合辩诉交易制度机理的,作为交易的一方,检察官如果承担过多的审查责任就难以体现出该程序在诉讼效率上的优势了——但这并不代表法国在该程序中放弃了追求案件实体真实的司法传统,后面笔者就会指出,法式辩诉交易制度其实是把这个审查责任交付给了法官。

不过《法国刑事诉讼法典》第 495-16 条规定了该程序的排除适用范围——该程序不适用于未满 18 周岁的未成年人犯罪,也不适用于新闻方面的轻罪、过失致人死亡罪、政治性轻罪或者追诉程序是由特别法律规定的轻罪。同时在实践中案情过于简单的案件也不适用该程序。很明显,和意大利辩诉交易制度相比,法国该程序能够适用的罪名以及量刑的范围更小。[①] 当然,和意大利模式一样,法国式辩诉交易中的“协商空间”只针对量刑问题,不针对定罪问题。

(二)量刑建议

一旦被告人认罪,共和国检察官就可以向犯罪行为人提议执行一项或数项当处之主刑或附加刑;如果是建议的监禁刑或者罚金刑,则不得超过一定的限制或者比例。根据《法国刑事诉讼法典》第

---

① 未成年人犯罪(未成年人心智不成熟需要特别保护)和特别轻微的犯罪(缺乏交易的必要性)不适用辩诉交易是各国通例,美国、意大利均是如此,法国也是照此实行。除此之外,美国只限定了危害国家安全等特别严重的犯罪不适用辩诉交易而无量刑上的限制,而意大利模式下适用辩诉交易的罪名则没有特别限制,只是最高量刑限定为五年(黑手党组织等严重犯罪可以适用的量刑上限为 2 年)。

495-8 条第 2 款规定,检察官在此的自由裁量权为:

(1)建议执行监禁刑的,刑期不得超过 1 年,也不得超过当处监禁刑刑期的一半,且可以适用缓刑;

(2)建议适用无缓刑之监禁刑的,应向被告详细说明量刑是否立即执行或传唤至执行法官前以确定刑罚的执行方式;

(3)建议执行罚金刑的,罚金的数额不得超过法定的最高罚金数额,且可以适用缓刑。

当然,对于上述情形的具体判断,法律上也要求检察官"所建议之量刑的性质及幅度应合乎刑罚个人化的原则,充分考虑犯罪情节、被告人格、收入及负担等"。[①]

不过,和美国、意大利的辩诉交易规定明显不同的是,法国检察官在提出量刑建议时无须征求被告人的意见,也无须和其事先商量。换言之,我们通常理解的控辩双方可以"讨价还价"(bargain)的问题在这里其实并不存在。可见,这一程序适用的主动权掌握在检察官手中,这反映了法国简易程序改革中的一个趋势——检察院几乎一会儿扮演着预审法官的角色,一会儿又通过"追诉替代措施"(alternatives aux poursuites)和简易程序(procédures simplifiées)的适用来扮演准司法裁决法官的角色[②]。这实际上告诉我们,协商性司法的核心是合意的形成结果,至于合意的形成方式,各国可以结合本国实际来设置。

(三)律师帮助

被告人承认所受指控的声明,以及检察官提出的有关量刑的建

① 施鹏鹏:《法律改革,走向新的程序平衡?》,中国政法大学出版社 2013 年版,第 156 页。

② 米海伊·戴尔玛斯-玛蒂、俞亮、张驰:《检察院,法国刑事司法改革的关键》,载《法学杂志》2011 年第 9 期。

议,都必须在被告人的律师在场时作出。被告人没有委托律师的,应当为其指定律师(包括法律援助),律师可以查阅案卷。被告人在作出决定前,可以和其律师自由、充分的交谈,并且检察官不得在场。法律上还允许被告人在考虑是否接受检察官提议时拥有10天的考虑期限。根据《法国刑事诉讼法典》第495-8条第4款的规定,这种律师协助权被告人是不得放弃的。

此外,被告人的这种承认声明原则上应口头作出。但根据该法典第498-15条的规定,如果被告人已经受到法院传票的直接传讯或者是收到了通知出庭的传唤通知书,那么被告人可以本人或者通过律师,以邮寄挂号信的方式向检察官作出书面声明,以承认该指控和要求适用本程序。

(四)程序运作

1. 法官审核

如果被告人在其律师在场时作出了同意量刑建议的决定,则由检察官向大审法院院长提出认可申请,被告人应立即前往法官面前。大审法院院长或其委派的法官应先审核犯罪事实的实际情况(是否属实)及其在法律上的罪名(是否恰当),然后公开开庭听取被告人或其律师的陈述,而检察官可以到场也可以不当场。

如果法官认可检察官的量刑建议,则应在同一日内以刑事裁定的方式作出审理裁判,且该裁定须说明理由并公开开庭宣读。根据《法国刑事诉讼法典》第495-11条第1款的规定,法官作出裁定的理由主要是:一是确认当事人是在律师在场时承认所控罪行并接受了检察院的量刑提议;二是该提议的量刑与犯罪情节和犯罪人的人格是相适应的。

而从检察官向被告人提出量刑建议开始到最后法院作出裁

定,整个过程都必须依法制作笔录,否则程序无效。

2. 程序终止

如果被告人拒绝检察官的量刑建议,或者法官并不认可检察官的提议,则本程序就此终止,案件将重新按照普通程序向轻罪法庭提起公诉或者(如果是必须经过预审的轻罪)开始进行侦查。那么之前所作的所有笔录、所提交的文件以及各种声明都归于无效,不得在普通程序中直接作为采证依据。

(五)裁判效果

法院的此项裁定具有有罪判决的效力,并可以立即执行。当然,被判刑的被告人也可以按照通常的上诉条件向上诉法院提起上诉,检察官只能提起附带抗诉(上诉)。

如果案件有被害人的,还应当告知被害人这一程序。被害人可以出庭并同时提起民事赔偿的诉求。被害人如未提起附带民事诉讼,也可以另行请求检察官将被告人传唤至法庭,单独就民事赔偿利益问题获得法官独任审理。

(六)评价

辩诉交易是基于对抗制诉讼模式的高成本弊端而通过减少对抗来降低成本的效率性改革措施,虽然职权主义诉讼模式不是对抗式的,但两大法系对降低诉讼成本的追求是共通的。

法国这一被告人庭前认罪情况下的出庭程序,就是大陆法系国家继意大利 1988 年修改刑事诉讼法后又一学习美式诉讼效率的范例。总体而言,法式辩诉交易改革比意大利模式更为谨慎,为适应本土环境作了大量具有法国特色的调适,始终贯穿着在通过正当程序维护实体公正的框架下追求诉讼效率的设计理念。因此其在适用范围上相当局限,在合意形成上相当保守,并更加强调司法机关在程序中的主导性,尤其在制度设计上注重法官对控辩双方合意内容的审查职责,保持了职权主义诉讼模式的本质。但合意型司法理念与传统大陆法系司法理念之间的碰撞纠葛依然存在。例如,对于检察官行使量刑建议权是否代行了法官裁判权的问题,法官、检察官与辩护人是否诉讼职能错位的问题,庭外合意导致司法公信和司法权威是否被削弱的问题等美式辩诉交易制度中与生俱来的诸多"缺陷",法国学界与实务界依旧处于纠结之中。而且从司法部门实践反馈来看,迫于案件数量的压力,法官的审核义务正有流于形式的倾向。从根本上说,大陆法系传统的国家学习辩诉交易制度能否成功首先还是取决于观念的转变。

五、法国简易刑事诉讼程序的启示

我们从法国简易刑事诉讼程序的不断改革过程中可以看到,作为一个向来非常"顽固地"坚守自身传统的老牌大陆法系国家,面对日益增长的案件负担这个现实,诉讼效率问题也不得不成为头等大事,因此其在改革中也不得不对一些价值和利益作出妥协与牺牲。"公正与效率"似乎是中国司法改革中一对永远难以兼顾的鱼和熊掌,不过法国人的经验的确给我们有所启示。

(一)"去庭审化"的程序简化思路

将中、法两国在简易化诉讼程序上的制度设计做一个对比,会发现一个显著的差异:即使是中国简易化程度最高、简易到号称5分钟就能处理一个案件的"刑事速裁"程序,它仍然保留了一个开庭审理的环节,而法国的"刑事裁定书"这种简易程序则是完全省略掉了开庭审理的环节。事实上,无论是德国的刑事处罚令程序还是英美辩诉交易程序或者是日本的略式程序,其作为一种最简化诉讼程序,都是没有开庭审理环节的,基本是以一种书面化的方式推进诉讼。其理由在于,司法审判普通程序最耗费时间和成本的环节就是庭审,因此从最大化提高诉讼效率的角度来说,哪个环节“性价比”最低,那么就应当省略哪个环节——庭审的实质功能是用于查明事实——而对于在开庭以前就已经认为事实非常清楚、定罪量刑非常明确的案件,庭审显然已无意义,那么“去庭审化”就是必然选择。

两相对比,值得思考的是中国刑事速裁程序所保留的开庭环节。一个合理庭审的核心内容无疑是法庭调查以及辩论,而中国刑事速裁程序事实上已经取消了庭审中的调查和辩论,因此开庭环节事实上已经没有什么实际意义——对于一个总共花费时间仅5分钟的审判而言,开庭仅仅具有形式意义,对案件事实调查和定罪量刑没有任何实际影响,主要是用于对控诉事实让被告人当庭再确认一次。既然如此,何不干脆彻底取消庭审呢?再次确认被告人的认罪意思表示不一定非要通过开庭来进行,书面方式同样可以达到此目的。国内有很大部分学者认为,我国的简易程序还不够简易,还没有实现诉讼效率的最大化提高,在很大程度上就是针对这个问题。当然,各种缘由,本书后面设有专章进行讨论,这里只是为读者诸君做一个提示。

(二)强化法官对控辩协商的审查

一直以来,我国对辩诉交易制度一直保持警惕态度的重要原因之一就是担心,检察官裁量权扩大后削弱了作为中立裁判者的法官对定罪量刑的客观把握,检察官角色的“市场化”有可能造成检察官因利益驱动而损害案件实体处理的公平公正。如在美国的辩诉交易模式中,检察官具有绝对的主导权,一旦被告人认罪则检察官就成了事实上的裁判者,而法官对辩诉交易协议的批准基本属于“橡皮图章”式的形式审查。同样,法国人也有此担心,如法国曾经在1995年设立过的一种轻罪速裁程序——刑事强制令程序,但被法国宪法委员会以违反控审分离原则而撤销。但法国人并没有因噎废食,转而采取了赋予法官较大的审核权限的方式来确保法式辩诉交易结果的公平公正性。

法式辩诉交易程序与其刑事裁定书程序的显著区别是,前者要公开开庭听取被告人及其律师的陈述,后者不开庭而基本是个书面程序;前者法官要对案件事实、罪名、量刑进行实体审查,后者基本上就是“走流程”。这说明,当案件实体问题非常简单明了(量刑也非常轻)的情况下,法官的角色确实可以淡化,也就是工夫都做在了审前阶段,审判阶段可以尽量从简,以效率为王;而当案件实体问题更为复杂后(量刑也加重),那么中立判断者的功能就不能缺失或被取代,在程序的价值追求上就应该向公正问题上适度倾斜。换言之,在具有大陆法系传统的司法体系中,我们虽然不能拒绝合意性、协商性诉讼制度的潮流,但法官也不能仅仅在其中扮演一个配角——辩诉交易在中国不是不能做,而是应当按照我们的司法传统去做。这才是正确的态度。

(三)关注诉讼效率的实质性提高

现代协商性、合意性的司法有助于让犯罪行为人更加心悦诚服地接受国家对其施以的惩罚从而有利于其教育改造,因为行为人对惩罚作出过程的有效参与,使国家刑罚权的行使在一定程度上带有一种平等、友好的商谈性质。这种参与感使刑罚不再是一个冷冰冰的无情的外来枷锁,而变得更加有人情味甚至富有一点温情色彩,这使刑罚更容易被接受、被认可从而有助于赢得被告人真心实意的悔罪。这是现代协商性、合意性司法程序的正当性所在,而这也正体现出了刑事司法的一个重要功能，即通过对犯罪分子的教育和改造，以免其再犯罪从而实现对犯罪的预防。那么，对于提高诉讼效率的改革，同样应当注意其是否有助于提高对这种再犯罪的预防或者说对犯罪分子教育改造的效率。这才是诉讼效率提高的实质表现。如果只是从办案机关节约了时间、减少了成本、提高了案件处理数量的角度来看待诉讼效率，那么这种效率的提高仅具一种形式意义。

结合到简易化诉讼程序改革来说，那就是我们要关注这种程序对再犯预防和改造的效率是否也提高了。在法式辩诉交易实践中，法国检察官非常注重考量行为人认罪的真实性或者说真诚性，也就是审查被告人选择认罪的真实意图是什么。因为，如果被告人不是基于真诚地反省和决心改过自新，而仅仅是为了获得较轻的量刑而作出的“技术性”认罪，让该程序变成了一种权宜之计的选择，那么最后其就会成为犯罪分子逃避打击的避风港，则刑罚的教育目的就无从实现，反而会导致再犯率增加①，最终违背刑事司法功能的初衷。如果是这样的话，即使通过这个所谓的有效率的诉讼程序“解决”了更多的案件，但其实并没有真正地提高整个犯罪预防的效率。因为这仅仅是一种形式上的效率提高，而不是实质上的，任何刑事诉讼程序实质上的效率都必须考量它通过个案惩处后在犯罪预防上的效果，否则便可能落入“批量地生产再犯”的制度怪圈。而中国推行的认罪认罚从宽制度改革现今非常强调被告人认罪这一因素，那么我们就必须高度警惕这一因素的形式化。

---

① 施鹏鹏：《法律改革，走向新的程序平衡？》，中国政法大学出版社 2013 年版，第 155 页。

第三章　美国简易刑事程序研究[①]

一、概述

本章介绍美国的简易刑事程序。不过在描述美国简易刑事程序之前，有必要先对美国简易刑事程序这一概念作一简单说明。

单从概念(形式)上讲，一方面，在美国学者的观念中，从我们现在掌握的材料来看，无论是在美国学者编辑的法律辞典中，还是在教授写作的法学教科书里，以及在研究者的法学论文中，似乎都只有简易民事程序(summary proceeding)的概念，而没有简易刑事程序这一概念。如在美国著名的法律检索系统 LexisNexis 中，我们以 summary procedure 为标题关键词，竟然没有搜到一篇与刑事程序相关的论文。

---

① 本章在收集整理资料上得到中国政法大学研究生张嘉源同学的大力协助，特此致谢。

另一方面,在中国学者关于美国刑事诉讼程序的介绍中,综观各种专著论文,似乎也没有明确提到美国简易刑事程序这一概念。

不过,在中国学者关于简易刑事程序的比较研究中,一方面,大部分学者在理论上总是习惯性地将美国的辩诉交易制度作为简易刑事程序的对应物进行比较和分析;这表明在实质上,学者多将辩诉交易视为美国的简易刑事程序,这一点可以说在绝大多数中国刑事诉讼法论著中都有所体现。另一方面,少数学者在关于简易刑事程序的比较法分析中,并不局限于将美国的辩诉交易制度作为简易刑事程序的对应物,而是将轻罪和轻微罪行的处理程序也纳入简易刑事程序的比较法考察框架;这表明部分学者实际上认为辩诉交易和轻罪、轻微罪行的处理程序都属于美国简易刑事程序。[①] 这两个方面的理论表达意味着,尽管在具体内容上存在差异,但是国内学者一致认为,美国存在类似中国简易程序的诉讼程序和制度。

我们赞同国内学者的这一基本判断和结论。不过我们倾向于对这一结论作进一步的分析,并认为对美国简易刑事程序的界定,有必要从一个更宏观的角度加以考察。这一宏观的角度,我们倾向于指向刑事诉讼制度的经济理性。即在整个刑事诉讼中,出于成本节约之考量(这里的成本节约,既可能是一种制度性考虑,也可能是一种个体性考虑),实践中存在哪些提高诉讼效率的程序性制度?基于这样一种宏观的角度,并出于论述结构的便利,我们有意将美国的简易刑事程序作狭义与广义的划分。在狭义上,我们认为,美国简易刑事程序仅指辩诉交易,而不包括轻罪和轻微罪行的处理程序。这里之所以将轻罪和轻微罪行的处理程序排除在外,实

---

① 参见高一飞:《刑事简易程序研究》,中国方正出版社 2002 年版;王国枢、项振华:《中外刑事诉讼简易程序及比较》,载《中国法学》1999 年第 3 期。

是因为在我们看来,一方面,辩诉交易是美国最主要的简易刑事程序,并具有相对独立和单一的程序品格,因此,有必要单独作专门介绍。另一方面,轻罪案件的处理可能并不简单,因为宪法规定的权利,轻罪案件的被告人基本上都享有,如果被告人不放弃这些宪法性权利,那么,处理仍然会比较复杂,审判都可能会持续几天;这一特点使得轻罪案件处理程序可能根本就不是简易程序。[①] 此外,轻罪和轻微罪行案件的处理即便简单,其简便效果达成的路径构成也比较复杂,既可能导源于辩诉交易(轻罪和轻微罪行的案件同样可以通过辩诉交易来解决),也可能导源于法律和判例对被告人权利的限制(如轻微罪行案件的被告不享有陪审团审判的权利),还可能导源于起诉上的简便(在起诉主体上可以由警察起诉,在起诉方式上可以控告书、传票、违法通知书等方式起诉);这些都使轻罪和轻微罪行案件处理程序在程序简化的组合上显得比较复杂和宽泛,故将其放在下文将要介绍的广义简易刑事程序中加以说明也许更为适当。

在广义上,我们认为,美国简易刑事程序不仅包括辩诉交易,而且包括了一系列有利于节约诉讼成本的法律规定(如警察起诉,以控告书、传票、违法通知书等方式起诉、简易的陪审团等)、权利放弃规则(如放弃获得律师帮助的权利、放弃迅速审判的权利、放弃质证指控者的权利等)和司法管理技术(如缩减辩论时间、不撰写司法意见等)。在我们看来,由这些法律规定、权利放弃规则和司法管理技术在实践中形成的事实性制度,构成了美国简易刑事程序体系中的重要内容。

---

① [美]爱伦·豪切斯泰勒·斯黛丽、南希·弗兰克:《美国刑事法院诉讼程序》,陈卫东、徐美君译,中国人民大学出版社2002年版,第320页。

美国刑事诉讼程序给中国公众甚至一些学者的印象，乃是正式、复杂和花费巨大的，它包括对人证和物证的详细调查，检察官和辩护律师之间的对抗式辩论，以及由不偏不倚的法官和陪审团作出公正判决等内容。不过正如罗伯特·E.司各特教授和威廉姆·J.斯汤兹教授所指出的，在美国的刑事司法实践中，大多数案件都以看来随便得让人反感的方式得到处理的：在检察官的办公室里或在法院的走廊上，没有证人到场，仅是熟悉案件基本情况的代理人之间经过短时间的交谈，达成一项交易方案，然后将它兜售给被告人及法官。①

罗伯特·E.司各特教授和威廉姆·J.斯汤兹教授所谈到的“看来随便得让人反感的”案件处理方式，就是著名的辩诉交易。辩诉交易，亦称控辩交易、辩诉协商、辩诉协议。根据《布莱克法律词典》(第9版)的定义，辩诉交易是指“检察官和刑事被告人之间协商达成的协议，协议中被告人对较轻的指控或多项指控中的一项做有罪答辩(guilty plea)，换取检察官一定让步，这些让步通常包括更宽大的量刑或者对部分指控的撤销”。② 关于辩诉交易的概念，美国学者之间存在一些争论，本书采纳 Douglas D. Guidorizzi 的定义，即辩诉交易是指“被告基于得到政府方的对价的合理预期而作出的对刑事指控答辩有罪的同意”。③ 我们这里之所以采 Douglas D. Guidorizzi 的定义，实是因为他的这一概念具有很强的包容力，亦即包含了后文将要介绍的明示和默示两种辩诉交易类型。辩诉交易是起源于

---

① [美]罗伯特·E.司各特、威廉姆·J.斯汤兹：《作为合同的辩诉交易》，载江礼华、杨诚主编：《外国刑事诉讼制度探微》，法律出版社2000年版，第272页。

② See *Black's Law Dictionary*, 9th ed., West Group, 2009.

③ See Douglas D. Guidorizzi: “Should We Really ‘Ban’ Plea Bargaining? The Core Concerns of Plea Bargaining Critics”, *Emory Law Journal* 47, 1998.

美国自发司法实践中的一种制度。实践中,辩诉交易分为明示和默示的两种具体形式。明示的辩诉交易是指控辩双方就定罪量刑问题公开地讨价还价,被告人只有在得到检察官明确承诺的前提下才会认罪;而默示的辩诉交易则是指不真正发生"交易的过程",控辩双方没有就此交换过任何口头或书面意见,但被告根据以往的惯例而明确意识到如果他认罪就会得到好处,律师会传话给当事人,法官和检察官也心照不宣地给予作有罪答辩的被告以"奖赏"。[①] 这种实践中的区分也为美国学者所认同,如在《辩诉交易的胜利》一书中,费希尔同样将辩诉交易区分为明示的辩诉交易和默示的辩诉交易,前者是指双方当事人明确说出他们的交换条件,而后者则是指被告人为了获得没有许诺但是有望获得的回报而作出有罪答辩。[②]

关于辩诉交易制度的历史,在美国已经有许多著作予以介绍。如费希尔在其著作中考察了美国辩诉交易的兴起;麦高伟和切斯特·L. 米尔斯基研究了辩诉交易如何代替陪审团审判的过程;玛丽·E. 沃格尔分析了辩诉交易发展的背景等。[③] 根据学者的考察,早在 1749 年,美国就已经存在明示的辩诉交易。1749 年,殖民地时期的马萨诸塞州发生了一个著名案件,在该案件中,3 名被告人

---

① 宋冰编:《程序、正义与现代化——外国法学家在华演讲录》,中国政法大学出版社 1998 年版,第 431 页。

② [美]乔治·费希尔:《辩诉交易的胜利——美国辩诉交易史》,郭志媛译,中国政法大学出版社 2012 年版,译者序第 2 页。

③ See George Fisher, Plea Bargaining's Triumph: A History of Plea Bargaining in America(2003); Mike McConville & Chester L. Mirsky, Jury Trials and Plea Bargaining: A True History(2005); Mary E. Vogel, Coercion to Compromise: Plea Bargaining, the Courts and the Making of Political Authority(2007).

在检察长不以加重盗窃罪起诉他们后的许诺下，承认在帆船上盗窃。[①] 默示的辩诉交易由于其本身具有难以记录的特性而使得出现的时间已无据可考。1749 年之后的一段时期，辩诉交易主要适用于违反禁酒法的指控，[②]到了 19 世纪中叶左右，辩诉交易逐渐适用于谋杀、强奸等重罪案件，并开始在美国普及。[③] 及至 19 世纪最后的 30 年，辩诉交易得到了快速发展，成为美国市区刑事司法程序的突出特点，并渐成一项事实上的刑事诉讼制度。在 20 世纪以来的许多州和城市，有罪答辩稳定增长。在纽约，1839 年的统计表明，25%的有罪判决来源于有罪答辩；10 年后，有罪答辩率上升至 45%；到 1869 年，上升至 70%；而且有罪答辩率持续上升直至 20 世纪 20 年代的 90%。[④] 到 20 世纪上半叶，有罪答辩迅猛发展几乎取代了审判。到 1967 年，美国律师协会开始接受辩诉交易，并指出较高比例的有罪答辩和"不争辩"的答辩（nolo contendere）确实有益于司法制度。这样的辩诉交易往往将审判过程限制在解决真正的争端上，从而减少对资金和人员的需要。[⑤]

不过，一方面，在辩诉交易兴起的早期，所有的辩诉交易基本上都是暗地里进行的，"交易不被记录在法院文件中或得不到上诉决

---

① 参见杨正万：《辩诉交易问题研究》，贵州人民出版社 2002 年版，第 19 页。

② See George Fisher, " plea Bargaining's Triumph ", *The Yale Law Journal* 109, pp. 808-893.

③ See Jenia I. Turner, *Plea Bargaining Across Borders*: *Criminal Procedure* 9, Hiram E. Chodosh ed. , Aspen Publishers, 2009.

④ See Douglas D. Guidorizzi: "Should We Really 'Ban' Plea Bargaining? The Core Concerns of Plea Bargaining Critics", *Emory Law Journal* 47, 1998.

⑤ See American Bar Association Project on Minimum Standards for Criminal Justice, Standards Relating to Pleas of Guilty 2(1967).

定或刑事法院法定诉讼规则的认可”。[①] 法官也不鼓励被告参与辩诉交易承认有罪,联邦最高法院曾在 1958 年的 Shelton v. United States 一案中对辩诉交易的合法性明确表示了怀疑。另一方面,理论上对辩诉交易也存在一些批评,认为在辩诉交易中,无辜者也有被迫认罪的风险,因为这些案件不会受到陪审团和法官的有效审查,从而可能最终会造成冤假错案。[②]

尽管如此,辩诉交易仍然得到迅猛发展。在一系列由政府和私人资助的对美国各司法管辖区的刑事司法制度的运行所做的调研中,一些法学教授和精英律师从书面记录中发现辩诉交易在全国法院中普遍存在,[③]并逐渐获得了司法机关的认可。1970 年,联邦最高法院在 Brady v. United States 一案中,首次认可了辩诉交易。1959 年,罗伯特·布雷迪因绑架且未能毫无伤害地释放人质而被起诉,在这种情形下其最高会被判处死刑。但是根据法律,他只有满足以下条件才能被判处死刑:(1)他接受审判;(2)他被定罪;(3)陪审团建议将死刑作为适当的惩罚。布雷迪选择认罪以避免死刑的

---

① [美]爱伦·豪切斯泰勒·斯黛丽、南希·弗兰克:《美国刑事法院诉讼程序》,陈卫东、徐美君译,中国人民大学出版社 2002 年版,第 413 页。

② See Jed S. Rakoff, "Why Innocent People Plead Guilty". Accessed http://www.nybooks.com/articles/2014/11/20,why-innocent-people-plead-guilty/.

③ 转引自[美]乔治·费希尔:《辩诉交易的胜利——美国辩诉交易史》,郭志媛译,中国政法大学出版社 2012 年版,序言第 11 页,注 13:See, e. g., *American Law Institute*, *Business of the Federal Courts*, 12 - 14, 51 - 54, 56 - 58, 97; Morse and Beattie, Criminal Justice in Oregon, 136 - 50; Fuller, *Criminal Justice in Virginia*, 148 - 55; Illinois Association for Criminal Justice, *Illinois Crime Survey*, 470 - 74; Crime Commission of New York State, "Report", 47 - 54, 83 - 90, 116 - 30; Missouri Association for Criminal Justice, *Missouri Crime Survey*, 148 - 51, 348 - 18; Pound and Frankfurter, *Criminal Justice in Cleveland*, 149 and n. 1, 181, 322; Georgia Department of Public Welfare, "Crime and the Georgia Courts", 190-92, 215; "Report of the Minnesota Crime Commission", 15-17, 31。

风险,最后他被判处 50 年监禁,后来减为 30 年。[①] 8 年后,布雷迪根据最高法院对 United States v. Jackson[②] 案件的干预性决定(intervening decision)——该判决认为,仅对那些接受审判的人批准死刑的法定方案具有对"第五修正案规定的不自证其罪的权利以及第六修正案规定的接受陪审团审判的权利行使设置阻碍的不可避免的影响"——对其认罪的合宪性提出了质疑。[③] 布雷迪据此辩称,其认罪答辩是无效的,因为这是由死亡威胁引起的。然而,法院认为,布雷迪的请求在提出时是知情和明智的;他了解风险并获得了交易的好处。[④] 此外,法院还认为,如果干预性决定扰乱了先前的辩诉交易,刑事司法系统将因此而失去灵活性。[⑤] 这相当于在事实上承认了辩诉交易的合法性。到了 1971 年,在 Santobello v. New york 一案中,美国最高法院最终批准了辩诉交易的做法,并称其为"非常令人向往的"和"司法的重要组成部分"。[⑥]

与辩诉交易的迅猛发展和逐渐获得认可相对应,司法系统对于辩诉交易的态度也开始发生了进一步的转变。辩诉交易制度曾经被认为是"必要的邪恶",如斯卡利亚大法官就认为"辩诉交易制度体现了严重的检察指控风险,这会有效地迫使无辜的被告以较轻的罪行认罪,以避免巨大的风险;而对于有罪的被告,它往往,也许通常导致判决远远低于法律规定的实际罪行。但即便如此,我们仍然

---

① See Brady v. United States,397 U. S. 742,743-44(1970).

② 390 U. S. 570(1968).

③ See Brady,397 U. S. p. 746.

④ See Brady,397 U. S. pp. 748,756-57.

⑤ See Brady,397 U. S. pp. 746-47.

⑥ 宋英辉、李哲:《辩诉交易制度之评介与思考》,载陈光中主编:《辩诉交易在中国》,中国检察出版社 2003 年版,第 225 页。

接受辩诉交易,因为许多人认为,如果没有辩诉交易,我们漫长而昂贵的刑事审判过程将无法承受强加给辩诉交易的负担,我们的刑事司法体系将陷入停顿”。[①] 而到了今天,辩诉交易的“邪恶”成分已经不再被强调,比如作为曾经强烈抵制辩诉交易的法官群体,几乎都乐见其在美国司法制度中起到更为重要的作用。肯尼迪大法官就曾在案件判决书中代表多数派法官为辩诉交易制度发声:“我们关注辩诉交易的普遍性并不是为了批评它。辩诉交易制度有利于节约宝贵的检察资源,同时,让被告承认自己的罪行并在判决时获得更有利的条件,这意味着认罪协议对控辩双方都有利。”[②]

随着犯罪率的上升以及州和联邦刑事案件数量的激增,辩诉交易成为处理刑事案件的主要手段,以回应公众对诉讼权利的要求。[③] 例如,在 1978 年至 1991 年,重罪起诉的次数(以及监狱囚犯的数量)增加了一倍多。[④] 然而,案件数量的增加并没有伴随着足够的额外资源来处理这些案件——例如更多的检察官。比如,从 1974 年到 1990 年,几乎在案件数量翻了一番的同一时期,美国助理检察官的数量仅从 17000 人上升到 20000 人,增幅不足 20%。[⑤] 因此,为了减少审判,有必要让更多的被告通过辩诉交易认罪。[⑥] 在此背景下,1975 年美国国会重新修订《联邦刑事诉讼规则》,首次明确规定了辩

---

① Lafler v. Cooper,132 S. Ct. 1397(J. ,dissenting)(2012).

② Missouri v. Frye,132 S. Ct. 1399,1407(2012).

③ See William J. Stuntz,“Bordenkircher v. Hayes:Plea Bargaining and the Decline of the Rule of Law”,in Carol S. Steiker,ed. ,*Criminal Procedure Stories* 351,376,2006.

④ See William J. Stuntz,“Bordenkircher v. Hayes:Plea Bargaining and the Decline of the Rule of Law”,in Carol S. Steiker,ed. ,*Criminal Procedure Stories* p. 375.

⑤ See John M. Dawson,U. S. Dep’t of Justice,Prosecutors in State Courts,1990,p. 2(1992). Accessed http://www. bjs. gov/content/pub/pdf/psc 90. pdf.

⑥ William J. Stuntz,“Bordenkircher v. Hayes:Plea Bargaining and the Decline of the Rule of Law”,in Carol S. Steiker,ed. ,*Criminal Procedure Stories* 363-364,2006.

诉交易的规则。这样,至少在联邦法院系统,实施辩诉交易开始有了统一的程序规则。此后有一些州也开始参照联邦的规定,辩诉交易从地下走向光明正大。

目前,在美国司法实践中,90%以上的刑事案件是通过辩诉交易(明示的和默示的)结案的。在州法院系统,以纽约市 1990 年为例,在 118000 人次的重罪案件中,只有 4000 人是按正式程序开庭审判的,仅占全部案件的 7.41%,其他案件都是以辩诉交易的方式结案。① 最近的数据显示,在 2005 年至 2009 年,美国联邦犯罪案件中,每年大约有 96%的案件通过辩诉交易结案。② 在 2012 年,这个数字更是达到了 97%,仅有 3%的案件进入了审理程序交由法官或陪审团审判。③ 正如安东尼·肯尼迪(Anthony Kennedy)大法官最近所观察到的:"现实情况是,今天的刑事司法在很大程度上是一种辩诉交易制度,而不是审判制度。"④

不过需要强调的是,尽管引用了这些数据,我们仍然对辩诉交易的适用是否真正占有如此大的比例表示怀疑。这种怀疑来自以下几个方面:一是统计学上的,即在统计上,是以整个诉讼案件为基数还是以进入审判程序的案件为基数,如果以前者为基数,那么,适用辩诉交易的比例就不可能高达 90%以上;二是既然辩诉交易可以分为明示的和默示的两种,而默示的交易具有很难识别的特征,那

---

① 卞建林译:《美国联邦刑事诉讼规则和证据规则》,中国政法大学出版社 1998 年版,第 10 页。

② 转引自[美]斯蒂芬诺斯·毕贝斯著:《庭审之外的辩诉交易》,杨先德、廖钰译,中国法制出版社 2018 年版,序言第 2 页,注释[2]。

③ United States Sentencing Commission, 2012 Sourcebook of Federal Sentencing Statistics fig. C(2012). Accessed http://www.ussc.gov/sites/default/files/pdf/research-and-publications/annual-reports-and-sourcebooks/2012/FigureC.pdf.

④ Lafler v. Cooper, 132 S. Ct. 1376, 1388(2012).

么默示的交易究竟占多大的比例就是一个估算的数据,其可靠性就值得怀疑。实际上,从我们阅读的材料来看,学者们多将认罪案件的比例与辩诉交易的比例相混淆;而事实上,这两者之间有巨大的差别,因为从动机上讲,根据韦伯的主张,被告人认罪,既可能是基于工具理性的计算,也可能是基于传统、价值理性和情感,而基于后三者的认罪都不是辩诉交易。[①] 据美国专家介绍,在全部认罪答辩案件中,通过辩诉交易而认罪答辩者占 70%左右,其他原因认罪答辩者占 30%左右。这一事实告诉我们,并非认罪答辩者都是经辩诉交易才认罪的。那种基于美国刑事诉讼中认罪答辩案件占 90%以上的事实,就认为美国辩诉交易案件占到全部刑事案件 90%以上的说法是不准确的。或许比较合理的说法是美国认罪答辩案件占到全部刑事案件的 90%以上,其中大部分是因辩诉交易而认罪的案件。[②]

无论如何,辩诉交易已经成为美国刑事司法制度和实践中有着举足轻重地位的存在。早在 40 多年前,当时的首席大法官沃伦·伯格(Warren Burger)就曾表示,“将认罪答辩率从 90%减少到 80%,需要分配两倍的司法人力和设施资源”,“将认罪答辩率减少到 70%则需要三倍的人力和设施资源”。[③] 理论界也支持首席大法官的这一观点,他们指出即使辩诉交易只减少 10%,对司法人力和设施资源

① 参见[德]马克斯·韦伯:《论经济与社会中的法律》,张乃根译,中国大百科全书出版社 1998 年版,第 1 页。

② 顾永忠:《关于“完善认罪认罚从宽制度”的几个理论问题》,载《当代法学》2016 年第 6 期。

③ See Warren Burger, “The State of the Judiciary-1970”, *A. B. A. J.* 56, 1970.

的要求就将增加一倍以上。[1] 因此,无论理想世界中的司法应当如何,也无论目前辩诉交易制度遭到了何种批评,由于其存在节约司法资源的巨大优势,实践中辩诉交易都是美国刑事司法系统重要的、不可忽视的组成部分。[2]

受以上关于美国简易刑事程序概念与历史沿革的规约,我们在下文的具体描述中,将主要分两部分对美国简易刑事程序作详细的介绍。第一部分将探讨狭义的简易刑事程序即美国的辩诉交易制度。我们将着重从规范与运作的角度介绍辩诉交易制度的现状。第二部分将探讨除了辩诉交易之外的简易刑事程序,即或者由法律规定的,或者由被告人放弃权利导致的,或者由司法管理形成的事实性简易制度。我们也将重点介绍这些事实性制度的现状。希望通过这样两个方面的介绍,我们能够对美国简易刑事程序的实际面目有一个稍成体系的了解。

二、辩诉交易制度的规范与运作

(一)辩诉交易制度的规范面目

在规范上,经由近十年来国内学者的介绍,辩诉交易的基本规则已逐渐清晰。尽管如此,为了对辩诉交易有一个完整的认识,本部分仍将重点介绍辩诉交易制度的规范面目。

---

① F. Andrew Hessick Ⅲ & Reshma M. Saujani, "Plea Bargaining and Convicting the Innocent: The Role of the Prosecutor, the Defense Counsel, and the Judge", *BYU J. Pub. L.* 16, 2002.

② See United States Sentencing Commission, "U. S. Sentencing Commission Final Quarterly Data Report: Fiscal Year 2013, at tbls. 22 & 42 (2013)". Accessed http://www.ussc.gov/sites/default/files/pdf/research-and-publications/federal-sentencing-statistics/quarterly-sentencing-updates/USSC 2013 Quarter Report Final. pdf.

1. 辩诉交易的适用范围

在美国,如前所述,普遍认为有 90%左右的刑事案件都是通过辩诉交易解决的。即便这个比例的准确性有待确认,但仍可以大致推断,若无对辩诉交易适用范围相当宽松的规定,如此大比例的适用辩诉交易是不大可能的。实际上,对于辩诉交易的适用范围,美国刑事诉讼制度无论是在适用辩诉交易的案件上还是在适用辩诉交易的时间上,都作了比较宽松的规定。

一方面,在适用案件的范围上,《美国联邦刑事诉讼规则》没有作出任何限制性规定,因此在联邦法院系统,辩诉交易可以适用于任何种类的案件。而在实践中,无论是性质轻微的犯罪还是性质非常严重的犯罪,联邦法院都在适用简易程序,以至于在联邦法院系统,以辩诉交易结案的案件数量达到了前文介绍的 96%甚至 97%。在州法院系统,由于各个州的规定不统一,情形也各有不同。有些州禁止适用辩诉交易,因此在法律上不存在辩诉交易的适用范围问题;有些州禁止对某些类别的案件适用辩诉交易,所以法律上的适用范围也就受到了一定的限制;大多数州则不作任何限制。不过需要强调的是,尽管一些州法律禁止或者限制辩诉交易,但是,实践中的辩诉交易特别是默示的交易仍然继续存在。①

另一方面,在适用的时间范围上,《美国联邦刑事诉讼规则》没有明确规定,因此,在理论上"从被告一接到指控起到陪审团裁决作出之前 1 秒钟,都可以主张辩诉交易"。② 不过在实践中,绝大部分

① [美]爱伦·豪切斯泰勒·斯黛丽、南希·弗兰克:《美国刑事法院诉讼程序》,陈卫东、徐美君译,中国人民大学出版社 2002 年版,第 437 页。

② 该资料来源于夏威夷州检察官 Mang Mang Qiu Brown 在四川大学所作的学术讲座。

辩诉交易都是发生在预审阶段。在州法院系统,有些州规定辩诉交易必须在大陪审团起诉书或者检察机关起诉书作出之前进行,在起诉书作出之后进行辩诉交易的案件则不被接受。有些州则和《联邦刑事诉讼规则》规定一样,对辩诉交易的时间不作任何限制。①

2. 参与辩诉交易的主体

在美国刑事诉讼中,由于宪法赋予被告人以获得律师帮助的权利,因此,在一般情况下,辩诉交易都发生在检察官和辩护律师之间。但是,由于获得律师帮助的权利可以放弃,所以检察官也可以和没有辩护律师的被告人进行交易,只是在检察官与没有辩护律师的被告人进行的交易中,被告人可能因为缺乏专业知识的支撑而处于不利的位置。

在联邦法院系统,由于《联邦刑事诉讼规则》明确禁止法官参加辩诉交易的讨论,所以,联邦法官在辩诉交易中主要处于一种较为消极的地位。在州一级,全美有 28 个州对于法官参与辩诉交易持肯定态度,仅有 8 个州采取与《联邦刑事诉讼规则》完全相同的做法,禁止法官参与辩诉交易。② 在理论上,学界对于法官应否参加辩诉交易存在争论,不过实践中,法官参与辩诉交易则变得越来越活跃。

另外,被害人有时也实际成为参与辩诉交易的主体。尽管在美国,被害人参加辩诉交易并非宪法性权利,但是一方面,检察官在进行辩诉交易之前,有时会征求被害人关于辩诉交易的意见,被害人则可以通过其在法庭上作证迫使检察官听取其意见,从而使被害人

---

① 该资料来源于美国维拉司法研究所长 Christopher E. stone 2002 年 9 月 23 日在中国政法大学所作的学术报告。

② 杨正万:《辩诉交易问题研究》,贵州人民出版社 2002 年版,第 127 页。

实际参与了辩诉交易;另一方面,有些州则规定,辩诉交易的进行必须征得被害人的同意,也使得被害人在辩诉交易中的主体地位得以确立。[①] 但是在辩诉交易中,被害人不具有直接交易的资格,其意志主要通过控方间接地表达和实现。正因如此,后文关于辩诉交易运作的介绍中,被害人的动机、策略等将不单独进行专门的介绍。

3. 辩诉交易的内容

在辩诉交易的过程中,检察官和被告人、辩护人主要围绕两个问题展开具体的协商活动:一是被告人是否认罪,二是检察官是否和如何让步。

按照《美国联邦刑事诉讼规则》的规定,被告人是否认罪又可分为三种类型:无罪答辩、有罪答辩和不愿辩护也不愿意承认有罪的答辩(又称"不争辩"的答辩,nolo contendere),但这种不争辩的后果等同于有罪答辩。"nolo contendere"的字面意思是"我对此(指控)不争辩"。"不争辩"对被告人的主要好处是,它在根据同一行为提出的民事诉讼中不能作为认罪来使用。根据《美国联邦刑事诉讼规则》,被告人只有在法庭同意的情况下才能够作不争辩的答辩,法庭要考虑当事人的理由并权衡有效执法方面的公共利益才能批准这种答辩。[②] 在由美国律协制定的美国辩诉交易制度权威性的重要来源之一的《有罪答辩标准》中将美国司法实践中种类繁多的辩诉交易都归入了有罪答辩、不认罪也不申辩答辩之中。比如保留对审前警方非法行为上诉权的有条件的答辩、不认罪但承认有充分定罪证

---

① 宋英辉、李哲:《辩诉交易制度之评介与思考》,载陈光中主编:《辩诉交易在中国》,中国检察出版社 2003 年版,第 228 页。

② See Fed. R. Crim. p. 11(a).

据的 Alford 答辩、有罪但有精神病、无罪因有精神病等不一而足。[①] 辩诉交易只发生于被告作出有罪答辩或不争辩这两种情形下,如果被告明确作出无罪答辩则案件将进入正式的审判程序而不发生辩诉交易的问题。一旦被告人选择认罪,那么,他将放弃接受审判的机会,也就放弃了接受陪审团审判、与对方证人对质和交叉询问以及反对自我归罪等一系列刑事审判中被告人所享有的宪法性保障。此对于检察官具有非常重要的意义,检察官参与辩诉交易的所有动机和目的之实现都依赖于被告人的这两种答辩。因此,检察官在辩诉交易中的一切活动,可以说最终都是围绕被告人认罪展开的。

为了换取被告人的认罪,按照《联邦刑事诉讼规则》和相关司法实践,检察官有必要在辩诉交易中作出让步。这些让步包括三个方面的内容:一是量刑上的,即承诺或者同意将向法院推荐一个对被告有利的刑期,或不会向法院请求判处法定最高刑,或承诺不向法院具体求刑,由法院任意决定;二是罪行轻重上的,即在某起诉之罪的犯罪构成要件包含了某一较轻之罪的构成要件时,检察官承诺或者同意仅以较轻之罪名进行追究,而不追究原较重之罪;三是罪数上的,即对于被告人的某犯罪行为,检察官本可以数罪起诉,但承诺或者同意仅以其中的一罪或者数罪起诉,而不再起诉被告犯罪行为所触犯的其他的罪名。[②] 对此,《美国检察官手册》也设置了三种类型的辩诉交易形式,即指控协议、量刑协议和混合协议与之对应。[③] 检察官所作的这些让步,对于被告人具有非常重要的意义,绝大部

---

① 参见祁建建:《美国律协〈刑事司法标准〉之〈有罪答辩标准〉评析》,载《中国刑事法杂志》2016 年第 5 期。

② 王兆鹏:《美国刑事诉讼法》,元照出版有限公司 2004 年版,第 541 页。

③ 美国联邦司法部:U. S. Attorney's Manual § 9. 27. 400,载 https://www. justice. gov/jm/jm-9-2000-authority-us-attorney-criminal-division-mattersprior-approvals#9-2. 400。

分被告人愿意辩诉交易,即是因为辩诉交易可以使他们得到较轻的处罚。因此辩护人或者被告人在辩诉交易中的一切活动,也都主要是围绕获得检察官的让步展开的。

4. 辩诉交易制度中的权利保障

在辩诉交易制度中,由于被告一旦通过辩诉交易认罪,即意味着被告放弃了接受陪审团审判的宪法权利,也意味着被告放弃了宪法第五修正案规定的反对自我归罪的权利和其他如对质指控者和交叉询问的权利等宪法性权利。在这种情况下,一方面,由于被告人仅放弃了接受审判的权利及其相关权利,并没有放弃其他如公开、公正的法官、获得律师帮助、知悉指控证据的权利,因此这些权利被告人仍然享有,不得剥夺(除非被告人自愿放弃);另一方面,为了保障被告人的有罪答辩是自愿、明智和明知的,有必要对辩护人没有放弃的其他权利予以特别强调。为此,《美国联邦刑事诉讼规则》和最高法院的相关判例强调和确立了一系列在辩诉交易中保障被告人基本权利的规则。

(1)享有获得律师帮助为其有效辩护的权利

获得律师帮助为其辩护的权利是宪法第六修正案规定,并因宪法第十四修正案而适用各州的被告人享有的基本权利。在辩诉交易中,该权利被认为是被告人享有的最重要的权利。[①] 该权利对确保被告人在与控方交易中处于平等地位至关重要,为此,《联邦刑事诉讼规则》第 11 条(c)再次强调了这一权利的重要性,明确要求在接受有罪答辩或不愿辩护也不愿意承认有罪的答辩前,法庭必须在公开的法庭与被告人对话,告知被告人并确定被告人理解,如果被

---

① 宋英辉、李哲:《辩诉交易制度之评介与思考》,载陈光中主编:《辩诉交易在中国》,中国检察出版社 2003 年版,第 227 页。

告人没有律师代理，被告人有权在诉讼的任何阶段由律师代理，如果有必要，法庭将为其指定一名律师代理。美国《有罪答辩标准》明确规定除非给被告人聘请律师的机会，或者为其指派律师，否则不得要求被告人进行答辩。更进一步的是，对于有律师辩护的有罪答辩案件，如果法官认为辩护律师无效辩护的，也不得接受被告人的有罪答辩。[①] 换言之，律师的辩护还必须是有效的，否则辩诉交易将不会被法官所接受。

（2）享有知悉权

知悉权也是宪法第六修正案规定，因宪法第十四修正案而适用各州的被告人享有的基本权利。对于辩诉交易而言，知悉权的意义在于，其有助于保障被告人在交易中的信息对等。按照《联邦刑事诉讼规则》和相关判例，被告人的知悉权主要体现在两个方面：

一是《联邦刑事诉讼规则》第 10 条规定的，要求在审判之前，传讯应当在公开法庭进行，包括向被告人宣读大陪审团起诉书或检察官起诉书，向被告人说明指控性质，要求被告人作答辩；在要求被告人作答辩前，应当向被告人提供大陪审团起诉书或检察官起诉书的副本；法庭只有在告知这些事项之后，才可能进入罪状认否程序。

二是《联邦刑事诉讼规则》第 16 条规定的证据开示，要求检察官在被告方提出请求时，应披露被告人的陈述、被告人的先前记录、文件和有形物品、检查、试验报告等证据。不过，《联邦刑事诉讼规则》同时还规定了不属于透露范围的资讯范围，即《联邦刑事诉讼规则》未授权透露或检查由政府检察官或其他政府机构制作的与案件

---

① 参见祁建建：《美国律协〈刑事司法标准〉之〈有罪答辩标准〉评析》，载《中国刑事法杂志》2016 年第 5 期。

的侦查、起诉相关的报告、备忘录或其他政府内部文件,或者除美国法典第十八编第3500条规定的外,由政府方证人或预期的政府方证人所作的陈述。最高法院在关于检察官证据开示的判例中进而认为,如果检察官具有下列情形之一,即属于违反正当程序的要求:①当被告人或其辩护人要求检察官提供关于罪责及刑罚资料时,检察官予以隐瞒;②纵然被告人未请求检察官提供资料,或仅有不特定的要求,而检察官所隐瞒的资料对于犯罪行为的证明具有“合理的可疑”。

(3)享有程序选择权

程序选择权尽管不是一个宪法性权利,但是对于辩诉交易而言,这一权利却是辩诉交易得以存在的法理基础,其对于保障被告人认罪的自主自愿具有非常重要的意义。对于这一权利,美国刑事司法制度作了两个方面的规定:一是《联邦刑事诉讼规则》第11条(a)规定的:①在罪状认否程序中,被告人可以作无罪答辩,有罪答辩或不愿辩护也不承认有罪的答辩,如果被告人拒绝答辩,或者如果被告人未出庭,法庭应作为无罪答辩处理;②经法庭批准和政府检察官同意,被告人可以作有条件的答辩或不愿辩护也不愿意承认有罪的答辩,以书面形式保留对裁判上诉,请求审查所有对审前申请作出的对其不利的决定的权利,上诉成功的被告应当被允许撤回答辩。

二是美国刑事司法制度赋予被告人一种附条件的事后异议权,即在检察官不履行辩诉协议的情况下,无论法院在判刑时是否受到影响,被告人认为控方违约都有权要求就是否控方违约的问题举行听证,或者要求法院依职权裁定开示有关笔录。经过这一程序,如果证实了控方确实违约可以采取三种救济方法:①被告人撤回有罪答辩,并就原始指控接受重新审判;②由上诉法院签发命令,责令检察官按协议内容具体履行约定义务;③上诉法院直接改判或撤销原判,并另派法官重新判决。[①]

(4)受证据排除规则之保护

为了确保被告人不会因为参加辩诉交易但最终未能达成答辩协议而导致不利,《联邦刑事诉讼规则》规定了专门针对曾作过答辩或参加过答辩讨论的被告的证据排除规则。《联邦刑事诉讼规则》第11条e(6)规定,在民事或刑事诉讼中,已被撤回的有罪答辩、不愿辩护也不愿意承认有罪的答辩、根据联邦刑事规则在与上述答辩有关的任何程序中所作的陈述,以及在与检察官进行答辩讨论中所作的任何陈述(该答辩讨论未能产生被告人作有罪答辩的结果,或者被告人虽曾作有罪答辩但随后又撤回),都不能采纳为不利于曾作过答辩或参加过答辩讨论被告的证据。

不过,针对曾作过答辩或参加过答辩讨论的被告的证据排除规则也并非绝对,该款同时规定,以下两项陈述可以采纳:一是在同一答辩或答辩讨论中所作的另一陈述在诉讼中已被介绍,从公正立场出发应该将本陈述同时出示;二是在因伪证或虚假陈述所进行的刑事诉讼中,如果被告人的陈述是在经宣誓或者公开记录在案或其律师在场的情况下作出的。

(5)司法保障

除了赋予上述三大权利和证据排除规则之外,辩诉交易中的被告人还享有重要的司法保障,即对辩诉协议的司法审查。司法审查是辩诉交易制度中对被告人权利进行保障的最后屏障。为此,辩诉

① 高一飞:《论刑事简易程序中的被告人异议权》,载《云南大学学报》(法学版)2003年第2期。

交易中的司法审查,除了通常司法所具有的一般要求即公开、公正的法庭之外,还要求法庭做到如下几个方面:

一是保证被告人答辩的公开性和自愿性,即法庭在接受有罪答辩、不愿辩护也不愿意承认有罪的答辩前:首先,要在公开法庭亲自询问被告,最高法院曾经在判例中确认,法庭如果没有在公开法庭上直接讯问被告人而仅凭借书面申请就允许被告人为有罪答辩的,该有罪答辩无效;[①]其次,要确认被告答辩有罪是自愿的,不是强迫、威胁的结果,也不是脱离答辩协议中允诺的结果,否则不能接受被告人答辩;最后,还要求法庭询问被告人愿意作有罪答辩或者不愿辩护也不愿意承认有罪的答辩是否出于检察官与被告或被告律师之间事先讨论的结果。《有罪答辩标准》1.4-1.5 规定,法院认定自愿性的方式是:①询问检察官、被告人、辩护律师;②认定答辩是否是出于答辩协商或者辩诉协议,如果是,协商了什么,协议约定了什么;③如果辩诉协议包含关于定罪量刑的条款,法院需要决定是否准许该条款;④法院应告知被告人,如果其定罪量刑条款被驳回,是否允许其撤回答辩;⑤法官应亲自与被告人沟通,以认定被告人是否接受了其他承诺或者受到威胁、强迫。[②]

二是确保有罪答辩是在明知的前提下作出的。这要求法官在两大方面进行告知:一方面是《联邦刑事诉讼规则》第 11 条 c 规定的,要求法庭在接受有罪答辩或不愿辩护也不愿意承认有罪的答辩前,必须在公开的法庭与被告人对话,告知被告人并确定被告人理解下列事项:①答辩所针对的指控的性质;法定强制最低刑(如果有

---

① U. S. v. Medina-silverio, 30F. 3d1, 4(1st cir. 1994).

② 参见祁建建:《美国律协〈刑事司法标准〉之〈有罪答辩标准〉评析》,载《中国刑事法杂志》2016 年第 5 期。

的话),法定最高刑,包括任何特别假释或监视释放的效力;法庭量刑时应予以考虑的可适用的量刑准则和在某些情况下可以不适用这些准则,以及当适用时法庭也可以命令被告人赔偿被害人损失;②如果被告人没有律师代理,被告人有权在诉讼的任何阶段由律师代理;如果有必要,将为被告人指定一名律师;③被告人有权作无罪答辩,或者如果已经作无罪答辩,有坚持无罪答辩的权利;被告人有权由陪审团审判;在审判中有权获得律师帮助;有权与对方证人对质和交叉询问;有权反对强迫自我归罪;④如果作有罪答辩或不愿辩护也不愿意承认有罪的答辩并为法庭接受,将不会有进一步的审判,因此,作有罪答辩或不愿辩护也不愿意承认有罪的答辩,被告人便放弃了要求审判的权利;⑤如果法庭打算在被告人经宣誓、作记录或律师在场的情况下,就被告人已作出答辩的犯罪询问被告人,此时被告人的回答在随后指控被告人伪证或虚假陈述时,可以作为不利于被告人的证据。另一方面是《联邦刑事诉讼规则》第11条(e)规定的,①如果协议属于《联邦刑事诉讼规则》第11条(e)(1)(B)规定的类型,法庭应忠告被告,如果法庭不接受有关建议或请求,被告也无权撤回答辩;②如果法庭接受答辩协议,应当通知被告人,答辩协议中商定的有关处置将在判决和量刑中体现;③如果法庭拒绝答辩协议,应在公开法庭亲自忠告被告……法庭不受答辩协议的约束……并忠告被告,如果被告人坚持作有罪答辩或不愿辩护也不愿意承认有罪的答辩,案件的处理对被告人而言可能比答辩协议中所期待的更为不利。

三是有罪答辩必须存在事实基础。《联邦刑事诉讼规则》第11条(f)要求法庭确定被告人答辩的准确性,强调法庭虽然接受答辩,仍然不能未作调查查明答辩存在事实基础便单纯依据答辩作出判决。由于《联邦刑事诉讼规则》没有对事实基础作明确的规定,因此法官对于有罪答辩的事实基础是否充足享有广泛的裁量权。需要强调的是:这种事实基础或者说证明标准与一般刑事案件的证明标准有所不同。原因在于:首先,辩诉交易是检察官与辩护方之间的协商、谈判,法官对基本事实主要是"形式审查"。证明标准的关键在于有犯罪的事实基础。其次,由于在罪状认否程序中,被告人作出了有罪答辩或不争辩的答辩,其就不再受到无罪推定的保护,也就不再适合一般刑事案件中的排除合理怀疑的证明标准。在阿尔弗德案中,美国联邦最高法院认为,如果辩诉交易中的证据可以证明被告人有罪达到了"压倒性证据"(overwhelming evidence)的程度,则可以判定被告人有罪;这显然低于"排除合理怀疑"的证明标准。[①] 一般情况下,法官可以通过询问被告人、检察官、审查有关的报告,或综合使用这些方法,来获知答辩是否具有事实基础。[②] 具体而言,审查事实基础的方法包括:①法官或者检察官询问被告人关于辩诉协议中的犯罪行为;[③]②法官或者检察官要求被告人描述其被指控的行为;[④]③警方的书面调查报告等。一些案件法官可能会仔细考虑——直到判决前调查结束,因为这可以使许多重要的指控事实得以发现。[⑤] 此外,为了留证法官接受被告答辩是有事实基础的,《联邦刑事诉讼规则》还要求法院对被告人作出答辩的程序作

---

① 参见陈光中、马康:《认罪认罚从宽制度若干重要问题探讨》,载《法学》2016 年第 8 期。

② [美]韦恩·R. 拉费弗、杰罗德·H. 伊斯雷尔、南希·J. 金:《刑事诉讼法》,卞建林、沙丽金等译,中国政法大学出版社 2003 年版,第 1089 页。

③ See United States v. Sias 227 F. 3 d 244,245,fn. 1(5th Cir. 2000).

④ See People v. Watts 67 Cal. App. 3d173,179(1977).

⑤ [美]爱伦·豪切斯泰勒·斯黛丽、南希·弗兰克:《美国刑事法院诉讼程序》,陈卫东、徐美君译,中国人民大学出版社 2002 年版,第 453 页。

逐字记录,并且如果作有罪答辩或不愿辩护也不愿意承认有罪的答辩,记录应当不加限制地包括法庭对被告人的忠告,对答辩(包括答辩协议)是否出自自愿的调查和对答辩准确性的调查必须保存整个有罪答辩过程的详细笔录,包括对被告人的劝告、自愿性的询问、辩诉交易的细节以及对事实内容的讯问。

(二)辩诉交易的行动构成

在大致厘清了辩诉交易制度的规范面目之后,现在让我们开始描述辩诉交易的行动构成。在描述辩诉交易的行动构成时,我们将以规范与个体的二分框架为基础,以辩诉交易制度的规范面目为制度背景,以辩诉交易主体的个体性动机及其行动为中心展开考察和分析。由于辩诉交易制度的规范面目已经基本清楚,下文将首先介绍各主体选择或接受(以及参与)辩诉交易的动机,然后分析各参与辩诉交易的行动者在宏观制度规范和微观的利益动机的双重规约中的行动面相。

1. 各主体选择或接受(以及参与)辩诉交易的动机

从行动者的角度考察辩诉交易的程序运作,首先必须考察行动者的行动动机,或者说意义取向。按照马克斯·韦伯的理想类型,存在四种社会行动的取向类型:传统取向的行动、情感取向的行动、工具理性取向的行动和价值理性取向的行动。[①] 辩诉交易的内涵表明,一般而言控辩双方的交易活动既不可能是传统取向的和情感取向的,也不可能是价值理性取向的,而只可能是工具理性取向的行动。工具理性的行动取向意味着,在辩诉交易中,检察官和辩护人、被告人、法官必然存在某些特殊的利益性动机。正是这些支

---

① [德]马克斯·韦伯:《论经济与社会中的法律》,张乃根译,中国大百科全书出版社 1998 年版,第 3 页。

配主体的利益动机,促成各主体选择以及认可了辩诉交易。

(1)检察官选择辩诉交易的动机

美国学者认为,检察官统治着美国刑事司法体系。[①] 检察官这一角色作用在由控辩双方主导的辩诉交易中体现得更为明显。一般而言,检察官的职责是在确保无辜的人不受追究的前提下,打击犯罪以保障社会的安全。不过我们这里不打算就检察官的公共职责作过多的分析,而是强调检察官作为一个日常司法实践中的主体所具有的特殊动机。按照学者的研究,这些利益动机包括:

①提高工作效率。在美国,由于犯罪率不断上升,法官和检察官一样面临巨大的案件压力,一旦法官陷入案件过多的案例数量困境,就会将压力转嫁到检察官头上,督促检察官快速处理案件。为了保持司法机器和系统有效运转,检察官就必须高速度的处理案件。对于检察官自身而言,案件积压意味着全体检察官不得不超负荷的工作。[②] 而辩诉交易由于较正式审判快捷,只需要少量工作即可解决案件,有利于减轻案件压力,因而深得检察官青睐。有美国学者甚至指出,正是好逸恶劳的本性迫使检察官寻找定罪捷径,以便减轻负担,获得更多闲暇。[③] 因此,从某种角度讲,辩诉交易来自检察官的人性本能。

②确保定罪率。定罪是检察官起诉被告人的直接目的。在美国刑事司法制度中,尽管审判必不可少并得到了宪法的保障,但由

---

① [美]艾瑞克·卢拉、[英]玛丽安·L.韦德主编:《跨国视角下的检察官》,杨先德译,王新环审校,法律出版社 2016 年版,第 1 页。

② 徐静村、潘金贵:《论检察官在辩诉交易中的地位和权力》,载陈光中主编:《辩诉交易在中国》,中国检察出版社 2002 年版,第 64 页。

③ See Stephanos Bibas, "Plea Bargaining outside of the Shadow of Trial", 117 *Harvard Law Review*, 2470–2471, 2004.

严密的证据规则、误审、悬而未决的陪审团、无效陪审团、证人拒绝作证以及证据丢失等都可能使检察官的定罪希望落空。据统计,约有 1/4 到 1/3 的由陪审团审判的案件以宣告无罪而终结,[①]并使得检察官因起诉而花费的资源和时间白白浪费,[②]而辩诉交易恰恰可以确保被告人被定罪,给予检察官们迅速、确定且相对容易的胜诉。[③] 因此,检察官更倾向于选择辩诉交易结案也就不难理解了。

③从被告人处获得有用信息。在许多情况下,检察官通过与被告人进行协商,可以获得对定罪和确认其他罪行特别是重罪罪行的必要信息。

④解决经费困难。虽然检察官接受政府的财政资助,但是政府的资助并不是无限的。有限的财政来源鼓励检察官启动辩诉交易,以用有限的资源处理大量的案件。

⑤达到希望的政治效果。美国的检察官既是代表政府的司法官员,某些还是政治人物。他们一般都是从当地选举出来的,他们能否保有自己的职务在很大程度上取决于选民,他们并不希望通过自己的辛勤工作来换取被提升到更高级别的检察官职位上的机会;相反,他们把政治上的回报视为一种激励:良好的工作表现可能使他们得以当选为市政官员、国会议员或担任其他政治职务。[④] 这种政治上的回报需要检察官通过对某些影响重大的案件的全身心投入和高的定罪率来获取民众的信任和选票。在这种背景下,辩诉交

---

① 参见宋世杰:《比较刑事诉讼法》,中南工业大学出版社 2000 年版,第 281 页。

② See Robert A. Carp & Ronald Stidham, *Judicial Process in America* 3rd ed. ,1996.

③ [美]乔治·费希尔:《辩诉交易的胜利——美国辩诉交易史》,郭志媛译,中国政法大学出版社 2012 年版,第 36 页。

④ [美]米尔伊安·R. 达马什卡:《司法和国家权力的多种面孔》,郑戈译,中国政法大学出版社 2004 年版,第 333~334 页。

易成为检察官合理分配时间、精力和资源的重要手段。

(2)辩护人、被告人选择辩诉交易的动机

①辩护人的动机。对于有辩护人的案件而言,辩诉交易的参与者主要是辩护律师而不是被告人自己,而在美国刑事司法中,除了放弃律师帮助辩护权的被告,绝大部分被告都有辩护律师辩护,因此了解辩护律师在启动辩诉交易上的动机,就显得非常重要。关于辩护人启动和参与辩诉交易的动机,根据美国学者的分类,主要包括经济的和非经济的两个层面的内容。①

其一,经济层面的动机。在美国,辩护律师分为委托辩护人和公设辩护人。委托辩护人向他们的当事人收取费用,公设辩护人则由政府支付报酬。对于委托辩护人而言:一方面,正如 Robert Alschuler 在《辩护律师在辩诉交易中的作用》中指出的,许多律师愿意采纳这样一条聚财之道——接受数量庞大的、却不一定会给职业生涯带来辉煌的案件,在这一种发财道路上,对数量庞大的案件的处理,并不是审理而是争取辩诉交易。② 因为对委托辩护人而言,辩诉交易是一种低消耗的案件处理方式,使市场化的辩护律师能够快速的处理案件并且保证他们的事业蒸蒸日上和获得不错的收入。③另一方面,在美国现行律师收费结构之下,律师费越低,律师愿意为案件投入的精力就越少,就越可能接受辩诉交易,以便快速结案再接更多案件。律师费的计算方法也会影响律师的勤勉程度,比方

---

① See Albert W. Alschuler, "The Defense Attorney's Role in Plea Bargaining", *Yale L. J.* 84, 1975, pp. 1183, 1201, 1203.

② See Albert W. Alschuler, "The Defense Attorney's Role in Plea Bargaining", *Yale L. J.* 84, 1975, p. 1182.

③ See David Bazelon, "The Defective Assistance of Counsel", *U. Cin. L. Rev.* 42, 1973.

说,拿固定工资或计件收费的律师更倾向于快速结案,以便接更多的案件,而按工时收费且费用丰厚的律师则会花更多时间处理案件。[①] 正因如此,拿固定工资或计件收费的辩护人往往更乐意启动和参与辩诉交易。

对于拿着固定工资、案件量压力同样很大的公设辩护人来说,其快速结案的动机与检察官非常类似,同时也混杂着市场化律师的某些因素,因此似乎启动和参与辩诉交易的动力更足一些。在Gideon v. Wainwright 一案中,美国最高法院正式确立了贫穷被告人都享有指定律师帮助的权利。公设辩护人制度正是旨在解决贫穷被告人的律师帮助权问题。公设辩护人是一份固定职业,区别于由法官临时指派的私人职业律师。由于由政府支付固定的工资,他们的收入与每一个案件处理的时间无关,但却与其每一年处理的案件总量相关。他们可以通过辩诉交易迅速的处理案件,以便接受更多的案件。如果他们将大量的案件进入审判,不仅会影响收案数从而减少收入,而且会使大量的案件堆积如山而不能解决。

其二,非经济层面的动机。除了经济上的动机之外,还有非经济上的原因驱动辩护人参与辩诉交易。其中最重要的一方面就是与司法人员的合作。辩护人作为司法系统中的重要一员,明白其与检察官之间存在的"科层制互赖"关系和与司法系统合作迅速处理案件的重要性。特别是当辩护人感觉到来自检察官、法官和法院职员迅速处理案件的压力时更是如此。比如,公设辩护人往往要与检察官和法官保持良好关系,因此更愿意配合检察官和法官的工作,这加大了交易的可能性,研究也表明公设辩护人比私人聘请律

---

① See Stephanos Bibas, "Plea Bargaining outside of the Shadow of Trial", *Harvard Law Review* 117, 2004.

师达成的辩护交易率更高。[1]

来自检察官、法官的压力主要导源于检察官和法官同样感受到了案件负担带来的压力,也与许多法官自认为有责任尽快清除积案的责任心相关。[2] 在案件压力和责任心态的驱动下,检察官尽量向辩护人施加压力使其接受辩诉交易;这种做法在实践中已经司空见惯。法官及其职员也会采取许多方法促使辩护人接受答辩交易,比如法官常常威胁被告人,如果被告人要求审判,将会得到更严重的惩罚;如果一个律师看起来可能抵制辩诉交易,法官或者法官助理可能会想办法让律师尝一些苦头,比如当律师有求于法院时,法院通过拖延使律师等待。[3]

除了来自检察官、法官的压力之外,辩护人愿意启动辩诉交易也可能是因为其对审判结果没有信心。许多辩护人都认识到参加审判的高风险性,因为被告人一旦被审判有罪,其将获得远远高于辩诉交易所获的刑罚。辩护人不会忘记,当他们鼓励被告人参加审判,一旦被告人被判决有罪,将会获得极为严重的刑罚。这种经历可能会导致辩护人在今后的案件中选择辩诉交易而不是审判。

②被告人选择辩诉交易的利益动机。尽管美国宪法规定了刑事被告人的律师帮助权,但是一方面,并不是所有案件中辩护人与被告人的意见都一致;另一方面,并不是每一个被告人都享受了这个权利:一些被告人可能会拒绝律师的帮助,而选择自行辩护。在

---

① See Stephanos Bibas, "Plea Bargaining outside of the Shadow of Trial", *Harvard Law Review*, 117, 2004.

② See Rodney J. Uphoff, "The Criminal Defense Lawyer as Effective Negotiator: A Systemic Approach", *Clinical L. Rev.* 2, 1995, pp. 88, 248, 241.

③ Richard Birke, "Reconciling Loss Aversion and Guilty Pleas", *Utah L. Rev.* 1999, p. 241.

这种情况下,是否选择辩诉交易,或者完全由被告人来决定,或者由被告人和辩护人之间的博弈来决定。鉴于此,考察被告人选择辩诉交易的动机就具有非常重要的价值。

被告人选择辩诉交易的动机,按照学者们的归纳,主要是五个方面:一是通过辩诉交易所获得的刑罚可能会比审判之后获得的刑罚低很多;二是辩诉交易可以降低案件的公开性,从而可以满足某些被告人希望其隐私不被公开的需要;三是某些被告人可能希望重新做人,而辩诉交易至少在名义上有利于被告人重新回归社会;①四是可以避免审判所带来的精神压力,并迅速地解决案件,免受讼累;五是辩诉交易对于某些被告人而言,还可能有利于减少诉讼费用。这一总结与美国联邦最高法院的观点基本一致。后者曾在判决中提及被告人之所以选择认罪,原因是多方面的,“对于有些人来说,认识到自己犯法本身构成他们认罪认罚的充分理由。对于有些人来说,政府所施加的逮捕和指控行为,可以迫使和刺激他们认罪。而在有些案件中,提起指控后不断积累的证据也会使被告人和辩护律师认识到庭审会给被告人及其家人带来极大的痛苦和花费,是不值当的”。②

(3)法官(参与)认可辩诉交易的动机

需要首先强调的是,法官(参与)认可辩诉交易的动机并不是自始存在的。有美国学者的研究表明,到19世纪最后25年,法官们才成为蒸蒸日上的量刑交易实践的忠实合作伙伴,在此之前则对辩诉交易基本都持疑虑态度。之所以如此,主要是因为至少有3个障碍

① 宋冰编:《读本:美国与德国的司法制度与司法程序》,中国政法大学出版社1998年版,第399页。

② See Brady v. United States, 397U. S. 742, 750(1970).

阻止法官接受辩诉交易。第一个障碍是法官缺乏驱使检察官进行交易的重要动机——检察官不堪忍受的案件量和他们尝到了不费力气就得到有罪裁决甜头的经验。第二个障碍是法官基于审判原则而反对在没有全面了解被告人犯罪和背景信息的前提下径行判决。第三个障碍是骄傲的法官对于不得不与检察官分享量刑权而感到失落。然而事移时移,法官们最终还是接受了辩诉交易,并以不同的方式介入到辩诉交易过程之中。[①]

具体来讲,在美国,法官有两种介入辩诉交易的类型,一种是不参加具体谈判,仅对交易协议进行审查的类型;另一种是参与控辩双方谈判的类型。前一种类型可以称为认可型,后一种可称为参与型。无论是认可型还是参与型,实际上都有一定的利益考虑。这些考虑包括:

①减少出错率。根据 George Fisher 教授的观点,在司法实践中,法官们比较关注因刑事审判而带来的名誉得失。与检察官和辩护方的考虑相比,法官更害怕面临一个在判决被推翻时受到的名誉上的损害。[②] 为此,法官在司法实践中总是想方设法减少出错率。由于辩诉交易能够确保定罪,而且对因辩诉交易而定罪案件的上诉,法律和判例作了很多限制,所以,通过辩诉交易结案在很大程度上可以预先排除出错的可能性,因此,在审判和辩诉交易之间,法官一方面可能更倾向于选择辩诉交易,另一方面可能倾向于避免审判——因为审判过于精细和复杂,增加了潜在的出错可能性,而且统计表明,审判数量的增加确实将导致判决错误率的可能性增加。

① 参见[美]乔治·费希尔:《辩诉交易的胜利——美国辩诉交易史》,郭志媛译,中国政法大学出版社 2012 年版,第 107~132 页。

② See George Fisher, "Plea Bargaining's Triumph", *Yale L. J.* 109, 2000.

有学者指出,如果辩诉交易突然被禁止,那么,在一个过去只将小比例案件纳入审判的司法体系中迅速增加审判的数量,将会使错误的风险变高。因此,由于辩诉交易减少了因犯下可被推翻的审判错误而导致名誉受损的风险,从消极的层面来看,审判法官将允许或至少不阻止辩诉交易的进行;①从积极的层面来看,法官将有动力在庭前介入辩诉交易。

②减轻案件负担。每一个州和联邦法官案件负担的增长已经造成了一个令人受挫的事实,这是一个美国法官经过认真分析后得出的结果。自从1938年起联邦法院系统已经经历了一个相当大的案件负担增长。这一增长可以归因于犯罪率增长、新的发现犯罪的技术发明、律师的增加以及受诉讼刺激而扩张的律师费用等因素。从20世纪60年代开始,社会学家和评论者就描述司法机构中隐约出现的案件积压是"法庭里的危机",并将之归因于"懒惰的法官对工作的懈怠"。②

在这种情势下,据说大多数审判法官期待辩诉交易就像"商人期待订单"一样,要求法官办案高效有力的压力导致很多法官对辩诉交易大加欢迎。③ 与此同时,出于司法管理的需要,法院司法资源的有限也使许多法官认识到,以有限的司法资源来处理大量的案件对于整个法院的运转是十分必要的。这也成为许多法官接受辩诉交易的重要动因。如此情势下,许多司法区的法官已经不仅仅是消极地认可或被动的参与辩诉交易,而是积极地介入辩诉交易中

---

① See Robert E. Scott and William J. Stuntz, "A Reply: Imperfect Bargains, Imperfect Trials, and Innocent Defendants", *Yale L. J.* 101, 1992.

② See Judith Resnick, "Managerial Judges", *Harv. L. Rev* 96, 1982, pp. 396-397.

③ See Ibid., p. 345.

去,即使法律不允许这样做。[①]

2. 辩诉交易前的准备

由于控辩双方都可能从辩诉交易中获得利益,加上存在一个可以预期的规范框架实践中检察官、辩护人、被告人都会在具体的案件中非常积极地为启动辩诉交易而准备。这些准备工作一般包括:

(1)查看案件情况

无论是检察官还是辩护人,一旦接受案件之后,在辩诉交易所可能获得的收益的驱使下,一般都会察看案件的以下情况:

一是被告人主观方面的因素。[②] 许多检察官和辩护人都认为,被告人的主观方面是辩诉交易中必须考虑的因素。被告人的主观方面一般是从如下一些方面予以判断:被告人的前科记录,被告人在警方记录中的名声,被告人的年龄、性别、就业状况、社会地位、教育状况、种族、智力、居住状况、兴趣、平时从事的活动、身体状况、宗教信仰、国籍、性倾向、经济状况、政治倾向、品行、心理状态、婚姻状况、酗酒历史、家族犯罪记录以及被告人是否共犯、是否会滥用药物、是否在押、与被害人的关系、因犯罪所得的利益、是否曾使用化名、是否曾服兵役等。根据美国学者的研究,年轻人、初犯、智力较低的人、穷人等更容易对案件过于自信和乐观,更愿意在庭上赌一把,更容易选择庭审,而等待他们的可能是更加严厉的判罚。[③] 有研究还发现,如果被告人是累犯,则案件进入审判程序的概率比初犯

---

① [美]爱伦·豪切斯泰勒·斯黛丽、南希·弗兰克:《美国刑事法院诉讼程序》,陈卫东、徐美君译,中国人民大学出版社 2002 年版,第 425 页。

② See William F. Mcdonald, *Plea Bargaining: Criticial Issues and Common Practices*, U. S. Dept. of Justice, 1985, pp. 70-76, 64.

③ See Stephanos Bibas, "Plea Bargaining outside of the Shadow of Trial", *Harvard Law Review* 177, 2004.

就小,因为此种被告人了解辩诉交易的好处,比较愿意与检察官进行辩诉交易;如果被告人同样都有前科,其前科记录越重大时,案件进入审判程序的概率越大,而且当被告人的前科为无被害人犯罪时,案件受到前科的影响较小,大约只有1/4的案件进入审判程序。此外,如果被告人有前科记录,前科记录上的犯罪严重程度也会影响检察官提出的辩诉交易条件,犯罪越严重,检察官提出的辩诉交易条件就越苛刻。一般情况下,被告人有前科记录就会对其不利,获得严厉处罚的判决的概率就比较大。

二是犯罪行为的严重性。犯罪行为本身的严重程度也会影响案件的处理程序。在美国人看来,案件越严重就越有可能进入审判程序。美国学者对洛杉矶的调查表明,检察官对一般案件的判决不向法官提出任何建议,而对重大案件的判决一般则表现出浓厚兴趣,常常在辩诉交易中处于主导地位,并且决定最后的协议内容。学者一致认为,犯罪越严重,被告人所得到的认罪条件就越苛刻。因此,被告人就越有可能选择进入审判程序。当然,法官、检察官以及辩护人对于犯罪行为的各种细微情节都要进行分辨,以便准确适用法律来确定被告人行为的犯罪性质、罪名及可能判处的刑罚。不仅如此,检察官和辩护人还必须依据对这些细微情节的把握来决定起诉或者辩护的策略及案件的处理程序。从被告人方面来看,犯罪行为的严重程度也会提高案件在审判程序中的风险。轻微案件的处理结果并不会因为案件处理程序的不同而有差别。重大案件则不然,重大案件的被告人如果接受审判,常常会得到比作有罪答辩更严厉的判决。这是由检察官起诉罪名不同所导致的。如果检察官以重罪起诉,受法律的限制,法官无法处以轻罪之刑或者缓刑,但是,如果案件进入辩诉交易程序,检察官可能会以刑度较轻的罪名换取被告人为有罪答辩，此时法官具有裁量空间以判决较轻之刑或者缓刑。

三是证据强度。案件处理程序的选择以及检察官在辩诉交易中所提供的条件都会受到案件证据强度的影响。正如美国学者所认同的，当检察官认为证据较薄弱时，其在辩诉交易中所处的地位就是弱势，被告人也更容易争取到其想要的条件，而证据越薄弱的案件越容易进入辩诉交易程序。就检察官而言，大多希望证据较薄弱的案件能够进入辩诉交易程序，而证据较强的案件则进入审判程序。当然，情形并非完全如此，例如，密歇根州的检察官政策就刚好相反。这些检察官认为此种相反的政策才符合“应得原则”，即把证据有疑问的案件保留给公正客观的法官及陪审团，经过审判程序决定被告人有罪与否，而不是检察官和辩护人关起门来进行辩诉交易以确定被告人的命运。密歇根州的政策实际上降低了证据强度对于案件处理程序的影响。关于此种现象的理论解读是：在这些案件中，庭审是不确定的，其影响是含混不清的，当事人对庭审结果的预期不一致，因此交易也就会无疾而终。简言之，庭审阴影模型预测，大多数争议案件应该进入庭审程序。但是现实则相反，自利促使检察官将毫无争议的案件推向庭审，[①]因此密歇根州的政策在美国属于少数也就容易理解了。

值得注意的是，虽然大多数的检察官都承认，当手中的案件证据较弱时，给予被告人的认罪条件最宽大，不过检察官的宽大多是有限制的。如果被告人的要求已经超过检察官的底线，则检察官会

① 参见［美］斯蒂芬诺斯·毕贝斯：《庭审之外的辩诉交易》，杨先德、廖钰译，中国法制出版社2018年版，第12页。

让案件进入审判程序,或者干脆撤回案件。[①]

(2)为辩诉交易创造条件

为了在将来的辩诉交易中处于有力的地位,辩护方一般会做如下准备活动:

一是与被告人初步沟通。许多辩护律师在接收案件之后,都会按照职业责任法典的要求,向其委托人或者当事人提供知情的、现实的和策略的建议,包括告知各种法律选择的可能后果;然后根据案件的情况,向当事人建议作有罪答辩还是无罪答辩。在辩护律师认为其建议是符合法律和道德(其间并不排除为了自己利益的情形)的时候,其甚至可能劝说被告人认罪,哪怕被告人实际无罪。[②]因此这种劝说有时会异化为辩护律师不惜歪曲事实和证据,给出错误的建议,甚至利用被告人的家人向其施压等。[③] 不过无论如何,这种辩诉交易之前的沟通,都为此后的辩诉交易提供了基础条件。

二是将被告人塑造成适合辩诉交易的形象。在被告人被指控后,进入辩诉交易的谈判之前,被告的辩护人常常会采取措施塑造他的当事人,给他创造从宽处理的条件。例如,被告人的辩护人会劝被告人找个工作,自动对被害人进行赔偿,接受心理咨询或者接受滥用药物的治疗等。所有这些工作的目的都在于让外界知道,被告人在努力的恢复自己,使自己成为一个负责的人。必要时,被告的辩护律师还会故意拖延控辩谈判的时间,以给被告人塑造自己的

---

① See William F. Mcdonald, *Plea Bargaining: Critical Issues and Common Practices*, U. S. Dept. of Justice, 1985, pp. 65-66.

② [美]爱伦·豪切斯泰勒·斯黛丽、南希·弗兰克:《美国刑事法院诉讼程序》,陈卫东、徐美君译,中国人民大学出版社 2002 年版,第 431 页。

③ See Albert W. Alschuler, "The Defense Attorney's Role in Plea Bargaining", *The Yale Law Journal* 84, 1975.

新形象创造条件。[①]

三是与相关人员沟通,获取有利于未来辩诉交易的筹码。这种策略是指辩诉交易中的一方当事人为了使自己与第三方当事人协商时有更多更重的砝码,从而与一个或者多个当事人联成一体的辩诉交易策略。例如,在进入有罪答辩谈判之前,辩护律师可以说服缓刑官以获得他的支持或者承认;也可以就特定答辩协议与负责制作判决报告的调查官员协商,以获得他的支持。有了上述支持,辩护律师就很可能赢得检察官的信任并获得他对答辩协议的承认。

这种沟通在近几年有了一些新变化:作为围绕量刑指南和法定最低刑制度的一种辩诉交易技巧,"与政府合作"这一古老的策略变得越发重要。它的主要内容是:如果对调查或者起诉其他被告人有实质性帮助,被告人将会获得低于量刑指南规定,甚至低于法定最低刑的量刑。[②] 有报告显示,17.1%的联邦案件中的被告人因为给检察官提供了实质帮助而获得量刑减让。[③] 有美国学者也证实了这样一种合作沟通的做法,他提及作为经常参加诉讼的辩护律师,他们也会与提供谈判便利的检察官发展互信关系。在一个有5个被告人的案件里,检察官只需要有一个合作者,那么他可能倾向于与聘请了经验丰富的律师的当事人达成合作协议。[④]

---

① 杨正万:《辩诉交易问题研究》,贵州人民出版社2002年版,第146页。

② See 18 U. S. C. A. § 3553 (e) (West Supp. 2003); U. S. SENTENCING GUIDELINES MANUAL § 5K1. 1(2003); *see also* U. S. SENTENCING COMM'N, 2001 SOURCEBOOK OF FEDERAL SENTENCING STATISTICS 81 fig. J(2002), p. 18 tbl. 8.

③ Accessed www. ussc. gov/ANNRPT/2001/SBTOC01. htm.

④ 参见[美]斯蒂芬诺斯·毕贝斯:《庭审之外的辩诉交易》,杨先德、廖钰译,中国法制出版社2018年版,第21页。

(3)准备启动辩诉交易

在辩护方自认为准备得较为充分之后,辩护方就会考虑是否启动辩诉交易,检察官也会考虑启动辩诉交易。

在考虑启动辩诉交易这一问题上,辩护方通常会注意以下问题:

一是对案件被告人当时的情况进行审慎的判断。从被告人的角度看,任何因素都可能诱导他尽可能快的进入辩诉交易程序。例如,他可能在案件正式提交大陪审团之前,要求避免被提出正式指控。他也许在审前已经被羁押,也许还关心诉讼费用的开支,也许还拥有可以与检察官进行合作的信息,这些信息可能很快变得毫无价值。但是,对于辩护律师而言,他要在迅速的辩诉交易与适当的调查之间进行权衡,否则,有罪答辩的价值以及检察官的弱点难以得到合理的估计;而且,常常存在这种情况,故意拖延辩诉交易的时间及审判的过程,对于被告人方面来说具有好处。所有这些都需要辩护方审慎的权衡。

二是估计检察官的弱点。这一点建立在对案件情况的充分了解和对检察官的充分认识上。一个有经验的律师会在收到案件不久即通过调查、证据开示等方式掌握检察官在该案件证据上的不足和弱点,以及检察官是否急于了结这个案件。一旦获知这个案子存在证据上的不足,或者存在证人方面的困难,而检察官又急于从这个案子脱身,辩护人可能就会提出对自己极为有力的条件,来主动启动辩诉交易,或者向检察官发出启动辩诉交易的信号,由检察官启动辩诉交易,己方待价而沽。

三是考虑是否率先启动辩诉交易程序。据研究,有时主动开启辩诉交易程序意味着自己处于劣势，[①]因此很多辩护律师认为，最好是等检察官来开启辩诉交易程序，因为毕竟检察官首先负有提起指控的责任。也有人认为，辩护律师有义务在适当的情况下提出辩诉交易的动议，因为这可以确定辩诉交易要涉及的问题并为辩诉交易的谈判定下基调；甚至即使辩诉交易协议最终没有达成，辩护律师也可以在与检察官谈判的同时获得对自己有利的信息。可见，对于主动开启辩诉交易程序的一方当事人，并非一定不利，除非他根本没有任何准备。在这种情况下，辩护方必须根据自己的情况决定是否率先启动辩诉交易。

检察官在决定启动何种诉讼程序的时候，一般会根据自己当时所办理案件的整体情况和案件本身的特点来决定。如前所述，一般情况是，检察官会在案件证据比较弱时，或者在其认为另外一些案件更值得花费精力和资源时率先启动辩诉交易。当然，在某些时候，检察官也会根据被告人本身的特点，比如基于被告人系初犯、或者被告人激起了检察官的同情心而主动提出交易。

3. 控辩双方的交易

无论控辩双方在启动辩诉交易上如何博弈，在绝大部分案件中，最终总有一方（可能是自认为在辩诉交易中可以获得更多收益的一方）启动辩诉交易。辩诉交易一经启动，控辩双方即进入真正的讨价还价阶段。在这一阶段，控辩双方通过在对立中求合作和在合作中对抗等各种权利技术和权力策略，来尽量达成对己方最有利的辩诉协议。根据学者的研究，根据双方在协议内容规定中的地位不同，协议达成的方式有三种：即单方机会方式、双方机会方式、双

① 杨正万：《辩诉交易问题研究》，贵州人民出版社2002年版，第110页。

方妥协方式。所谓单方机会方式是指一方提出主张，另外一方表示同意，即可达成协议的方式；所谓双方机会方式是指提出主张的一方开始被对方反对，但是，最先提出主张的一方坚持自己的主张，并说服对方接受自己的观点并达成协议的协议方式；所谓双方妥协方式是指控辩双方的立场不同，但双方在各自的立场上作出一定让步，从而达成协议的一种协议方式。

需要强调的是，这三种达成协议的方式的共同点在于，它们都是围绕检察官的指控让步展开的。因此实际上，检察官总是在辩诉交易中居于主导地位和强势地位，这一点也为中外学者所承认。① 有鉴于此，这里首先介绍检察官在控辩交易中的交易行为，然后再介绍辩护方的交易行为。

(1)检察官的交易行为与策略

无论在联邦还是在州，检察官在辩诉交易中要做的一个最重要的事项就是承诺，如果被告人答辩有罪，即给被告人以宽恕。如前所述，这种宽恕可能是指控上的，也可能是量刑上的。指控上的宽恕可能是撤销其他指控或者降格指控；量刑上的宽恕则可能是建议法庭判处被告人一定刑罚，或者同意不反对被告人请求判处一定刑罚，或者同意对本案判处一定刑罚是适当的处理。

实践中，由于检察官的量刑建议对法官没有约束力，检察官往往将法官在量刑上的裁量权大小作为决定采取降格指控还是减少量刑的重要参考。在设立强制量刑条款的司法辖区，检察官的降格指控与降低量刑没有什么两样，之所以如此，实是因为强制量刑条款使法官的量刑裁量权很小，从而使检察官降低指控的效果与降低

---

① 参见徐静村、潘金贵：《论检察官在辩诉交易中的地位和权力》，载陈光中主编：《辩诉交易在中国》，中国检察出版社 2002 年版，第 66 页。

量刑的效果基本一致。因此,检察官不会在选择指控交易还是量刑交易时给予过多的考虑;但是在允许法官对科刑有广泛裁量权的司法区,法官至少在理论上可以在任何时候任何案件中拒绝检察官的量刑建议。因此,检察官的量刑建议所具有的交易价格可能就比较低,如果检察官以辩诉交易结案的动机比较强烈,其可能就不会选择量刑交易,而选择指控交易;如果检察官以辩诉交易结案的动机不强烈,其就可能会选择量刑交易。

在辩诉交易过程中,为了使自己在辩诉交易中处于有利地位,检察官在选择量刑交易或指控交易之后,时常会采取一些技术性策略。通常情况下,检察官常常就被告人方面接受一个特定有罪答辩条件提出最后期限。这种方法不仅是为了让被告人方面接受有罪答辩,而且也能够节省检察官在处理该案时的精力和经费。如果这种附有期限的有罪答辩条件被拒绝,检察官可以拒绝以后提出的任何有罪答辩条件或者提出更没有吸引力的有罪答辩条件。① 就被告人方面接受一个特定有罪答辩条件提出最后期限的做法,已经成为一个没有多少争议的策略。不过,检察官有时也会经常采取一些有争议的策略:有时检察官会通过空洞许诺——即对被告人而言没有实际意义的许诺来达成辩诉交易的协议。例如,检察官会提出放弃被告人本来就不会被判决有罪的指控。②

还有些时候,检察官会警告被告人,如果不同意在既定条件下答辩有罪,将会因为相关立法遭到额外的起诉——这种额外的起诉可能导致比交易得到重得多的刑罚。比如,在 Brodenkircher v.

① 杨正万:《辩诉交易问题研究》,贵州人民出版社 2002 年版,第 144 页。

② [美]爱伦·豪切斯泰勒·斯黛丽、南希·弗兰克:《美国刑事法院诉讼程序》,陈卫东、徐美君译,中国人民大学出版社 2002 年版,第 432 页。

Hayes 案中,检察官同意如果被告人答辩有罪他会提出监禁 5 年的刑罚建议;同时也警告被告人,如果他要求庭审,检察官将根据《惯犯制定法》提出额外的起诉,这种起诉将会导致终身监禁不得假释的刑罚。[①] 尽管联邦最高法院最终认为检察官的这种行为合宪,不过在理论上,许多人对此持批评性意见。

此外,在辩诉交易过程中,有些检察官可能会虚假地表示,他们没有达成辩诉交易的完全决定权。这可能有两种情况:一是资历较浅及级别较低的检察官必须得到资深或者高级别的检察官的最后同意;二是参与辩诉交易的检察官已经给予被害人或者第三者以否决辩诉交易协议的权利。后者在一些州更为突出。这些州要求某些案件的辩诉交易,必须征得被害人的同意;Hughey v. United States 案的判决认为,被害人对于协商条件中涉及的赔偿数额应有发表意见的权利。[②] 因此,检察官在涉及赔偿问题的辩诉交易中,确实有时需要征询被害人的意见,不过实践中,存在检察官以此作为与被告人讨价还价的工具的情况。

在过去的几十年中,入罪门槛的降低、法定最低刑的降低和最高刑的提高等,为检察官的辩诉交易行为打开更大的策略之门。由于美国犯罪率的不断上升,出于政治上的强烈需求,立法不得不加大对犯罪的打击力度。[③] 因此,在同一时期,法定最低和最高刑期也急剧上升,各种关于累犯的法令也频频颁布。[④] 此外,在这一阶

---

① 李学军主编:《美国刑事诉讼规则》,中国检察出版社 2003 年版,第 392~394 页。

② 杨正万:《辩诉交易问题研究》,贵州人民出版社 2002 年版,第 133 页。

③ See William J. Stuntz, "Bordenkircher v. Hayes: "Plea Bargaining and the Decline of the Rule of Law", in Carol S. Steiker, ed. , *Criminal Procedure Stories*, p. 375, 2006.

④ See William J. Stuntz, "Bordenkircher v. Hayes: Plea Bargaining and the Decline of the Rule of Law", in Carol S. Steiker, ed. , *Criminal Procedure Stories*, p. 377, 2006.

段,对犯罪故意和刑事责任的法律定义也得到了扩展,从而更容易将被告人认定为更严重的犯罪。① 法定刑的提高以及入罪门槛的降低,使得检察官在起诉指控时,面对被告人更有优势,因为他们可以以重刑威胁被告人,以此"鼓励"他们进行辩诉交易。② 由于立法机关增加了新的犯罪和提高了刑期,加之立法机关创制了一份用于指控的量刑指南,这些都使检察官更容易达成辩诉交易。这使刑法成为检察官可以用来主导辩诉交易条件的"菜单"。甚至有美国学者认为:"刑法与其他法律相比是不同的。它的主要作用不是定义义务,而是为检察官创建一个选项菜单。如果菜单足够长——而且通常足够长——检察官可以规定认罪交易的条件。如果是这样,诉讼当事人……就会在检察官偏好、预算限制和政治趋势的阴影下讨价还价。"③

当然,就如被告人辩诉交易的权利保障部分已经表明的,并非所有形式的检察官促成有罪答辩之策略都是被允许的。在"布拉迪诉美国"案中,联邦最高法院也只是认同检察官允诺被告人如就指控的罪名中的一个较轻罪名进行有罪答辩、可放弃其他指控的做法。且同时指出,如果被告人的有罪答辩是检察官通过威胁、误导或本质上与检察官职业无正当关系的承诺等方式诱导而作出的话,该有罪答辩就不能成立。④

---

① See William J. Stuntz, "Bordenkircher v. Hayes: Plea Bargaining and the Decline of the Rule of Law", in Carol S. Steiker ed., *Criminal Procedure Stories* p. 377, 2006.

② See William J. Stuntz, "Bordenkircher v. Hayes: Plea Bargaining and the Decline of the Rule of Law", in Carol S. Steiker ed., *Criminal Procedure Stories* p. 377, 2006.

③ See William J. Stuntz, "Plea Bargaining and Criminal Law's Disappearing Shadow", Harv. L. Rev. 117, 2004.

④ 参见卞建林、谢澍:《国检察官是辩诉交易中的主导者》,载《检察日报》2016年5月31日,第3版。

(2)辩护方的交易行为与策略

无论是辩护人还是检察官首先启动辩诉交易,辩护人在获知检察官的出价之后,都会首先分析检察官的承诺和策略。无论检察官提出何种条件,辩护人都需要一个衡量的标准,以确定是否建议被告人接受检察官提出的条件。一般来说,辩护人衡量检察官提出条件的标准就是看整个案情是否有利于被告人。而审视整个案件情况是否有利于被告人又主要从三个方面看:一是案件的严重程度,包括控诉罪名的严重程度及实际犯罪行为的严重程度;二是证据证明案件情况的程度,包括双方对证据价值的评估;三是被告人的个人情况,包括被告人的前科记录及其他相关情况。从上述三个方面对案件情况进行审查后,辩护律师会根据案件情况以及交易的进展而采取不同的协商方式。

在辩护人和被告人对辩诉交易并不具有特别强烈的动机时,一般会采取所谓的隐性协商方式。该种协商方式是指辩护律师继续进行诉讼程序,以拖延检察官结案的速度从而给检察官形成处理案件的压力,促使检察官提出有利于被告人的认罪条件。如果检察官因此妥协并提出比辩护律师预期更好的认罪条件,辩护律师可能就会接受检察官的让步。

如果检察官提出的条件达不到一般的预期水平,或者在隐性协商方式失败后,为了给被告人争取更好的有罪答辩条件,辩护人可能就会采取所谓的显性协商方式。该种协商方式是指辩护律师公开就认罪条件与检察官进行谈判从而达成协议的方式。在这种方式中,辩护律师在与检察官谈判前,一般会将案件的总体情况与检察官形成大致的认识。在此过程中,辩护律师会通过强调某些因素的重要性,降低某些因素的重要性,忽略某些因素等办法影响检察官。其中,辩护律师尤其会使起诉方存在的证据问题暴露出来,以迫使检察官作出让步。有时检察官提出的有罪答辩条件并不差,但是,辩护律师也会让程序继续进行,以便争取更好的条件,因为,随着程序的进行,检方的证人可能不愿出庭作证或者有利于被告人的证据进一步得到暴露。通常的情况是,检察官不会提出比开始的条件更苛刻的条件。所以,当辩护人推测认罪条件不可能变差时,会建议被告人继续进行诉讼程序,同时再与检察官进行协商。

辩护律师认为检察官的条件可以接受时,其将会把谈判的大致意见告知被告人。在与被告人的谈话过程中,辩护律师会以一种值得信赖的合作者形象与被告人打交道。一般情况下,在辩护律师和被告人均同意检察官提出的条件的情况下,被告人会接受律师的建议,按照检察官提出有罪答辩条件进行答辩。这样案件会尽快了结。

不过,并不是所有时候辩护人和被告人的意见都能够一致,有时候辩护律师建议继续进行诉讼程序,被告人可能希望进行辩诉交易——即使对检察官提出的有罪答辩条件不十分满意。因为很多被告人认为,接受审判会受到很重的刑罚处罚;有些被告人则希望早服刑早了结,不愿拖延诉讼;还有些被告人则不愿自己的犯罪经历被过多的人知道。在这种情况下,辩护人一般都不会坚持自己的意见,而是由被告人以自己的意愿作有罪答辩,从而了结案件。也有时候是辩护律师建议进行辩诉交易,被告人在此基础上希望得到更佳的有罪答辩条件。在这种情况下,辩护律师一般也会遵从被告人的意见,采取显性协商方式与检察官谈判,以寻求被告人能够接受的条件。

此外,还存在辩护律师建议进行辩诉交易,被告人希望接受审判的情形。这类案件的被告人一旦认为进入审判程序可能被宣告无罪,便会执意要进入审判程序。不过,尽管被告人这样认识,如果证据对于被告人确实不利,辩护律师还是会继续向被告人说明辩诉交易的优点,同时,争取更有利的有罪答辩条件。当然,被告人直到最后都没有被说服,那么,案件还是会进入审判程序。

当然,也存在辩护律师和被告人均同意继续进行诉讼程序的类型。这种情况一般是因为辩护律师认为检察官提出的有罪答辩条件过于苛刻或者检察官拒绝采用辩诉交易方式处理案件,也可能是因为被告人愿意进入审判的欲望非常强烈。不过,即使辩护律师和被告人均取得了一致认识,只要案件还没有通过审判程序审结,辩护律师还是会继续采取措施,以求得有利于被告人的判决。有时控方证人会不愿意出庭作证,这样辩护律师就要抓住机会寻求检察官以较低的有罪答辩条件同意辩诉交易。

需要强调的是,通常情况下,检察官和辩护人、被告人之间的协商活动并没有以上描述的那么复杂。许多案件,特别是默示的辩诉交易,根本看不到这些明显的交易活动。部分案件只要检察官作出承诺,辩护人、被告人即接受协议(所谓的直接的有罪答辩),案件即告了结。只有很少一部分案件——其中主要是重罪案件,才会全面的表现出检察官在辩诉交易中的权力和权力策略,也才能看到辩护人的权利和权利技术;有时候检察官和辩护人往往需要经过多轮协商(间接的有罪答辩),才能达成答辩协议。

4. 法官与辩诉交易:参与和审查

尽管《联邦刑事诉讼规则》第 11 条(e)(1)明确规定了“法庭不应参加任何这样的讨论”,而且法官参与辩诉交易在理论上存在许多争论,但是一方面,《联邦刑事诉讼规则》的规定并非绝对,判例即确认法院发现在交易过程中有欺骗存在就可予以干预;另一方面,全美有 28 个司法区对于法官参与辩诉交易持肯定态度,仅有 8 个州采取与《联邦刑事诉讼规则》完全相同的做法,禁止法官参与辩诉交易。实践中,由于存在利益上的动机,许多法官在开庭之前就介入辩诉交易,并且已经逐渐习惯于认可控辩双方的交易协议。

(1)法官参与辩诉交易

对于法官参与辩诉交易,理论上存在不少的争论。许多学者反对法官参与辩诉交易,比如有人就认为让法官参与辩诉交易会对被告造成强制,使被告违反自由意志而作有罪答辩,因为法官与被告人之间地位不平等,法官有权利判决被告人徒刑,被告人为了避免被判重刑,可能会屈从于法官的权力;还有人认为如果法官参与辩诉交易,一旦协议不能达成,案件最终交付审判时可能会影响判决的客观公正性等。①

或许正因为存在争议,美国《有罪答辩标准》要求法官不应通过言语或者行为,直接或者间接告知被告人或者辩护律师应接受辩诉协议或者应进行有罪答辩。② 此外,《有罪答辩标准》还规定法官一般不得参与控辩双方之间的辩诉协商。但法官应双方的要求,可以接收双方已经达成的辩诉协议;法官可以表明是否会接受其中建议的条款,可以表明将判处何刑罚。③

---

① [美]爱伦·豪切斯泰勒·斯黛丽、南希·弗兰克:《美国刑事法院诉讼程序》,陈卫东、徐美君译,中国人民大学出版社 2002 年版,第 423 页。

② Georgetown Univ. Law Center, *Institute of Criminal Law and Procedure*, Plea Bargaining in the United States:Phase I Report 27,35-40,200- 287,LEAA Grant No. 75 NI-99-0129(April 1977).

③ 参见祁建建:《美国律协〈刑事司法标准〉之〈有罪答辩标准〉评析》,载《中国刑事法杂志》2016 年第 5 期。

尽管存在反对意见，许多学者仍然认为，法官参与辩诉交易，有利于法官获得更多的案件信息，有利于判决结果的确定性，可以在一定程度上制约检察官的权力滥用，等等。与这种认识相关，许多司法区开始在实践中同意法官以一种特别的积极姿态参与谈判。例如，伊利诺伊不允许法官提起答辩谈判，但在被告方要求召开答辩谈判会之后，法官可以参加答辩讨论；北卡罗来纳也允许法官参加答辩谈判。目前已经有28个州允许法官参与答辩谈判，只不过一些司法区的法官对于参加答辩谈判更积极一些，而一些法官则稍微消极一些。

一些实证研究反映了美国法官参与辩诉交易的特点。约翰·保罗·赖恩、詹姆斯·阿尔非尼和安德森的研究表明，至少从对法官的访谈来看，大部分法官在辩诉交易中尽管参加答辩交易，但是一般都比较被动。前两位学者的一项调查表明，有2/3以上(69%)的法官认为他们是被动地参与答辩交易，即只在开庭时接受或拒绝答辩，有1/5的法官报告说他们是非直接地介入答辩谈判，即仅通过审查控辩双方达成的协议和在开庭宣布答辩之前向他们建议协议的可接受性；只有一小部分(7%)法官承认他们积极地参与公平交换的答辩。后一位学者对北卡罗来纳法官的一项调查则表明，有多于50%的法官承认至少在一些时候积极地参与答辩谈判，差不多半数(46%)的法官说他们的习惯是参与答辩讨论和审查协议，有42%的法官则自称不出席谈判。①

---

① See J. P. Ryan and J. Alfini, "Trial Judges' Participation in Plea Bargaining: An Empirical Perspective", *Law and Society Review* 13, 1979; A. f. Anderson, "Judicial Participation in the Plea Negotiation Process: Some frequencies and disposing factors", *Hamline Journal of public law and Policy* 10, 1989.

尽管两项实证研究表明,法官一般在答辩交易中比较被动,但是考虑到法官在回答访谈者的调查时有所保留,法官积极参与答辩交易的比例可能被降低了。对此,学者艾伯特·阿尔素勒对10个主要市区管辖区的法官们的实证研究可以作为一个注脚。他的研究表明,许多法官会告诉律师他们考虑具体刑罚的"现在倾向"或"意愿",尽管不会许诺最终的刑罚科处;另外一些法官则显然认为,尽管向答辩有罪的被告人允诺具体的刑罚是不适当的,但他们仍然会在一个明确的范围内或不超过一个具体的数目来适当的许诺刑罚。①

(2)法官审查辩诉交易

按照美国刑事诉讼制度,无论法官是否参与以及在何种程度上参与答辩交易,控辩双方一旦就交易内容达成了一致,那么就应当将辩诉交易的协议内容正式告知法庭,由法官来确认协议的有效性。

在法官审查的程序中,根据要求(这些要求前文有过详细的介绍),法官应该在公开的法庭上与被告人对话,审查被告人有罪答辩的自愿性,让被告人充分了解检察官的指控和知道答辩有罪的后果,应该保证答辩的准确性(认定答辩协议要有事实基础),并做好答辩记录,②以确保在辩诉交易过程中被告人是自愿、明悉且明智的。

但在实践中,法官更关注的是在辩诉交易过程中被告人是否在形式上呈现自愿、明悉且明智,至于实质上是否如此,则并非审查的重点。如面对死刑的威胁时,被告人与检察官"自愿达成协议",或是在信息获取不够充分、辩护律师无效辩护的情形下面对重刑的无

---

① See Alschuler, Albert W, "The Trial Judge's Role in Plea Bargaining, Part1", *Columbia Law Review* 76, 1976.

② Fed. R. Crim. p. 11.

罪被告人"自愿达成的协议"在法官眼里都是自愿的表现。[①] 换言之,只要辩诉交易在形式上不是检察官通过暴力、威胁或诱导式承诺所达成的,都能认定其是自愿、明悉且明智的。[②] 例如,在布雷迪案中,法院认为,只要认罪是知情和明智的,死刑的威胁就可以用来诱导认罪。[③] 甚至当被告在庭审后将面临的判决与根据辩诉协议条款接受的判决之间存在很大差异,即辩诉协议的量刑更重,而庭审后可能宣告无罪或轻罪,都不意味着该协议是非实质自愿的,即使这很不公平。[④] 对此,刘易斯·鲍威尔大法官曾在海耶斯案的异议中进行了批评。[⑤]

不仅如此,学者威廉·F. 麦克唐纳通过对 6 个管辖区的重罪和轻罪提审(罪状认否程序)的研究,发现实践中法官审查的角色更为复杂,即是"不固定和不确定的"。[⑥] 麦克唐纳发现在提审程序持续时间的长短与法官参与提审的总体质量之间存在普遍的联系。提审平均持续时间不超过 8 分钟,重罪提审持续时间在 10 分钟之内。在不足 2/3 的案件中,法官询问了被告人是否了解指控,只有半数多一点的案件,法官在记录中注明辩护律师向被告人解释了指控。不足半数的案件法官告知被告人指控的最高刑,只有 4% 的案件法官告知被告人答辩有罪过程中放弃的其他权利。有 55% 的案子法官询问被告人答辩有罪是否受到威胁、强迫或被施压,法官有时小心

---

① See Bordenkircher v. Hayes, 434 U. S. 357, 363(1978).

② Fed. R. Crim. p. 11(b)(2).

③ 397 U. S., pp. 747-48.

④ See Hayes, 434 U. S., pp. 364-65.

⑤ See Bordenkircher v. Hayes, 434 U. S. 357, 370(1978)(Powell, J., dissenting).

⑥ See Mcdonald Willian F., "Judicial Supervision of the Guilty Plea Process A Study of Six Jurisdiction", *Judicature* 70, 1986-1987.

地措词以使被告人理解检察官提供的答辩引诱不能被理解为压力,71%的案件法官将答辩协议记录在案。

在麦克唐纳的研究中,只有三个州要求法官调查指控的事实基础。其中51%的案件法官只是询问被告人是否犯了罪,只有大约半数案件检察官汇报了重要的指控证据。麦克唐纳通过会见被告人,发现一些被告人并不了解法官和律师在提审期间所说的一部分或全部内容,被告人汇报他们的律师曾向他们建议如何回答法官的问题。而且麦克唐纳注意到,一些法院向被告人建议他们的权利时运用了标准化形式,甚至使被告人更不可能真正了解指控或答辩有罪的后果。

基于上述观察到的现象,麦克唐纳总结出,尽管被告人可能比以前被更多的告知有关情况,但最低限度额外询问被告人的答辩接受形式的运用,旨在最大限度减少被告人认为已经发生了什么和检察官说发生了什么之间差异的可能性,以及运用其他方法轻易地使如今的答辩接受近似于一种新型的“虔诚欺骗”。①

此外,尽管在理论上,法官经过审查之后,可以在任何时间任何案件中拒绝辩诉协议,但是由于法官同样在辩诉交易中存在利益,而且拒绝辩诉交易可能意味着使被告人的处境更坏,以及使检察官和辩护人为交易而耗费的资源白白浪费,法官并不轻易拒绝答辩协议,而是倾向于认可答辩协议;加上法官的审查本身比较简短甚至马虎,这也使大范围的拒绝答辩协议失去了前提条件。在威廉·F. 麦克唐纳的研究中,只有2%的有罪答辩案件被法官拒绝。②

① See Mcdonald Willian F. “Judicial Supervision of the Guilty Plea Process A Study of Six Jurisdiction”, *Judicature* 70, 1986-1987.

② See Mcdonald Willian F. “Judicial Supervision of the Guilty Plea Process A Study of Six Jurisdiction”, *Judicature* 70, 1986-1987.

三、其他简易刑事程序概观

如前所述,除了辩诉交易,美国刑事司法制度中还存在一些其他有利于提高诉讼效率的简便程序,我们把这些简便程序称为广义的简易刑事程序。本节将大致地介绍这些广泛意义上的简易程序,以期能够对美国刑事司法的效率体系有一个比较全面的印象。

(一)针对轻微罪行的简便程序设计

在美国,尽管轻罪和轻微罪行同样可以通过辩诉交易加以解决,但是由于案件本身比较简单,以普通案件的程序处理这些案件可能导致不必要的花费,因此《联邦刑事诉讼规则》和一些州规定了一些特别简便的程序设计,来处理这样一些简单的案件。这些简便设计包括:

1. 在权利保障上,压缩被告人的权利。

首先,对于所有的轻罪,被告人尽管享有由地区法院审理、判决和科刑的权利,但是在其书面同意的前提下,也可以由治安法官审理、判决和科刑。新的发展表明,一些地区甚至不需要经过被告人的同意,就可将被告人交由治安法官处理。鉴于此发展具有一定突破意味,这里稍作介绍。情形是这样的:2013 年 6 月 28 日大卫·霍林斯沃思(一位来自路易斯安那州的 45 岁平民)进入了联邦法院法庭准备接受审判。① 然而霍林斯沃思没有看到他期待的美国地区法

---

① See Press Release, U. S. Attorney's Office of the E. D. L. A., David C. Hollingsworth Sentenced for Assault on Navy Base (June 28, 2013). Assessed http://www. justice. gov/usao-edla/pr/david-c-hollingsworth-sentenced-assault-navy-base [http://perma. cc/9H9Q-56XX]; Paul Purpura, Distraught Man Jailed for Assaulting Military Cop at Naval Air Station, The Times-Picayune (Aug. 17, 2010). Assessed http://www. nola. com/military/index. ssf/2010/08/distraught_man_jailed_for_aimi. html [http://perma. cc/9EHC-22BS].

院法官,取而代之的却是治安法官萨利·舒山。[①] 然后,该治安法官在未经霍林斯沃斯的同意以及无视他提出要求陪审团和地区法官审判的申请的情况下,对霍林斯沃斯进行了审判并判处他六个月的监禁。霍林斯沃思辩称,"根据宪法,治安法官没有权力在未经其同意的情况下,对他进行审判和定罪量刑。"[②]同时,在庭审开始之前,霍林斯沃思的公共辩护律师将他的主张记录在案,即"霍林斯沃思的立场是,在这个案件中,应由他的同辈组成陪审团对他进行审判"。[③] 这些都表明,治安法官在未经被告人同意的情形下,对其进行了审判和定罪量刑。更值得注意的是,在 2015 年,第五巡回上诉法院维持了霍林斯沃思的判决。在判决中上诉法院转述了案件的审理过程:"初审时,地方法官主持了一次庭审,作出了有罪判决,并

① See Press Release, U. S. Attorney's Office of the E. D. L. A. , David C. Hollingsworth Sentenced for Assault on Navy Base (June 28, 2013). Assessed http://www. justice. gov/usao-edla/pr/david-c-hollingsworth-sentenced-assault-navy-base [http://perma. cc/9H9Q-56XX]; Paul Purpura, Distraught Man Jailed for Assaulting Military Cop at Naval Air Station, The Times-Picayune (Aug. 17, 2010). Assessed http://www. nola. com/military/index. ssf/2010/08/distraught_man_jailed_for_aimi. html [http://perma. cc/9EHC-22BS].

② See Press Release, U. S. Attorney's Office of the E. D. L. A. , David C. Hollingsworth Sentenced for Assault on Navy Base (June 28, 2013). Assessed http://www. justice. gov/usao-edla/pr/david-c-hollingsworth-sentenced-assault-navy-base [http://perma. cc/9H9Q-56XX]; Paul Purpura, Distraught Man Jailed for Assaulting Military Cop at Naval Air Station, The Times-Picayune (Aug. 17, 2010). Assessed http://www. nola. com/military/index. ssf/2010/08/distraught _ man _ jailed _ for _ aimi. html [http://perma. cc/9EHC-22BS], p. 4.

③ See Press Release, U. S. Attorney's Office of the E. D. L. A. , David C. Hollingsworth Sentenced for Assault on Navy Base (June 28, 2013). Assessed http://www. justice. gov/usao-edla/pr/david-c-hollingsworth-sentenced-assault-navy-base [http://perma. cc/9H9Q-56XX]; Paul Purpura, Distraught Man Jailed for Assaulting Military Cop at Naval Air Station, The Times-Picayune (Aug. 17, 2010). Assessed http://www. nola. com/military/index. ssf/2010/08/distraught _ man _ jailed _ for _ aimi. html [http://perma. cc/9EHC-22BS], pp. 3-4.

判处霍林斯沃思6个月的监禁。之后,霍林斯沃思向联邦地方法院提出上诉。上诉的结果是地方法院确认了治安法官作出的判决和定罪量刑。"①因此,该案成了美国历史上第一次由巡回法院明确地支持治安法官可以在未经一名公民同意的情况下,对其进行刑事审判和作出判决。尽管到目前为止,美国最高法院还没有判决认为治安法官可以在未经被告同意的情况下审判轻微罪行或判处被告监禁是符合宪法要求的,而且美国联邦第五和第十一巡回法院在关于治安法官是否可以在未经被告人同意的情形下主导刑事案件的问题上也存在分歧。② 比如,在2014年,第十一巡回法院判决认为,即使在被告同意的情形下,治安法官也不得对轻罪案件作出最终判决。③ 但是很难预测,这种突破在将来不会成为一种趋势。

其次,对于轻微罪行,被告人不享有指定律师的权利。这一权利的内涵和外延是先后由5个最高法院的判决所确定的。第一起判决是发生于1972年的阿杰辛格案(Argersinger v. Hamlin)。④ 该案中被告人阿杰辛格被指控秘密携带武器,该罪属于一项轻罪,最高刑是单处6个月监禁或1000美元罚金,或者并处6个月监禁和1000美元罚金。由于阿杰辛格申请指定律师被拒绝,且在初审时被定罪并处以90天监禁,所以他提起了上诉。而在上诉时,州最高法院维持了判决。最后该案来到了最高法院,最高法院认为轻罪和轻微犯罪可能与重罪包含着同样复杂的法律及宪法问题。因此,为了公正

---

① United States v. Hollingsworth, 783 F. 3d 556, 557-58(5th Cir. 2015).

② See Stephen I. Vladeck, Petty Offenses and Article Ⅲ, 19 Green Bag 2D 67, 75 (2016).

③ See Brown v. United States, 748 F. 3d 1045, 1065, 1070(11th Cir. 2014).

④ 407 U. S. 25(1972).

审判,应当为阿杰辛格提供指定律师。[①] 但与此同时,最高法院的判决中却将提供指定律师的范围限定在被告人可能被判处监禁刑时。意即在轻罪和轻微案件中,只有在被告人会被判处监禁刑的情况下,他才享有指定律师的权利。第二起判决是发生于1979年的斯科特案(Scott v. Illi)。[②] 该案中的被告人斯科特因被控盗窃而面临定罪审判,与阿杰辛格一样,他也申请了指定律师,但同样被拒绝了。最后斯科特被定罪并处以50美元罚金。因为盗窃属于轻罪,因此最高法院也围绕究竟应否给斯科特提供指定律师进行了分析。最后,大法官伦奎斯特在多数意见中重申并进一步明确了阿杰辛格案中最高法院的意见,即指定律师的宪法权利应限定于实际上判处监禁的案件,而非被告人可能被判处监禁刑。在这之后,最高法院又相继通过谢尔顿案(Alabama v. Shelton)和尼科尔斯案(Nichols v. United States)、加格农案(Gagnon v. Scarpelli),将缓刑纳入监禁刑的范围中。然而,即使轻罪被告人实际上会被判处监禁,其享有的指定律师的权利也可能不会实现。2015年,美国共和党控制的参议院司法委员会举行了一次题为"保护宪法赋予被指控犯有轻罪的贫困者享有的指定律师之权利"的听证会,委员会主席查克·格拉斯利(Chuck Grassley)哀叹说,"许多州没有按照宪法规定的那样提供律师。这在美国已经成为一个普遍存在的问题。事实上,美国最高法院关于第六修正案的判决,即关于轻罪被告人享有律师辩护的权利,每天都被违反数千次。在我们的历史上,没有哪一个最高法

① 参见[美]约书亚·德雷斯勒、[美]艾伦·C.迈克尔斯:《美国刑事诉讼法精解》(第2卷·刑事审判),魏晓娜译,北京大学出版社2009年版,第56~57页。

② 440 U. S. 367(1979).

院的判决受到如此广泛、如此频繁和如此长时间的违反”。①

最后，对于轻微犯罪，被告人不享有由陪审团审判的权利，②以及不享有预审的权利。③

2. 在起诉主体上，轻微罪行的案件可以由警察直接起诉，而不要求必须由检察官或大陪审团起诉；在起诉方式上，轻罪可以由大陪审团的起诉书、检察官的起诉书和控告书进行（和普通案件比较起来，增加了控告书这一更简便的起诉方式），轻微罪行则可以传票或违法通知书的形式进行。④

3. 在认罪方式和管辖地上，被告人在对其发出大陪审团起诉书、检察官的起诉书、控告书、传票或违法通知书的地区以外的地区被逮捕、扣押或到庭的，可以书面的形式（区别于普通案件“必须在公开的法庭上与被告人亲自对话”的要求）表示愿意作有罪答辩或不愿辩护但也不承认有罪的答辩，并可以放弃在提起诉讼的地区接受审判，同意本案由现被捕、被押或到庭的地区处理。⑤

4. 在出庭方式上，当有地区法院的地方规则授权时，在适当的轻微罪行案件中，被告人交付确定的金钱来替代出庭和同意终结诉讼。

以上这些特殊的规定，都使轻罪特别是轻微罪行的案件处理程

---

① See *Protecting the Constitutional Right to Counsel for Indigents Charged with Misdemeanors*: *Hearing Before the S. Comm. on the Judiciary*, 114th Cong. (2015) *see also* Andrew Cohen, *A New Conservative Approach to Justice*: *Serve the Poor*, MARSHALL PROJECT(May 12, 2015). Accessed https://www.themarshallproject.org/2015/05/12/a-new-conservative-approach-to-justice-serve-the-poor [https://perma.cc/6BK2-QF4T].

② District of Columbia v. Clawans, 300 U. S. 617, 624-25(1937).

③ 《美国联邦刑事诉讼规则》第58条。

④ 《美国联邦刑事诉讼规则》第58条。

⑤ 《美国联邦刑事诉讼规则》第58条。

序具有极为便利的特点,从而不仅方便了被告人,也节约了诉讼资源。

(二)简易的陪审团审判

在美国,传统的审理刑事案件的陪审团一般需由12人组成,并且要求12个陪审员意见完全一致时,才能对被告人作出有罪判决。近200年来,美国一直把这种陪审团作为司法民主的象征和自由的守护神。但从20世纪70年代开始,典型的12人陪审团和一致裁决主义遭到了冲击,一些州开始使用简易的陪审团。[①]

所谓简易的陪审团,是与典型的12人陪审团相对而言的。它包括两方面的简化内容,一是审理刑事案件的陪审团在组成上少于12人,二是在陪审团评议时不再要求陪审员意见完全一致。在陪审团的人数组成上,全美有包括康涅狄格、佛罗里达、路易斯安那和俄勒冈在内的4个州允许一些重罪由6人组成的陪审团裁决,全美有51个司法管辖区中的22个(50个州加上哥伦比亚特区)在轻罪审判中使用少于12人的陪审团。[②] 佐治亚州目前在所有轻罪陪审团审判中都使用了6人陪审团。[③] 得克萨斯州也只要求对所有轻罪的审判成立一个6人陪审团。[④] 在是否要求陪审员意见一致上,全美有包括路易斯安那、蒙大拿、俄克拉何马、俄勒冈和得克萨斯在内的5个

---

① [美]吉乐尔德·D.罗斌:《美国刑事审判中的简易陪审制度》,朱中华译,载《中央政法管理干部学院学报》1995年第4期。

② See David B. Rottman & Shauna M. Strickland, *State Court Organization*.

③ Richard W. Creswell, "Georgia Courts in the 21st Century: The Report of the Supreme Court of Georgia Blue Ribbon Commission on the Judiciary", *Mercer L. Rev.* 53, 2001.

④ See Judge Brian L. Owsley, "Issues Concerning Charges for Driving While Intoxicated in Texas Federal Courts", *St. Mary's L. J.* 42, 2011.

州允许大多数人投票赞成的有罪裁决。[①]

尽管在理论上存在严重分歧——比如赞同陪审团简易审判的学者认为简易陪审制度可以节约时间，提高诉讼效率，减少司法支出，以及减轻因挑选陪审员对公众造成的不便；而反对派则认为简易陪审团审判减少了少数派陪审员发表意见的机会从而使陪审团不具有代表性，批评这种陪审团审判减少了陪审员之间的讨论从而不利于发现事实真相，增加了被告被判决有罪的可能性等，[②]但是最高法院的一系列判例仍然在很大程度上认可了各州的简易陪审团审判实践。

一方面，在陪审团的人数组成上，最高法院在 1970 年的威廉姆斯诉佛罗里达一案中认为，由 6 人组成陪审团审判，并没有违反宪法第六修正案；不过最高法院在随后的巴勒乌诉佐治亚州一案（1978 年）中判决认为，当陪审团的组成人数少于 6 人的时候，将不利于陪审团作用的发挥，也不能满足宪法中公正陪审团审判的要求，[③]因此认为少于 6 人的陪审团审判是违宪的。

另一方面，最高法院在 1972 年的阿坡达克诉俄勒冈州一案中判决认为，陪审团是作出一致裁决还是以 10∶2 或者 11∶1 的比例作出不一致裁决，其间没有区别，宪法也没有要求陪审团必须作出一致裁决，从而认可了非一致裁决的合宪性；不过最高法院在布尔赤诉路易斯安那州一案中又认为，当陪审团的组成规模降低为 6 人

---

① ［美］爱伦·豪切斯泰勒·斯黛丽、南希·弗兰克：《美国刑事法院诉讼程序》，陈卫东、徐美君译，中国人民大学出版社 2002 年版，第 509~510 页。

② ［美］吉乐尔德·D. 罗斌：《美国刑事审判中的简易陪审制度》，朱中华译，载《中央政法管理干部学院学报》1995 年第 4 期。

③ 李学军主编：《美国刑事诉讼规则》，中国检察出版社 2003 年版，第 428~430 页。

时,裁决必须一致通过。①

需要强调的是,简易的陪审团审判仅仅适用于州的刑事司法实践。在联邦法院系统,根据《联邦刑事诉讼规则》第 23 条(b)的规定,陪审团应当由 12 人组成,但是,在作出裁决前当事人书面约定并经法庭批准,陪审团可由不足 12 人组成,或者在审判开始后法庭认定因适当理由有必要免除一名或数名陪审员时,一个有效裁决可以由不足 12 人的陪审团宣布;即使没有这样的约定,在陪审团退庭进行评议后,法庭认为因适当理由有必要免除一名陪审员时,有权决定一个有效裁决仍可由其余 11 名陪审员宣布。根据《联邦刑事诉讼规则》第 31 条(a)的规定,陪审团的裁决必须一致通过。

对于陪审团审判在人数组成和决议方式上简化的效果,法学学者和经济学家基于调查有过实证的分析。克莱瓦里克和罗斯彩尔德教授在一篇富有新意的理论文章中探讨了用在由 12 名成员组成的陪审团中至少要求 10∶2 的决议规则来替代一致通过原则所引起的后果。他们发现这样的改变不会对陪审团的审议结果导致任何明显的影响。这就意味着只要事实相同,对于一个由 12 名成员组成的陪审团来说,不管要求他们是一致通过还是 10∶2 通过,他们对于罪与非罪都会得出同样的结论。然而两位学者发现,在 10∶2 的原则下,陪审团审议的时间有了惊人的减少,审议的时间最少缩短 25%,在某些案件中甚至节约 100%。为此,两位学者得出结论认为,用 10∶2 的决议规则代替一致规则有相当大的效率收益,而且无损于公正。②

---

① 李学军主编:《美国刑事诉讼规则》,中国检察出版社 2003 年版,第 414~416 页。

② [美]罗伯特·考特、托马斯·尤伦:《法和经济学》,张军译,上海三联书店 1991 年版,第 694~695 页。

(三)放弃权利的审判

1. 放弃陪审团选择法官审判

在历史上,陪审团审判曾被强加于被告人,不接受陪审团审判将面临残酷的刑罚。只是到了近代,随着人权价值的提升,陪审团才逐渐变为自由的保护神,陪审团审判也才成为一项宪法性权利。近现代以来陪审团审判发展的一个特点,就是其程序越来越复杂,极为耗费时日;另一个特点就是与法官裁判相比,陪审团审判专业性很弱,尽管受到证据规则的约束,但是陪审团成员很容易受到感性因素的影响,从而很难客观地评价证据。①

陪审团审判的上述特点决定了被告人很可能选择放弃陪审团审判。一般情况下被告人(多数时候可能是在律师的帮助下)总是努力衡量陪审团与法官相比审理案件的不同。当案件所涉及的事实非常能激起人的感情而且陪审员的情感反映可能使陪审团歧视被告人时,被告方就极有可能选择在法官前审判案件。原因很简单,法官日复一日,接连不断地听审案件,能够被期望更冷静客观地评定证据。例如,如果一桩涉及在被害人死前可能遭受巨大痛苦的非常残暴和野蛮手段的杀人案,陪审员可能会很气愤并希望找到罪犯,在这种情形下被告方不得不考虑陪审团的惩罚希望会遮掩他们衡量证据的能力。②

现代刑事司法技术的复杂性,也可能导致被告方放弃陪审团审判。受专业能力(哪怕有律师的帮助)的限制,一旦案件涉及的法律

---

① [美]爱伦·豪切斯泰勒·斯黛丽、南希·弗兰克:《美国刑事法院诉讼程序》,陈卫东、徐美君译,中国人民大学出版社2002年版,第495页。

② [美]爱伦·豪切斯泰勒·斯黛丽、南希·弗兰克:《美国刑事法院诉讼程序》,陈卫东、徐美君译,中国人民大学出版社2002年版,第495页。

和事实问题技术性太强并高度复杂时,被告人就可能望而生畏,选择放弃陪审团审判。对于比较一般的案件,基于对法官宽恕的合理预期,一些辩护律师可能建议他们的委托人放弃陪审团审判。

对于被告人放弃陪审团审判,各州规定了许多程序。有些州主张给起诉方享有陪审团审判权利的机会,因此被告人放弃陪审团审判就必须经检察官同意;有些州尽管没有规定需要征求检察官的意见,但是却规定,如果双方都放弃陪审团审判,允许法院要求陪审团审判,也就是说被告人放弃陪审团审判还必须以法院的同意作为先决条件。

在联邦法院系统,《联邦刑事诉讼规则》第 23 条(a)规定,要求由陪审团审判的案件,应当由陪审团审判,除非被告人书面放弃由陪审团审判,并得到法庭的批准和政府检察官同意。联邦最高法院在 1965 年的辛格尔诉美国一案中,[①]确认了《联邦刑事诉讼规则》的这一规定。

无论在州还是在联邦法院系统,被告人放弃陪审团审判,即意味着接受法官审判。作为接受法官审判的程序后果,陪审团审判所必经的陪审员挑选程序、陪审团指示程序、陪审团评议程序被省略,大大简化了审判程序。所以在州的实践中,尽管被告人放弃陪审团审判需要经过检察官同意,或者需要法官认可,但是拒绝被告人放弃陪审团审判的案例非常少见。

2. 在庭审中放弃诉讼权利的审判

按照联邦宪法,被告人在审判程序中除了享有由犯罪行为发生地的公正陪审团予以迅速和公开审理的权利之外,被告人还享有不

---

① 李学军主编:《美国刑事诉讼规则》,中国检察出版社 2003 年版,第 411~413 页。

得在任何刑事案件中被迫自证其罪的权利，出席审判质证指控者的权利和获得律师帮助为其辩护的权利等宪法性权利。由宪法规定的这些权利支配的庭审，构成了审判的正当程序，形成对被告人的生命、自由和财产的基本保障。

不过，宪法规定的这些权利并不具有绝对的性质。从理论上讲，权利作为被告人自主和尊严的体现，既可以享用，也可以放弃。但是，考虑到刑事司法与国家的公共目的有着极强的关联，被告人放弃某一权利可能要受到一定程度的规约。不过尽管如此，某些权利的放弃仍然受到鼓励，而最高法院通过的一些判例也表明，某些权利被告人可以放弃。

鼓励被告人放弃的权利，以不强迫自证其罪的特权最为著名（除了辩诉交易）。所谓不强迫自证其罪，在审判中是指被告人不得被强迫作为不利于自己的证人，法庭不能因为被告人保持沉默而作出不利于他的判决。但是在实践中，被告人放弃这一权利并不在少数，原因可以是多方面的，甚至可以没有原因。但是最可能的是被告人放弃这一权利，有希望获得法官的宽恕；而法官之所以宽恕该被告，可能是因为他的自白和作证使案件得以迅速了结（但并不是辩诉交易）。

对于某些权利，被告人可以明示放弃，在符合一定条件时也可以视为被告人放弃，比如出席审判的权利。出席审判的权利属于宪法第六修正案保障的质证指控者的权利中的一项重要内容，出席了审判才可能质证指控者，因此对于被告人而言，此项权利非常重要。但是一般认为，只要被告人被告知审判的时间和地点并自愿决定放弃出席的权利——尽管法院一般会竭力保证被告人审判时在场，法院就可以认可被告人的这种放弃决定；此外，联邦最高法院在 1970

年的伊利诺伊州诉爱伦一案的判决中认为,如果被告人在法庭上不遵守法庭秩序达到一定程度,可以视为被告人放弃该项权利。①

在专业化极强的现代刑事司法程序中,宪法第六修正案规定的获得律师帮助辩护的权利尤为重要。不过,联邦最高法院在 Carnley v. Cochran 一案中认为,只要有被告人明确的表示,或者有证据表明被告人已经被给予了律师帮助的机会,但被告人明知并且拒绝了这一机会,就可以认为被告人放弃了宪法第六修正案件规定的获得律师帮助辩护的权利。②

需要注意的是,尽管被告人可以放弃这些宪法规定的权利,但是联邦最高法院在判例中强调,被告人放弃权利必须是自愿而明智的,否则不能认为被告人放弃了某项权利尤其是宪法性权利。

被告人在审判过程中——无论是陪审团审判还是法官审判——放弃权利的程序后果,都是审判程序的简化。例如,被告人一旦放弃不强迫自证其罪的权利,或者放弃出席审判和质证的权利,案件的对抗程度将大大降低,审判将会变得极为迅速。正因如此,被告人在审判过程放弃权利,在一定程度上受到了检察官和法官群体的欢迎。

(四)庭审与判决活动的简化

随着案件负担的加重,并与司法资源供给的有限性相关联,为了保证司法系统的正常运转,许多法官认为有责任在提高司法效率上有所作为。为此,压缩口头辩论和不发表判决意见逐渐成为法官日常司法实践中的常用方法。

① 李学军主编:《美国刑事诉讼规则》,中国检察出版社 2003 年版,第 480~484 页。

② 陈卫东主编:《被告人认罪案件简化审理程序》,中国检察出版社 2004 年版,第 295 页。

1. 压缩口头辩论[①]

压缩口头辩论可以被看作一种法官管理庭审活动的手段。根据波斯纳的研究,尽管联邦最高法院还在大部分案件中听取口头辩论,但是自1960年以来,通常的辩论长度已经缩减了一半:从每方一个小时缩短到每方半小时。在上诉法院,口头辩论的压缩更为剧烈。以前几乎所有的上诉都要进行口头辩论,现在则只有40%的上诉案件进行口头辩论,而且自1960年以来,口头辩论的长度已经缩短了50%。

出现这种情况的原因,可能与案件本身有一定的关系。根据波斯纳的经验,一方面,并不是所有的案件都需要进行口头辩论,比如囚犯案件,在这种案件中,不请辩护律师的上诉人比例越来越高(1993年的比例已接近35%),而没有律师进行的辩护很少有什么价值,因此让这些囚犯到上诉法院进行口头辩论的价值是不可欲的;另一方面,应让每方的辩论时间超过15分钟或20分钟时间的上诉案件很少,而且对许多上诉来说,每方10分钟就够了。可能是这样一些案件本身的因素,加上法官希望节俭的处理案件的愿望,构成了普遍存在的压缩口头辩论实践存在的基础。

2. 简化合议

除了压缩口头辩论之外,一些上诉法院还会通过简化合议的方式来提高效率。根据波斯纳的研究,一些上诉法院的法官在庭审结束之后,并不举行合议的会议,而是由一个法官助理写一个备忘录,然后传给3位法官,然后3位法官就投票判决该案,法官之间根

---

① [美]理查德·A. 波斯纳:《联邦法院——挑战与改革》,邓海平译,中国政法大学出版社2002年版,第169~170页。

本不见面,甚至也不在电话上对案件进行讨论。[①]

3. 不发表判决意见

普通法系法官有撰写长篇大论的判决意见并被引经据典奉为先例来遵循的传统,但在面临讼案过多的情况下,人们不得不考虑,在那些明显没有多大可能具有先例价值的案件和出于无谓纷争的诉讼中发表详细的意见是否必要。而异议意见对于多数意见而言总是会削弱其权威性、影响法律判决的安定性,将诱使人们对判决做出缩小解释甚至推翻之;如果持异议意见的法官并不想带来这些麻烦,那么不提供理由是最好的办法。[②]

以这种情况为前提,加上许多法官认为未经辩论的案件比经辩论的案件得到良好判决的可能性要小,不发表判决意见已经成了处理不经口头辩论的上诉案件的通常方法,而且也成了处理经辩论案件的上诉案件的通常办法。"一句话判决"(one liner),以及提出异议但不提供理由的判决,逐渐大行其道。

四、评价与启示

通过前文的分析,我们获知美国简易刑事程序实际由辩诉交易和其他有助于诉讼经济的程序设计和规则所构成。仔细分析美国简易刑事程序,我们注意到,美国简易刑事程序实际上由两大方面组成,一方面是具有自生自发性质的辩诉交易和权利放弃规则,另一方面是具有自上而下的法律规定和司法管理技术。

---

① [美]理查德·A. 波斯纳:《联邦法院——挑战与改革》,邓海平译,中国政法大学出版社 2002 年版,第 171 页。

② [美]理查德·A. 波斯纳:《联邦法院——挑战与改革》,邓海平译,中国政法大学出版社 2002 年版,第 185~186 页。

就第一方面而言，其具有某种发乎个体经济理性，但却最终促成了诉讼制度经济理性的独特品格。比如控辩双方的辩诉交易，从启动到最终达成协议，实际上都是当事人双方以自己的利益为中心进行互动博弈的结果；再如放弃权利，同样也是被告人基于对自己预期利益的合理判断来决定的。可以说，辩诉交易和权利放弃的规则，在很大程度上忠实地体现了市场自由主义的基本原则，即让每个人都去追求自己的利益，最终却达成一个有助于社会整体利益的结果。从法律的角度来看，实际就是在充分保障被告人主体性前提下，由被告人自主选择而达成的一种经济型诉讼制度，因此体现的是一种自下而上的效率模式。

就第二方面而言，其实是发乎国家的经济理性，经由立法限制和司法管理而实现的诉讼经济。比如在立法上，对轻微罪行案件中被告人权利进行限制、对传统陪审团加以简化等，明显属于自上而下的效率推动，而在司法中，对审判活动中的辩论予以压缩，简化合议，以及在审判后少写司法意见等做法，明显属于法官出于追求诉讼经济而采取的一些管理技术。不过仔细斟酌这样一些程序规定和司法技术，却又发现他们并不会特别侵害被告人的基本权利。由此可以看到，美国简易刑事程序在一定程度上又将国家的经济理性同某种人权保障的底限限制较好的结合了起来，从而又在一定程度上体现了某种基于规划和底限人权保障的自上而下的效率模式。

由以上两个方面可以看到，尽管在美国的简易刑事程序中，存在两种实现诉讼经济的模式，并且两者之间在达成诉讼经济的内在理路上还存在重大区别，但是两者在根本上都至少是以不侵害被告人最基本权利为前提的。

第四章　英国简易刑事程序研究

一、概述

在英国的刑事审判程序中，讨论简易程序一般是相对对抗式(陪审)审判程序而言的。但需要指出的是，当代的对抗制刑事审判的成型相对较晚。耶鲁大学法学院的兰博约教授认为，直到17世纪90年代，在所有严重刑事案件，包括叛逆罪和重罪案件中，还禁止辩护律师参与，控方可以有出庭律师，但在实践中除了叛逆罪案件，作为控方的国王始终有律师代理，其他案件中也从来不用控诉律师。短短一个世纪之后，到18世纪90年代，在严重刑事案件中，对抗式刑事审判的主要特征却已经完全成型。[1]在此意义上可以认为，当代简易刑事程序既有其悠久的历史根源，也可以看作对刑事审判对抗化、复杂

---

① 兰博约：《对抗式刑事审判的起源》，王志强译，复旦大学出版社2010年版，第2页。

化主流发展趋势的一种反动。

在广义上，简易刑事程序不限于简易审判程序（狭义简易程序），而是着眼于刑事程序的整体简化。现代刑事司法程序一般都遵循比例原则，即对被追诉人的权利干预较大的程序行为所设置的程序一般都更为复杂，权利保障水平更高；相应地，如果对被追诉人权利干预水平较低的程序行为所设置的程序都比较简化，而以追求效率为优先。英国刑事司法经过长期的演化也形成了这种格局。因此，笔者所谓的简易刑事程序是指，相对普通刑事程序在程序的某些阶段予以简化或者省略而更为注重效率的刑事诉程序。依此定义，除了将治安法院的简易审理程序外，本章也将警察警告程序以及被告人认罪的程序一并纳入考察范围。

概言之，在英国刑事司法体系中，第一种简易程序是警察警告程序。这部分案件采用警察警告程序主要原因是，犯罪情节极其轻微，国家权力对犯罪嫌疑人权利干预程度比较低，因此，程序极为简化，省略了后续的起诉与审判程序。第二种简易程序为治安法院的简易犯罪审判程序。这可以视为狭义的典型简易刑事程序。在英国，对于起诉到法院的犯罪，根据犯罪类型的不同有必诉罪、两可罪和简易罪之别。如下文所述，简易犯罪由治安法院审理，程序相对简化。第三种简易刑事程序为认罪程序，其中部分案件是基于辩诉交易的认罪。在英美法中，认罪一旦得到法庭认可，则案件的事实认定部分不再进行审理，而直接定罪并进入量刑程序。而且认罪越早，量刑折扣幅度越大，后续程序的简化程度也越高。

二、警察警告制度

(一)传统上的警察警告制度

1. 警察警告概述

警察警告制度是英格兰及威尔士所特有的简易刑事程序。其内涵是警察对特定的案件享有自行处分权,即可以对犯罪人实施警告或告诫而不需要移交起诉。[①] 警察警告也被视作是警察分流案件的重要措施,从性质上来讲具有行政性。这类措施要充分发挥作用需要能够处理这些问题的相关社会健康和福利机构的辅助。[②] 警方的警告(自 2005 年以来称为简单警告)[③]是警方向 10 岁或以上的任何人在其承认犯了轻微罪行前提下提出正式警告而结案的简易刑事程序。该人可以拒绝承认有罪而不接受警告,但因此可能会受到刑事起诉。

犯罪嫌疑人受到警察警告应以认罪为前提。如果某一罪犯因再度犯罪而被起诉,法庭就会把该人受到过的警告作为量刑的考量因素之一。近年来,在刑事案件数量不断增加、司法审判压力不断增大的背景下,如何解决司法资源短缺成为英国刑事司法改革的迫切问题。而警察警告制度的运用对解决在相对较轻的犯罪中进行完整审判而消耗大量司法资源的问题发挥了重要作用。这种警察不经过诉审程序而对罪行相对较轻的犯罪嫌疑人进行实体处分是

① 马克:《从英国警察警告制度看我国警察轻罪处分权之构建》,载《河南司法警官职业学院学报》2017 年第 1 期。

② 麦高伟、杰弗里、威尔逊编:《英国刑事司法程序》,姚永吉译,法律出版社 2003 年版,第 158 页。

③ R(on the Application of stratton) v. Chief Constable of Thames Valley Police[2013] EWHC 1561(Admin)(T June 2013).

对刑事案件在程序上进行分流的体现,反映了英国刑事司法晚近改革的目标和方向。在司法实践中,警察警告被广泛采用。据统计,在2000年,在所有犯罪中,警察警告率高达1/3。①

2. 警察警告制度的目的

警察及检察官在一系列正式的庭外处置程序中处理成年犯罪嫌疑人案件时可做出警察警告的决定。② 警察警告制度的目标主要有:

(1)在犯罪嫌疑人认罪的情况下,对轻微违法行为作出相应处罚;

(2)在保障司法权威和公信力的基础上,提升司法效率;

(3)将犯罪行为记载,以供将来可能进行的刑事诉讼程序或犯罪记录或类似查询参考;

(4)减少再犯可能性;

(5)增加警察处理严重犯罪和疑难案件的时间,减少警察完成文书类的工作及出庭的时间,并同时减轻法院的负担。

不过,警告并非判决的一种形式。它不以圆满完成诸如恢复原状或赔偿被害人损失的具体任务为条件。正式警告性质严重,警方对此会有记录,并影响到以后再犯时是否提起诉讼。它还可以被随后的法庭诉讼所引证,如在判决阶段作为法庭考虑的依据。③

---

① 麦高伟、杰弗里、威尔逊编:《英国刑事司法程序》,姚永吉译:法律出版社2003年版,第160页。

② The Criminal Justice and Courts Act 2015(Simple Cautions)(Specification of Police Ranks)Order 2015. Accessed http://www.legislation.gov.uk/all? title=police%20caution.

③ 麦高伟、杰弗里、威尔逊编:《英国刑事司法程序》,姚永吉译,法律出版社2003年版,第158页。

3. 警察警告制度的适用条件

如前所述,警察警告是警方向承认犯罪的10周岁及以上之人发出正式警告,而不再移送审查起诉的一种简易处理方式。这种处理方式大多针对案情简单、初犯案件,对其不直接提起诉讼。同时,只有在符合特定标准的情况下,才能做出警察警告。具体的标准主要包括:

(1)认为犯罪人有合理怀疑;

(2)犯罪人应当认罪;

(3)犯罪人必须明白警告的重要性,并对被警告之处分方式知情同意。

如果现有证据不符合或未能达到起诉标准,则不能给予警察警告。由此,对警察进行警告的裁量权设置了证据上的限制。

近年来,随着英国刑事司法改革的发展,对警告制度的适用增加了一些新的限制条件。《2015年刑事司法与法院法》第一部分"刑事审判"第17条①规定:对于必诉罪,警告只能在犯罪人或者罪行存在特殊情况下并经检察长同意才可适用;对于两可罪,除非"该人或该罪行存在特殊情况时"方可适用警告。

(二)警告制度的新发展——附条件警告

1. 附条件警告概述

附条件警告与一般警察警告制度不同。该制度是英国2002年司法改革后针对特定案件创设的恢复性司法制度。《英国2003年刑事审判法》正式确立了针对成年罪犯的附条件警告制度。根据

① Section 17, Cautions. Criminal Justice and Court Act 2015. http://www.legislation.gov.uk/ukpga/2015/2/section/17.

《英国2003年刑事审判法》第22条第2款的规定,[①]附条件警告是指对实施某种犯罪的行为人提出的警告。它附带有行为人必须遵守的条件。附条件警告制度与一般警察警告制度具有相同之处,但犯罪人还必须同意遵守某些条件,其中可能包括向受害者支付赔偿或就罪行作出道歉等。

2. 附条件警告的目的

根据《英国2003年刑事审判法》第22条第3款规定[②],附条件警告的条件应当至少具有以下目的之一:

(1)便于矫正该行为人;

(2)确保其能对犯罪之影响进行修复。

矫正行为人包括纠正违法者的行为、降低违法者的再犯可能性和帮助违法者重新融入社会。行为人对犯罪影响进行修复主要指弥补被违法者直接或间接造成的损害。根据这一规定,运用附条件警告制度要求矫正与修复两项目标应至少能够实现其一,否则便不宜适用附条件警告来处理案件。《皇家检察官准则》第7.1条也指明,附条件警告是对犯罪的严重性和后果的一种相称的回应。所提供的条件可以达到改造罪犯、修复社会关系或进行惩罚的目的。综合来看,除传统意义上的惩罚功能(部分试点地区采用罚款来实现该功能)之外,附条件警告还具有节约司法成本、改造犯罪人与修复犯罪造成的损害等多重价值。

---

① Section 22, Conditional Cautions, Criminal Justice Act 2003. Accessed http://www.legislation.gov.uk/ukpga/2003/44/contents.

② Section 22, Conditional Cautions Criminal Justice Act 2003. http://www.legislation.gov.uk/ukpga/2003/44/contents.

3. 附条件警告适用的罪行[①]

(1)家庭虐待或仇视性犯罪

一般而言,涉及家庭虐待或仇视性犯罪的罪行不适宜作附条件警告。但根据罪行的性质或罪犯的情况,可以考虑在例外情况下提出警告。任何被警方认为适合附条件警告的此类案件,都必须提交检察官。如果在涉及家庭虐待或仇视性犯罪的罪行中考虑适用附条件警告,检察官必须将家庭虐待案件提交暴力侵害妇女案件主管部门,或将仇视性犯罪案件提交仇视性犯罪办案组征求意见。

(2)简易罪和两可罪

警察可就任何简易程序的罪行及两可罪罪行作出附条件警告。但对于两可罪中的严重犯罪,只有在适用有关外国人犯罪的规定或在特殊情况下才可作出附条件警告。在存在例外情况时,该决定只能由一名不低于督察级别的警官作出。

(3)必诉罪

由于犯必诉罪通常会被判处较重的监禁以上刑罚,因此,为了维护司法权威,通常需要在法庭上处理这类案件。警方认为应适用附条件警告的必诉罪案件都必须提交检察官决定。除非只有在外国罪犯最特殊的情况下,即对其适用附条件警告是最适当的方式。在任何必诉罪案件中附条件警告的授权决定必须得到副检察长批准。

4. 对未成年人的附条件警告

《2008年刑事司法与移民法》第48条通过修正《1998年犯罪与

---

① Adult Conditional Cautions (The Director's Guidance). Accessed https://www.cps.gov.uk/legal-guidance/adult-conditional-cautions-directors-guidance.

妨害治安法》,将附条件警告制度扩展到不满 18 周岁的未成年人。[①] 之后,英国内政部、总检察长制定了专门的实施指南。2010 年 1 月 26 日针对未成年人的附条件警告制度开始实施。英国的未成年人附条件警告制度汲取了恢复性司法的诸多理念,融合了应对未成年人犯罪的特殊价值需要。其适用需要遵循以下条件:

(1)必须有证据证明犯罪;

(2)证据充分,有定罪的现实可能性;

(3)犯罪人必须认罪;

(4)没有犯罪前科;

(5)对该罪行的起诉不符合公共利益。

三、治安法院的简易审理程序

(一)治安法院适用简易程序案件的传统类型

英国的刑事诉讼中将犯罪划分为三类,必须起诉的犯罪(必诉罪)、仅适用简易程序审理的犯罪(简易罪)以及在两种程序中可选择的犯罪(两可罪)。其中适用简易刑事程序的犯罪是简易罪及两可罪。对于只能简易审判的犯罪由治安法院专属管辖,对于必诉犯罪则由皇家刑事法院管辖,对于两可罪治安法院需要考虑其就该罪行判处的刑罚是否有足够权限,以及被告是否被控两项或两项以上的罪行等条件来决定审判程序。[②] 治安法院的简易审判程序主要适用于简易罪案件,以及两可罪中较适宜简易审判的案件。这两类案

---

① Section 48, Criminal Justice and Immigration Act 2008. Accessed http://www.legislation.gov.uk/ukpga/2008/4/contents.

② Section 19, Magistrate's Courts Act 1980, Decision As to Allocation. Accessed https://www.legislation.gov.uk/ukpga/1980/43/part/I/crossheading/offences-triable-on-indictment-or-summarily.

件几乎占所有刑事案件的95%。治安法院的最重要职能也是以简易审判的形式处理这些案件。处罚权包括6个月以下的监禁刑期以及不超过5000英镑的罚金。[①]

治安法院的简易程序将案件繁简分流,使刑事法院职业法官能够集中处理一些案情复杂、危害严重的犯罪,从而最大限度地保证了司法公正和社会和谐,提升司法效率。

(二)《英国2003年刑事审判法》对治安法院简易程序罪审判的修正

在《1980年治安法院法》中,对治安法院的简易程序罪审判作出了明确规定。而《英国2003年刑事审判法》中的第44条对《1980年治安法院法》中关于治安法院简易程序罪审判的规定进行了修改。具体条文内容如下[②]:

将《1980年治安法院法》第2条改为:

(1)治安法院对所有简易罪的案件都有管辖权;

(2)治安法院对可公诉的必诉罪有预审权;

(3)除第18条至第22条以及任何(无论载于哪里)与选择罪审理方式有关的制定法以外,治安法院有对任何有权审判的罪行进行简易审判的管辖权;

(4)治安法院在行使其根据第24条所赋予的职权时,有权以简易程序审判可公诉的罪行;

(5)这一部分不影响本法未列出的立法赋予治安法院的其他罪

---

① 张彩凤、叶永尧:《英国治安法官制度的现代化演进及其形态考察》,载《法制现代化研究》2009年第12期。

② Courts Act 2003, section 44, Trial of Summary Offences. Accessed https://www.legislation.gov.uk/ukpga/2003/39/section/44.

行的管辖权。

《英国2003年刑事审判法》中第44条的规定是迄今为止关于治安法院简易程序罪审判的最新规定。

(三)治安法院简易程序的运行

1. 针对简易罪适用的简易程序

(1)简易程序适用的案件范围

仅适用简易程序审理的犯罪是最轻微的刑事犯罪。其中包括驾驶违法、破坏公物、低值刑事损害、轻微暴力犯罪和醉酒滋事。这种“较轻”的犯罪行为将在治安法院的简易程序中处理,被告无权接受陪审团审判,也不需要被正式起诉。判决和裁定都完全掌握在地区法官或治安法官手中。因此,治安法院的审判权受到限制,通常最多可判处6个月的监禁,可处的最高罚金是5000英镑。然而,《2012年罪犯的法律援助、量刑与处罚法》规定,从2015年3月起允许对特定罪行处不再限制罚金的具体金额;存在两起及以上的罪行时,没有最高罚金上限。有些驾驶违法行为的处罚是在扣驾照分或在一段时间内丧失驾驶资格。①

(2)简易程序的运行

根据《英国2003年刑事审判法》第20条的规定②,如果法庭认为该案适用简易程序审判,则法庭需先以通俗的语言向被告人解释:第一,就该罪行而对被告人进行简易程序审理更为合适;第二,被告人可以接受适用简易程序审判,如果其愿意,也可以按公诉

① Legal Aid, Sentencing and Punishment of Offenders Act 2012. Accessed http://www.legislation.gov.uk/ukpga/2012/10/contents/enacted.

② S. 336(3)(4), Sch. 3 para. 6. Criminal Justice Act 2003(c. 44), Accessed https://www.legislation.gov.uk/ukpga/2003/44/schedule/3/paragraph/6.

程序(必诉罪)的形式进行审判。被告可要求法庭指示("指示判决"):如果他因罪行被立即审判并认罪,是否更有可能被判处监禁或非监禁刑。法庭有权作出指示,如被告人提出请求,而法庭又作出指示,则法庭须询问被控人是否愿意根据该指示重新考虑被告人认罪制度的相关规定作出认罪表示。如果被告人认罪,则法庭可在不听取证据的情况下将他定罪。

治安法院可以在被告人缺席的情况下进行审判,如果被告未满18岁,法院可在被告缺席的情况下继续审理;如果被告已年满18岁,则除非法庭觉得这样做有违司法利益,否则法庭须在被告人缺席的情况下继续审理。①

治安法院的绝大部分案件由无薪治安法官负责审理。一般情况下,治安法院审理案件由2~3名无薪治安法官组成合议庭。非专业法官的存在正如"陪审团一样,它给予了公民参与法律实施的机会"。无薪治安法官是非专业的(尽管其在任职后需要经过一段时间的培训),其对于英国的刑事司法还是缺乏足够认识,因此作为法律专业人士的法庭书记官对于指导无薪治安法官的审判工作具有非常重要的作用。而领薪治安法官则不同,他们是专业人士,可以独任审理。

与刑事法院审理案件时法官与陪审团分别承担法律的适用和事实的认定不同,治安法官身兼两职,不仅负责法律适用,还负责案件事实的认定。

2. 两可罪在治安法院的适用程序

在两种审判程序中可选择的犯罪可以由治安法院或皇家刑事

---

① Section 11, Magistrates' Courts Act 1980. Accessed https://www.legislation.gov.uk/ukpga/1980/43/part/I/crossheading/summary-trial-of-informatio.

法院处理。程序上首先将举行一次听证会,给予控方及被告人一次机会就以简易程序审理或公诉程序进行审理作出陈述,表达意愿。确定后续程序的原则是在罪行最严重的情况下,法庭是否认为治安法院有足够的审判管辖权。如果是,案件将被受理,并将确定随后在治安法院审理的日期,否则像必诉罪一样案件将移送皇家刑事法院。[①] 治安法官对单起罪行可判处的最高监禁刑期为 6 个月,但是,如果罪犯犯有两项或两项以上的两可罪时,可判处的最高刑期为 12 个月。[②]

在由皇家刑事法院审理两可罪时,治安法官负责将其交付给皇家刑事法院。这要求法院考虑是否有案件需要根据提交法院的陈述和证物作出答复。如果指控是两可罪时,则执行"分配"程序。在这一程序中,被告必须表明其对指控的抗辩。如果被告表示"无罪",或拒不认罪,法院将听取控方提供的事实概要和被告人及其辩护人的陈述,然后确定案件是否适合进行简易程序审判。如果法庭认为治安法院的裁判权不足以处理案件,法院将拒绝对案件进行审判。在这种情况下,案件通常会延期 4~8 周,由控方准备将案件交付皇家刑事法院审理。即使治安法院有管辖权,被告仍有权选择在皇家刑事法院审理其案件。

3. 针对未成年案件的适用程序

对于已达到刑事责任年龄即 10 岁但未满 18 岁的年轻人的刑事

---

① Section 19, Magistrate's Courts Act 1980, Decision As to Allocation. Accessed https://www.legislation.gov.uk/ukpga/1980/43/part/I/crossheading/offences-triable-on-indictment-or-summarily.

② Section 133(2), Magistrate's Court Act 1980. Accessed https://www.legislation.gov.uk/ukpga/1980/43/section/133.

犯罪案件,[①]由在青少年法庭开庭的受过专门训练的治安法官审理。他们有权对未成年人判处最高两年的监禁刑罚。

四、被告人认罪制度

(一)被告人认罪制度概述

被告人认罪制度是通过被告同意对某项指控认罪以换取检察官的让步。这意味着被告可能承认一项不太严重的指控,或若干项指控中的一项,以换取驳回其他指控的条件;或者被告对所有刑事指控认罪,以换取更宽大的判决。被告人一旦自愿作出认罪答辩通常即意味着刑事审判程序的简化,法院可以直接对被告人定罪量刑。被告人认罪制度使控辩双方避免了冗长的刑事审判,并允许刑事被告在审判时避免可能因更严重的指控而被定罪的风险。量刑折扣程度取决于认罪的时间:认罪越早,减刑幅度越大。对于在最早阶段提出认罪,允许的最高折扣为1/3,且没有最低折扣之下限。该制度在英国的兴起是伴随对抗制刑事审判的形成和发展的。到19世纪后半段,被告人的诉讼权利逐渐得到重视,举证责任和证明标准为法律所明确,证据规则日趋完善,辩护律师发挥了越来越大的作用,交叉询问规则基本成熟,从而导致陪审团审判这种经典的英美法审判方式耗时变长、所需人力、物力成本不断增加,司法无法承载每个案件都通过这样的程序来予以审理,由此产生了对快速的案件分流机制的需求。英国的被告人认罪制度正是在此背景下产生的。到20世纪七八十年代,英国刑事司法又逐步认可了实践的辩

① What Will Happen At My Magistrates' Court Trial, MAGISTRATES' COURT TRIAL GUIDE-Part 1. Accessed https://www. sentencingcouncil. org. uk/wp - content/uploads/youth-court-bench-book-may2016-2. pdf.

诉交易做法。这种建立在控辩协商基础上的认罪程序被确立为正式制度。在英国的辩诉交易中,控方可以对罪名进行取舍和变更,但一般不进行量刑建议。[①]《英国2003年刑事审判法》第144条第1款规定[②]:在决定在该法院或另一法院的法律程序中认罪的罪犯应判处何种刑罚时,应考虑如下因素:(1)罪犯在该罪行的法律程序中表示打算认罪的阶段;(2)做出这一表示的背景情况。

总体而言,被告人认罪制度有缓解法院积案带来的审判压力的作用,因此在英国的司法实践中受到青睐。被告人认罪制度在英国刑事司法体系中的扩张得益于一系列逐渐形成的制度性便利。首先,在过去的数十年时间里,英国刑事司法裁判的可预见性在不断提升,一个典型的表现是量刑规范对法院设定越来越严格的遵守义务,即从《2003年刑事司法法》规定的"参考"转变为2009年的"必须遵守"。[③] 根据《2009年验尸官与司法法》第125条第1款的规定,[④]所有法院对于2010年4月6日以后所犯的罪行:(1)在对罪犯判刑时,必须遵守与犯罪案件有关的量刑规范;(2)在行使与罪犯判刑有关的任何其他职能时,必须遵守与行使该职能有关的量刑规范;除非法院相信这样做将有违司法利益。

(二)《认罪量刑减轻指南》的规定[⑤]

2004年英国量刑指南委员会专门制定了《认罪量刑减轻指

---

① 郑曦:《英国被告人认罪制度研究》,载《比较法研究》2016年第4期。

② Section 144,Criminal Justice Act 2003. Accessed http://www. legislation. gov. uk/ukpga/2003/44/section/144.

③ 裴炜:《英国认罪协商制度及对我国的启示》,载《比较法研究》2017年第6期。

④ Coroners and Justice Act 2009,125. Sentencing Guidelines:Duty of Court. Accessed http://www. legislation. gov. uk/ukpga/2009/25/contents.

⑤ The Sentencing Council, Reduction in Sentence for a Guilty plea Definitive Guideline. Accessed https://www. sentencingcouncil. org. uk/wp-content/uploads/Reduction-in-Sentence-for-Guilty-plea-Definitive-Guide.

南》,对被告人认罪答辩后的量刑制度作出了详细规定。2009 年量刑指南委员会依据《2009 年验尸官与司法法》改制成为量刑委员会,并两次对《认罪量刑减轻指南》作出了修改。2017 年 5 月 1 日经修改后的《认罪量刑减轻指南》最终版生效,其中对该指南的适用、核心原则及认罪后量刑折扣的标准等问题作出了详细规定。

1. 适用条件

该指南适用于所有 18 岁及以上犯罪的个人及 2017 年 6 月 1 日或之后举行第一次听讯的组织,该指南同等适用于治安法院及皇家刑事法院。

2. 核心原则

《认罪量刑减轻指南》的意义是为了鼓励那些想要认罪的罪犯尽早认罪,但绝不是为了向被告施加压力,认罪越早对其越有利。为了激励那些有罪的人尽早认罪,该指南对在诉讼程序第一阶段认罪的量刑减轻幅度与之后阶段认罪的量刑减轻的幅度做出了明确区分。此外,法院在考虑认罪协商的量刑减轻与每个罪犯自身在量刑时的减刑情节时也会做出相互独立的区分。

3. 量刑折扣计算的标准

在诉讼程序的第一阶段表示认罪,刑期应当减少 1/3(第一阶段通常是指法庭要求或记录答辩或指示的第一次听讯),此后最高的减刑幅度是刑期的 1/4。从正式审理开始后,减刑的最高幅度由 1/4 逐步降低到 1/10,并会考虑首次向法庭表示认罪的时间。随着审判的进行,认罪的减刑幅度会持续减少。最后甚至没有折扣。

4. 谋杀罪的情形

谋杀罪作为最严重的犯罪行为,将会被判处终身监禁。在考虑谋杀罪犯认罪时,应结合《2003 年刑事司法法》附表 21 中关于罪犯最低起刑点的规定,必须仔细考虑认罪量刑减轻的程度。确保最低刑期适当反映罪行严重性。鉴于法庭在决定是否判处终身监禁时已考虑罪犯是否已经认罪,当法庭认为罪犯应当终身监禁时,则不会在罪犯认罪时减轻量刑。

5. 例外情况

首先,对于认罪的被告人,存在特定情形使其难以理解指控内容或存在其他困难,进而无法期待其更早地作出有罪答辩,此时 1/3 的量刑折扣应当仍然适用。在指控与判决在罪名认定上出现差异时,如果被指控人对定罪而非指控的罪名作了有罪答辩,不影响法院对其适用相应阶段的量刑折扣。

其次,在牛顿听讯或其他特殊听讯时,[①]被告人只能获得原本可能获得折扣的一半。这是因为此时被告人并未对全部量刑事实予以认可,因而无法有效地提高司法运行效率。

最后,对于特殊法律规定中涉及的累犯,即使法官对认罪行为予以考量,最后判处的刑罚不得低于正常刑罚的 80%。

(三)被告人认罪制度的运行

在英国,国家施加各种形式的压力,已经成为制度化的做法,从而更好地确保可以获得被告人的顺从姿态。有证据显示,至少在过去 50 多年里,被告人的认罪率一直保持在 50%以上。统计显示,在 2011 年所有在刑事法院中达成认罪协议的被告人的比例为 70%。

---

① 牛顿听讯,即当罪犯认罪但对控方的指控提出异议时,就会举行牛顿听讯,而此异议将对判决产生关键影响,法官通常会举行听讯,通过证据采信某一事实进而来作为定案依据。Reduction in Sentence for a Guilty Plea, Sentencing Council. Accessed https://www.sentencingcouncil.org.uk/overarching-guides/magistrates-court/item/reduction-in-sentence-for-a-guilty-plea-first-hearing-on-or-after-1-june-2017/#Exceptions.

法院向被告人施加认罪压力的主要手段就是国家诱导的认罪答辩。[①] 这种认罪答辩既可以在治安法院作出,也可以在皇家法院作出。以下分别对两种认罪答辩的基本情况做一个简要介绍。

1. 在治安法院的认罪

针对简易罪行,在治安法院首次举行听证时,被告人就有作出有罪或无罪答辩的机会。听证开始后,将首先确定被告人的个人信息,之后书记员会向被告人宣读指控书,而被告人必须针对指控书作出有罪或无罪的答辩。此种答辩必须直接针对指控书所指控的罪名,不得对指控书指控的罪名答辩无罪而承认其他较为轻微的罪名。如果被告人认罪,案件将直接进入量刑程序。如果被告人作出了"模棱两可的答辩",例如,尽管答辩认罪却又提出自卫的辩护,则治安法官应向其解释相关法律,要求其根据重新提出的指控书再次进行答辩。如果被告人此时作出了明确的认罪答辩,就可以进入量刑程序。如果其再次作出"模棱两可的答辩",则应被视为作出了无罪答辩。如果其在答辩程序中保持沉默拒绝答辩,也应被视为其作出了无罪答辩。无论被告人作出明确的无罪答辩或被视为作出无罪答辩,且控方决定继续追诉,则案件将进入正式审判程序。此时,法院就需要确定正式审理的时间,以便控辩双方进行准备。

针对"两可罪",被告人是否认罪是决定案件审判方式的重要因素。如果"可选择审判方式"的罪行的案情十分清楚,已经达到由皇家刑事法院审理的严重性要求,则可以直接移送给皇家刑事法院进行审理,而无须先举行听证决定审判方式。

---

① [英]麦高伟、路加·马什:《英国的刑事法官:正当性、法院与国家诱导的认罪答辩》,付欣译,商务印书馆 2018 年版,第 104 页。

被告人作出认罪答辩而被治安法院定罪量刑后一般只能就量刑提出上诉。但是，如果被告人主张其作出的认罪答辩是“模棱两可的答辩”或受胁迫而作出的认罪答辩，有时皇家刑事法院会同意接受就认罪问题的上诉，并将案件发回治安法院重新按照无罪答辩进行审理。

2. 在皇家刑事法院的认罪

在“必诉罪”审判中，首先要经历案件管理阶段，皇家刑事法院必须举行答辩和审判准备听证。在此阶段中，被告人即可以答辩认罪以获得较为优惠的量刑。在决定答辩之前，被告人可以向法院提出书面申请，要求法院告知如果其答辩认罪将可能判处的最高刑罚。此时，被告人的申请必须指明其意欲答辩认罪的具体罪名、其认罪答辩的事实根据，并且提供检察官对此认罪答辩的同意意见；检察官则需提供与量刑相关的信息，如被告人有无前科、案件相关情况、被害人及其家人或其他人的陈述等，并明确与量刑相关的其他事项，如适用的法律、量刑指南、指导性判例、加重或减轻情节等。之后案件进入传讯程序，以便接受被告人的答辩。如果被告人拒绝答辩，则法院需视其为作出了无罪答辩。如果被告人作出了“模棱两可的答辩”，则法官应向被告人就法律的规定进行解释，然后要求向被告人再次提出指控；如果被告人再次作出“模棱两可的答辩”，则应视为其作出了无罪答辩，否则上诉时将撤销对其的定罪和量刑。无论认罪答辩还是无罪答辩，均必须由被告人本人作出，而不能由其律师代而为之。①

如果被告人答辩认罪，则可以按照认罪答辩后的处理规定，不

① 郑曦：《英国被告人认罪制度研究》，载《比较法研究》2016 年第 4 期。

需要组成陪审团进行审理,通常法官可以对其径行量刑或休庭而为量刑准备报告。此外,被告人可以就被指控的罪名作出较轻的认罪答辩,一旦此种答辩被检察官和法院所接受,法院就将按照其认罪的较轻罪名进行量刑。

认罪答辩必须自愿作出,如果认罪答辩是迫于压力而作出,或者其认罪答辩因认识能力等原因并非其真实意思表示,则该答辩无效,且一旦被告人上诉,则上诉法院将撤销定罪而裁定重审。英国法律允许被告人在法定情况下改变其答辩。如果是将无罪答辩改为认罪答辩,则可以在审判过程的任何阶段提出,只需由辩护律师要求再次向被告人提出起诉书后被告人即可答辩认罪,如果此时因之前的无罪答辩已选出陪审团,则需由陪审团作出有罪的正式判决。如果要将认罪答辩改为无罪答辩,则需由法官根据案件情况决定是否同意。

五、简易程序中的救济机制

1. 向刑事法院上诉

根据《1980 年治安法院法》第 108 条的规定,被治安法院定罪的人可向刑事法院提出上诉,若其在治安法院认罪,仅能就其刑罚提出上诉;若未认罪,则可对定罪或量刑向刑事法院提出上诉。① 其中可以提出上诉的刑罚包括被治安法院定罪后作出的任何命令,包括根据《1989 年足球观众法》发表的相关声明(declaration of relev-

① Section 108, Part V, Magistrates' Courts Act 1980. Accessed https://www.legislation.gov.uk/ukpga/1980/43/part/V.

ance)，[①]但不包括支付费用、销毁动物以及根据成文法作出的裁定（法院对此无裁量权）。

2. 以案情陈述的方式向高等法院上诉

根据《1980年治安法院法》第111条和第112条的规定，任何人如果是治安法院的任何法律程序的一方，或因法庭的定罪、命令、裁定或其他法律程序而感到冤屈，可以法律错误或逾越司法管辖权为由，向组成该法庭的大法官提出申请，要求高等法院就所涉及的法律或司法管辖权问题提出意见；但任何人不得根据本条就关于其反对有权向高等法院提出上诉或根据1879年12月31日后通过的任何成文法则的决定而提出申请。且申请须在治安法院作出裁决当日后21日内提出。在提出申请时，申请人就该项裁决向刑事法院提出上诉的权利即告终止。如治安法官认为根据本规定提出的申请是没有意义的，可拒绝陈述该案，拒绝之后若申请人提出要求，则法庭须向申请人发出证明书，述明该项申请已遭驳回；但如申请是由检察长提出或在检察长指示下提出的，则治安法官不得拒绝陈述案件。凡大法官拒绝陈述案件，高等法院可应申请陈述的人的申请，作出强制令，规定大法官必须陈述案件。[②]

高等法院就案件陈述形式的上诉可以改判，且就该宗上诉案件作出的任何判决或命令，可强制执行，如同该判决或命令是作出初始裁判的治安法院的裁决一样。

---

① Section 23, Football Spectators Act 1989. Accessed https://www.legislation.gov.uk/ukpga/1989/37/section/23.

② Section 111, Magistrates' Courts Act 1980. Accessed https://www.legislation.gov.uk/ukpga/1980/43/part/V/crossheading/case-stated.

3. 申请司法审查

在不服治安法院的裁判或从治安法院上诉受到刑事法院决定侵害的人,在无法请求案情陈述时,还可以向高等法院寻求司法审查的救济途径。

根据《1981年高等法院法》第29条的规定,高等法院除在与公诉程序审理有关的事宜上的司法管辖权外,具有对下级法院的司法管辖权所拥有的强制令、禁止令或撤销令的上诉司法管辖权。高等法院根据任何成文法则有权规定治安法官、地方法院法官或人员作出任何与其各自职位的职责有关的作为,或要求裁判法院陈述案件,以征求高等法院的意见,在任何情况下,凡高等法院以前凭借任何成文法则具有司法管辖权,使某条规则成为绝对规则,则高等法院可通过强制性命令行使。

司法审查的救济途径主要包括向高等法院申请以下几种司法令:强制令、禁止令或撤销令。在提出司法审查申请后,高等法院在考虑通过此类司法令给予救济的主体、事宜、情况的性质等因素后,会根据《1981年高等法院法》第31条作出声明或发出强制令。①

司法审查的目的是阻止治安法院和下级审判庭超越其管辖权,强制它们保障正当权利。治安法院以正当方式行使其正当的管辖权时所犯的法律错误,应通过案情陈述的方式上诉,而非司法审查。②

---

① Section 31, Senior Courts Act 1981. Accessed https://www.legislation.gov.uk/ukpga/1981/54/section/31.

② 斯普莱克:《英国刑事诉讼程序》,中国人民大学出版社2006年版,第691~696页。

4. 刑事案件审查委员会

1995 年,英国专门成立了错案救济的司法机构——刑事案件审查委员会,负责审查法院的裁判和受理被定罪人的申请。凡被治安法院裁定犯了罪行,审查委员会可在任何时候将关于该罪行的定罪和量刑问题,或在其后与该定罪有关的法律程序,转呈刑事法院。

但据此转呈案件时,刑事法院不得判处比在治安法院所判处的更为严厉的惩罚。刑事案件审查委员会转呈刑事法院后,刑事法院可将该人保释;而该人获保释期间均不计入根据其罪行所判处的监禁或羁押期间。①

六、结语

英国刑事司法在长期的演进过程中形成了比较合理的制度体系,在公正与效率方面实现了较好的平衡,对犯罪嫌疑人、被告人的程序选择的自愿性以及其他诉讼权利保障比较充分。首先,警察的警告程序确立了重要的非犯罪化分流机制,在实践中得到了广泛的运用。它顺应了非犯罪化的刑事法律发展趋势,收到了很好的法律效果与社会效果。可以认为,警察警告防止了过度犯罪化的倾向,能够更好地发挥刑法的引导与教育作用,同时,减轻了起诉和审判的负担,降低了执法与司法的成本。从历史根源来看,英国的公诉制度并不发达,警方长期以“私诉”的名义掌控着刑事追诉。这在一定程度上为警察警告这种消极实体处分奠定了坚实的司法历史文化基础。同时,当代英国警察的法律与专业素养不断提升,也有较高的公信力,这些也为该制度的广泛开展奠定了社会心理与合法

① Section 11, Part 2, Criminal Appeal Act 1995. Accessed https://www. legislation. gov. uk/ukpga/1995/35/part/Ⅱ.

性基础。其次,治安法院简易罪的审判在很大程度上实现了英国刑事审判环节的简易审理。其十分有利于将更多的司法资源留给重大、疑难、复杂的犯罪案件。同时,两可罪的简易审理也表明在现代法治国家,在司法廉洁和诉讼权利有充分保障的前提下通过司法中裁量权的行使,实现了审判程序多元化与繁简分流,从而促进公正与效率价值的平衡。当然,在实践推行过程当中仍然存在一定的问题,尤其是部分案件被不当提交皇家法院审理依然是近期司法改革的目标之一。[①] 再次,英国的认罪程序为少数案件中的普通程序的全面展开与更精细化发展奠定了基础。认罪自愿性的保障机制比较完善,而且,认罪阶段与量刑幅度挂钩的做法,有利于促使有罪之人及时认罪,节约司法成本。同时,相较于美国的辩诉交易程序,英国的程序受到的有关强制性与不公正性的批判与质疑相对较少,合法性较高。[②] 最后,对于简易程序,英国也有比较完备的救济机制,较好地化解了因程序简化可能带来的错案风险。

---

① [英]麦高伟、路加·马什:《英国的刑事法官:正当性、法院与国家诱导的认罪答辩》,付欣译,商务印书馆 2018 年版,第 35~355 页。

② 当然,一定程度上也依然面临着合法性的质疑。参见[英]麦高伟、路加·马什:《英国的刑事法官:正当性、法院与国家诱导的认罪答辩》,付欣译,商务印书馆 2018 年版,第 353~355 页。

第五章　意大利简易刑事程序研究

一、概述

在法律传统上，意大利属于大陆法系国家，《刑事诉讼法典》为意大利刑事诉讼的主要法律渊源。意大利在 1988 年修订刑事诉讼法时适用的是 1930 年颁布的《刑事诉讼法典》。这部法典并没有规定与普通程序相对应的多元化的简易刑事程序。这是由于该法典强调迅速、有效地惩罚和控制犯罪，明确地将维护社会安宁和统治秩序置于公民个人权利和自由的保障之上。在这种价值观的影响下，该法典所确立的程序具有极强的集权性和较浓的纠问色彩。从总体上看，该法典确立的程序运作方式和结案方式具有单一性：几乎所有刑事案件都按同一种诉讼模式予以处理，而不考虑案件的性质和罪行的轻重，也不考虑检察官是否掌握了确实充分的有罪证据，更不顾及被告人是否供认了罪行并愿意选择简易的结案方式。但是,由于司法机关对程序的集中控制,当事人的选择余地不大,加上各阶段的程序较为简便,该法典时期的意大利并不存在严重的诉讼拖延和案件积压的问题。[①]

第二次世界大战结束后,人民要求民主、自由和保护人权的呼声日益高涨。1947 年 12 月 22 日意大利颁布了加强权利保障的宪法。从 1965 年至 1972 年,宪法法院也相应地做出了一系列裁决,允许被告人及其律师更多地参加审前程序,对于改善被告人的地位起了积极的作用。[②] 然而,意大利的这种持续不断的"小修小补"工作给刑事司法活动带来了混乱。它打破了当时勉强维持的一种平衡:一方面,修改工作加强了刑事诉讼中的人权保障,对司法机关的权力进行了更大的限制,但这也使传统上十分简便的诉讼程序变得越来越复杂和耗费时日;另一方面,旧法典确立的那种单一的程序运转方式使得几乎所有的案件均要经过同一程序才能结案。[③] 如果每一个刑事案件在初步庭审之后,都要进行正式庭审,肯定会造成案件大量积压(按意大利旧刑事诉讼法[④]规定,一个案件最长审理时间可达 6 年之久),花费大量人力、物力和财力。[⑤]

这样,人权保障的程序设置不断增加,提高诉讼效率的程序却未相应采用,导致了案件积压、司法拖延的问题日益严重。当时,"在西方国家,无论民事诉讼还是刑事诉讼,意大利也许是案件积压

---

① 陈瑞华:《美国辩诉交易与意大利刑事特别程序之比较》(上),载《政法论坛》1995 年第 3 期。

② 锁正杰、李少坡:《意大利刑事诉讼法的改革与嬗变之比较》,载陈光中、江伟主编:《诉讼法论丛》(第 2 卷),法律出版社 1998 年版,第 301 页。

③ 陈瑞华:《美国辩诉交易与意大利刑事特别程序之比较》(上),载《政法论坛》1995 年第 3 期。

④ 指 1930 年的意大利刑事诉讼法。——笔者注。

⑤ 刘晓明:《意大利刑事诉讼中的特别审判程序》,载《政治与法律》2000 年第 3 期。

以及诉讼时间拖延最为严重的国家。1988 年刑事诉讼法修订以前,虽然可靠的资料难于获得,意大利法院待审的民事案件约有 150 万件,刑事案件超过 250 万件。诉讼过程甚至长达 15 年以上”。[①] 对此,欧洲人权法院再三谴责。意大利议会于是实行大赦。根据学者的分析,尽管 1978 年、1981 年、1982 年、1983 年、1986 年曾经五次进行大赦,但每次大赦只能在短期内导致案件的积压减少,不久又会出现案件积压迅速上升、案件积压严重的局面。[②] 因此,对 1930 年刑事诉讼法进行全面修订成为当务之急。1988 年,意大利批准通过了修订的刑事诉讼法典。这就是现行的意大利刑事诉讼法典。

从上述立法背景来看,1988 年《意大利刑事诉讼法典》的修订要解决两大难题,这势必影响简易刑事程序的立法设计。一是要适应民主国家的发展趋势,进一步全面提高被告人在刑事诉讼中的地位,加大对其人权的保障,实现司法公正。为此,新刑事诉讼法在传统职权主义的基础上,引进了对抗制的理念,借鉴英美法系对抗式的程序设置改造意大利刑事诉讼程序,使控辩双方更加当事人化,法官更加中立,强化被告人在诉讼中的主动性,强化其选择权,并限制司法机关的权力,防止其滥用。[③] 同时,在简易刑事程序中也强化了对被告人权利的保障。

二是要提高诉讼效率,解决案件堆积如山的局面。诉讼过分迟延会从根本上破坏诉讼的公正性。对抗制本身并不能提高诉讼效

---

① [意]马可·法里布:《意大利刑事司法制度改革:理论与实践的悖反》,龙宗智译,载陈光中、江伟主编:《诉讼法论丛》(第 2 卷),法律出版社 1998 年版,第 287 页。

② Nicola Boari, “On the Efficiency of Penal Systems: Several Lessons from the Italian”, *International Review of Law and Economics* 17, 1997.

③ Nicola Boari “On the Efficiency of Penal Systems: Several Lessons from the Italian”, *International Review of Law and Economics* 17, 1997.

率,相反由于对抗制强调对被追诉者权利的保障,审判中心主义带来的是对侦查机关的司法控制,从时间上、措施的强度上制约了侦查机关迅速采取措施查明事实真相的能力。庭审中辩方在程序中更加积极、主动,而事实的认定者则更为消极。通过对抗的方式来发现真实,势必导致庭审更加烦琐和复杂,因此必须充分关注简易刑事程序的设置,将一部分案件以简单、快速、便宜的方式解决。为了提高诉讼效率,修改后的意大利刑事诉讼法设置了五种灵活多变的、能够迅速审结案件的刑事特别程序,即在特别程序一章中规定了五种程序:简易审判程序、依当事人的要求适用刑罚、快速审判、立即审判和处罚令程序。这些立法为案件的尽快审结提供了多种方式,具有非常积极的意义。

1988 年刑事诉讼的改革与意大利大陆法系的传统法律文化相悖,在实践中遭遇到了巨大的抵制。如意大利式的辩诉交易对大陆法系“相同情形相同处理”的司法公正理念是一个直接的冲击。保守的宪法法院于 1992 年做出的判例几乎使 1988 年改革的成果毁于一旦。于是,1999 年议会通过了正当程序条款的修正案,①进一步强化了对被告人权利的保障。根据宪法修正案,意大利分别在 1999 年、2001 年对刑事诉讼法进行了大幅度的修改。②

其中需要指出的是,在刑事诉讼法采纳了多样化的简易刑事程序之后,意大利还进行了一系列的关于简易刑事程序的法律改革。如对于轻微犯罪(其刑期至多 10 年或者涉嫌贩卖麻醉品的犯罪)可

① 有关内容,参见《意大利宪法中的正当程序原则》,陈忠林译,载《欧洲法通信》,法律出版社 2001 年版,第 275~278 页。

② William T. Pizzi, Mariangela, “The Battle to Establish an Adversarial Trial System in Italy”, *Michigan Journal of International Law* 25, 2004.

以交由独任法官审理。1999 年的立法修订中仅对重刑犯罪保留了集体法官审理的形式。在独任法官审理的案件中,主要存在两种情况:一是对刑期可能超过 4 年的,适用普通程序;二是对刑期低于 4 年或关于事实明确的税收方面的犯罪,适用简易程序,且不需要预审。另外,2000 年的法律修订中又新增设了“刑事治安官”的规定。刑事治安官是一种非职业法官,他仅可对一些极轻微的犯罪进行审理。刑事治安官所审理的案件适用独任法官审理刑期低于 4 年案件的程序。此外,对于可诉罪,在刑事治安官审理的程序中以私人为辅助的刑事起诉行为比检察官的刑事起诉行为要合适得多。同时,被害人也可以向法官提出请求提起诉讼程序。[①] 从 1989 年至 2008 年,意大利议会对刑事诉讼法进行了将近 80 次修改。尤其是 1999 年第 497 号法律、2003 年第 134 号法律专门针对简易审判程序、依当事人请求适用刑罚程序部分条款进行修改,2008 年第 92 号法律和第 125 号法律对直接审判程序和立即审判程序的部分条款进行修改。这些修改加强了对被告人权利的保障,如 1999 年第 497 号法律第 27 条取消了《刑事诉讼法典》第 438 条“须经检察官同意”规定,被告人可以直接向法官提出适用简易审判的要求,2003 年第 134 号法律第 1 条扩大了依当事人请求适用刑罚程序的适用范围。同时,这些修改体现了意大利对大陆法系真实发现传统的坚持,如 2003 年第 134 号法律第 2 条对《刑事诉讼法典》第 444 条进行修改增加了“当所处的判决不超过 2 年单处监禁刑或合处罚金”。[②] 最近一次修改是 2017 年,2017 年 6 月 23 日获表决通过(2017 年 6 月 23

---

① 孙维萍、露卡 · 露巴利亚:《意大利刑事诉讼法的主要特色及最新修订》,载《政治与法律》2003 年第 5 期。

② 陈超:《渐入佳境的意大利刑事特别程序》,载《人民检察》2010 年第 7 期。

日第103号法律,又称作“奥兰多法”)。很大程度上将意大利宪法法院及最高法院新近以来的判例法典化,旨在进一步强化权利保障和公正程序,并尽可能地提高诉讼效率。简易程序是“奥兰多法”改革的重中之重,共设8个条款(第41款至第48款),涉及程序细则的方方面面。[①]

综上所述,我们可以看出,1988年的意大利刑诉法以及之后的法律修订都始终强调程序简化之重要性,并且建立了错落有致的简易刑事程序体系。这为在保障被告人权利的基础上提高诉讼效率提供了法律程序上的保障。

二、法律文本中的意大利简易刑事程序

《意大利刑事诉讼法典》规定的诉讼程序有普通程序和特别程序之分。特别程序即是本章要考察的简易刑事程序。在具体介绍简易刑事程序之前,必须对意大利的刑事普通诉讼程序有一个较为全面的了解,否则我们很难理解意大利简易刑事程序的制度设计。根据《意大利刑事诉讼法典》的规定,诉讼被分为初期侦查、初步庭审、审判三个阶段。在诉讼的第一阶段,即初期侦查,由检察官领导侦查工作并且直接调动司法警察。其目的是了解犯罪消息,查明犯罪事实,查获犯罪嫌疑人,以便做出与提起刑事诉讼有关的判断。诉讼的第二阶段,即初步庭审阶段,又称为预审,由预审法官主持初步庭审程序,检察官、被害人及其代理人、被告人及其辩护律师参加。预审法官还负责对侦查活动进行监督。预审法官有权决定羁押和批准监听。初步庭审的任务是审查检察官收集的证据,以便决

① 施鹏鹏:《迈向刑事诉讼的宪法化——意大利的“奥兰多”改革及其评价》,载《国家检察官学院学报》2019年第2期。

定是否有充分的理由对嫌疑人提起公诉,以防止不当的起诉。在诉讼的第三阶段,即审判阶段,法庭审理引进英美对抗制模式,又保留了一些意大利原有的特点。意大利的法庭审理以当事人为主展开,各方当事人在法庭上积极主动地进行陈述,提出证据,进行交叉询问。这明显地吸收了英美法系对抗制的庭审方式。但是法官不像英美等国家的法官在法庭上那样消极,意大利的法官不仅主持庭审,并就当事人提出的主张做出裁决,而且他还有权自行调查新证据,也有权要求当事人进一步调查新证据,并指定期日必须提交法庭。①

意大利的普通诉讼程序采取对抗式的当事人主义诉讼模式,强调审判中心主义。审判阶段是一个极为精细和复杂的过程,同时也必然是一种资源耗费巨大的程序。基于司法资源的合理配置和类型化司法之需要,1988 年《意大利刑事诉讼法典》规定了五种特别程序,目的在于简化诉讼程序,减少诉讼成本,缩短诉讼时间,从而提高诉讼效率。在特别程序中,上述三个诉讼阶段并非是每一个案件的必经阶段,而是根据每个案件的具体情况可以省略某些诉讼阶段。下文具体介绍这五种特别程序。

(一)简易审判程序

简易审判程序是指被告人为获取刑罚的减轻,征得检察官的同意后,在初步侦查之后可以向法官提出适用该程序的申请,法官接受申请后不进行普通庭审程序,仅根据侦查案卷通过初步庭审程序就直接对案件迅速做出裁决的程序。由于现在的初步庭审程序是

---

① 以上内容,参见汪建成、黄伟明:《欧盟成员国刑事诉讼概论》,中国人民大学出版社 2000 年版,第 315~335 页。

一种迅速、简易的审查程序,以书面审查为主,[①]从而能够明显地提高诉讼效率。其有关内容如下:

1. 适用范围。在意大利已经废除了死刑,该国的法律文本中并没有规定简易审判程序适用的刑期,而且《意大利刑事诉讼法典》第442条第2款规定适用简易审判程序的,做出裁决时无期徒刑由30年有期徒刑替代。[②] 可见,该程序可以适用于所有刑期的案件,包括无期徒刑。但意大利宪法法院裁定简易审判程序违反宪法,因为起草人超越了国会的授权。根据该授权简易审判只允许适用于固定刑期的犯罪,而法典却没有规定它适用的刑期。也就是说,简易审判适用于所有的刑期。目前,简易审判适用于法定刑需处终身监禁之外的所有罪行。[③]

2. 由被告人提出适用简易审判程序的要求。简易审判程序的适用必须由被告人提出要求,被告人要明确表达适用简易审判程序的要求。"奥兰多法"接受了坎齐奥委员会的建议,在《刑事诉讼法典》第438条设立新的第5-1款,规定"被告人为裁决目的而请求进行必要补充举证的,如果被驳回,还可请求适用简易程序(第438条第1款),或者依第444条请求适用刑事协商程序"。[④] 在初步庭审中,这种要求以口头方式提出,在其他情况下,则必须以书面形式提

---

① 程味秋:《〈意大利刑事诉讼法〉简介》,载《意大利刑事诉讼法典》,黄风译,中国政法大学出版社1994年版,第5页。

② 以下有关法律条文内容,主要参考《意大利刑事诉讼法典》,黄风译,中国政法大学出版社1994年版。

③ Luca Marafioti, *The New Italian of Criminal Procedure: The Clash between an Adversarial System and an Inquisitorial Foundation* (paperrepresented at the Beijing International Symposium on Criminal Procedure, 1994).

④ 施鹏鹏:《迈向刑事诉讼的宪法化——意大利的"奥兰多"改革及其评价》,载《国家检察官学院学报》2019年第2期。

出。被告人可以亲自或者通过特别代理人表达自己要求使用简易审判程序的意愿,其签名依照该国《刑事诉讼法典》第583条第3款规定的程序,应当经过公证人、其他被授权人或者辩护人的确认。这是为了确保被告人提出该要求时经过了慎重的思考,而且是真实的、自愿的,因为如果被告人在不正常的情形下提出要求适用简易审判程序可能会受到上述人员的忠告。上述人员对签名的确认也起到了防止侦查机关滥用职权迫使被告人做出适用该程序要求的作用。从该规定来看,辩护人不能独立提出适用该程序的要求,法律没有授权公诉人可以提出要求适用该程序。可见,是否适用该程序完全是由被告人选择的。同时,为了避免证据突袭,"奥兰多法"规定,"如果被告人在提交辩护调查结果后立即提出简易程序请求的,法官在不超过60天的期限届满后,可自行或者依检察官之请求启动补充侦查,仅针对辩方所提出的问题","在这种情况下,被告人有权撤回请求"。这意味着检察官有充分的补充侦查时间以应对辩方的"突袭"证据,强化对初步庭审程序中辩护证据的对席辩论。①

3. 适用简易审判程序中的公诉人意见。依据该国《刑事诉讼法典》,经公诉人同意,被告人可以要求在初步庭审中适用该程序结束诉讼。如果公诉人不同意适用简易审判程序,则法官不审查被告人单独提出的适用该程序的要求。法律虽然没有规定公诉人如果不同意适用该程序必须说明理由。但1991年1月28日意大利宪法法院做出裁决,认为新《刑事诉讼法典》确认检察官对简易审判程序的举行拥有"绝对否决权"的规定明显违背了有关给予被告人同等保护的宪法原则。因为两名各方面情况相似的被告人可能会受到两

---

① 施鹏鹏:《迈向刑事诉讼的宪法化——意大利的"奥兰多"改革及其评价》,载《国家检察官学院学报》2019年第2期。

种截然不同的判决结果,其原因仅在于检察官在其中一个案件中同意适用简易审判程序。宪法法院明确要求,检察官如果不同意被告方提出的有关举行简易审判的要求就必须向法院提供充分的理由。在案件经过正式法庭审判以后,如果法官认为检察官提出的理由不充分,他仍有权对被告人做出降低1/3幅度的判刑。此外,宪法法院还要求检察官所提出的有关拒绝举行简易审判的理由必须与证据有关,即他确信法官仅仅根据案卷材料并不能公正地处理案件,因而需举行正式的法庭审判以补充新的证据。① 2003年对简易审判程序也进行了改革,改革后的简易审判程序取消了第438条第1款的规定,即进行该程序不再要求有检察官的同意。② 可见,意大利将被告人获得简易审判程序的利益视为被告人的一项权利,只要符合法定的条件,被告人就有权要求适用该程序。

4. 适用该程序的时间限制。根据第439条的规定,简易审判的要求连同公诉人的同意一并储存在文书室中,上述储存至少先于为庭审确定的日期5日进行。上述要求和同意可以在初步庭审期间提出,只要尚未依照第421条和第422条的规定提出结论。而该国《刑事诉讼法典》第421条规定了初步庭审的"讨论程序";第422条规定了在初步庭审中"为裁决的目的了解情况",两者都规定了在各方举证、发言和辩论后由公诉人和辩护人提出并且解释各自的结论,然后由法官宣布结束讨论。也就是说,在初步庭审中提出适用简易审判程序的要求必须在公诉人和辩护人提出各自的结论前。

---

① William T. Pizzi, Luca Marafioti, "The New Italian Code of Criminal Procedure: the Difficulties of Building an Adversarial Trial System on a Civil Law Foundation", *The Yale Journal of International Law*, 17, 1992.

② 陈卫东、刘计划、程雷:《变革中创新的意大利刑事司法制度》,载《人民检察》2004年第12期。

5. 法官的审查。意大利简易审判程序的具体审判组织只有一种形式:独任法官。参加简易审判程序的公诉人由驻独任法官所的检察官担任。公诉人代表国家提起诉讼。公诉人应当参加庭审、支持公诉。① 负责审查是否适用该程序的法官是负责初期侦查的预审法官。上述特点也是其他特殊程序的共同特征,为了避免重复,在下面的阐述中就不再赘述。

是否适用这一程序须由法官审查决定。法官以裁定的形式就是否适用该程序做出决定。如果他认为根据现有文书可以结束诉讼,则决定实行简易审判程序;如果法官认为卷宗中的证据不足以证明被告人有罪,他有权拒绝举行简易审判程序。但 2003 年改变了上述规定,法官不得再以卷宗中证据不足而拒绝适用简易审判程序。② 一旦法官接受了举行简易审判的要求,他就应当对控诉方的卷宗材料进行全面的审查,而不举行公开的法庭审理。③

而且,接受或者拒绝简易审判的裁定应当至少先于庭审之日 3 日储存于文书室。在初步庭审时提出适用简易审判程序时,法官当庭做出决定,并宣读自己的裁定。对于法官拒绝适用简易审判程序的裁定,当事人不得提出上诉,但是可以在初步庭审中公诉人和辩护人提出各自的结论前重新提出适用简易审判程序的要求。这就赋予了被告人再次要求适用该程序的可能性。

6. 简易审判的进行。在简易审判中,遵循初步庭审中可适用的

---

① 王国枢、项振华:《中外刑事诉讼简易程序及比较》,载《中国法学》1999 年第 3 期。

② 陈卫东、刘计划、程雷:《变革中创新的意大利刑事司法制度》,载《人民检察》2004 年第 12 期。

③ 陈瑞华:《美国辩诉交易与意大利刑事特别程序之比较》(上),载《政法论坛》1995 年第 3 期。

规定。这意味着审判在合议室中进行,书面的证据概要代替了口头的证言。[①] 法官应当至少提前 10 日通知公诉人、被告人、辩护人、被害人庭审日期、时间和地点,并在同一期限内传唤民事负责人和对财产刑承担民事责任的人。庭审以讨论的形式在法官的主持下进行,讨论结束后,由法官依法做出裁决。讨论在合议室中进行,但是公诉人和辩护人必须参加庭审。依简易审判程序审判的被告人一般应出庭受审,由于不可抗力等意外事件或者其他合法原因,被告人未能到庭的,法官应重新确定庭审日期并予以通知。否则,法官应宣布被告人缺席,审判可以在被告人缺席的情况下进行,因为调取证据的原因必须要求被告人到庭的,法官应当将其拘传到庭受审。[②]

依据该法第 421 条,法官首先对当事人的设立进行审查,经过审查确立为当事人的,可传唤其参加庭审。在得知决定实行简易审判的裁定之后设立的民事当事人,视为接受该简易程序,不得对该简易程序的适用提出异议。如果民事当事人不接受简易程序,不适用第 75 条第 3 款的规定。该款规定,如果在设立民事当事人之后或者在宣告第一审刑事判决之后对被告在民事法院提起诉讼,在刑事判决最终生效之前,民事诉讼暂时停止。

然后宣布开始讨论。讨论程序与正式审判程序不同:它并没有对抗式的法庭调查程序,不适用直接、言词的审理原则,证人不出庭,而且法官采取独任法官制,限制辩论的次数,从而大大地提高了

---

① Stephen P. Freccero, "An Introduction to the New Italian Criminal Procedure", *American Journal of Criminal Law* 21, 1994.

② 王国枢、项振华:《中外刑事诉讼简易程序及比较》,载《中国法学》1999 年第 3 期。

诉讼的效率。合议讨论首先由公诉人概要地介绍初期侦查的结果和要求提交审判所依据的证据材料。被告人可以要求接受讯问。然后,按顺序由民事当事人的辩护人、民事负责人的辩护人、对财产刑承担民事责任的人的辩护人和被告人的辩护人发言,进行辩护。公诉人和辩护人只可做一次答复。然后,由公诉人和辩护人提出并且解释各自的结论,移送规定的文书和文件。如果法官认为可以根据现有文书做出裁决,就宣布结束讨论。庭审笔录可以摘要的形式制作。在宣布讨论结束后,法官应当立即做出裁决。

在简易审判程序中适用的初步庭审程序与依普通程序进行的初步庭审不同,法官不能为了裁决的目的了解情况。在依普通程序进行的初步庭审中,如果根据合议的情况,法官认为还有新的问题或者尚未解决的问题需要进一步了解才能做出判决时,可以在讨论结束后向当事人提出上述问题。对此,公诉人和辩护人可以提交文件,要求询问证人和技术顾问,讯问相互牵连的诉讼中的被告人。任何情况下,被告人可以要求接受讯问。如果法官允许对其加以询问或讯问的人不在场,法官裁定实行传唤并确定重新开庭的时间。但是,依据简易审判程序进行的审理不得实行上述行为。这是因为适用简易审判的案件要求适用该程序的前提条件是能够根据现有的证据材料定案。

而且,在简易审判程序中,不得对控告加以变更。如果在庭审中发现事实不同于指控中描述的事实或者出现根据第 12 条第 1 款第 2 项的规定具有牵连关系的犯罪或某一加重情节,公诉人也不得对指控加以更改。如果查明被告人应对未列入审判要求中的新犯罪负责且对于该犯罪应提起公诉,公诉人也不得在简易审判程序中要求增加审理,对该犯罪提出指控。

7. 裁决。在初步庭审讨论结束之后,法官应做出裁决。除量刑的幅度以外,裁决的做出与普通程序的规定并无不同。裁决包括不应追诉的判决、无罪的判决和对被告人定罪的有罪判决。如果犯罪已经消灭、存在不应当提起刑事诉讼的原因或者不应当继续进行刑事诉讼的原因,法官应当宣告不追诉判决,并列举有关的原因。当在是否存在追诉条件问题上证据不足或者相互矛盾时,法官以同样的方式处理。如果行为不被法律规定为犯罪,如果查明事实不成立、被告人未实施被指控的行为、行为不构成犯罪,如果行为人属于不可归罪的人或者因任何原因而不可受罚,则应当做出无罪判决。在宣告无罪判决的同时可以适用保安处分。

可见,在意大利对于应当做出不追诉判决和无罪判决的案件,同样可能用简易审判程序审理,而且不存在因为要做出上述判决而将程序转换为普通程序的问题。这样更加突出体现了对被告人权利的保障。但被告人被判处不应追诉的判决、无罪的判决的可能性很小,因为呈现在初步庭审法官面前的文件都是公诉人提供的,不仅如此,被控方还没有被授予完全的提供证据的能力。实际上,被告人基本上不能通过提供决定性证据对抗检察官,或者更幸运一些,在检察官所提供的证据不充分时做出某种辩护,但被告人根本不可能提供证据来改变检察官原来的选择。①

如果查明被告人犯有被指控的罪行,法官宣告处罚判决,适用刑罚和保安处分。同时,法官还应当对诉讼费用的承担、对民事问题等做出裁决。在判罚的情况下,法官在考虑到一切情节后所确定的刑罚应当减少 1/3。无期徒刑由 30 年有期徒刑替代。2017 年"奥

---

① Michele Massa, *Criminal Procedure in Italy* (Paperrepresented at the Beijing International Symposium on Criminal Procedure,1994),p. 11.

兰多法”进一步强化了适用简易程序的激励机制，在《刑事诉讼法典》第442条第2款加入一句，被告人请求适用简易程序的，“违警罪的刑罚应减少一半，而重罪应减少三分之一”（原先均为三分之一）。[①] 但是，由于宪法法院裁定对于应当判无期徒刑的案件适用简易审判程序违反宪法，法院不能依简易审判程序审理应当判处无期徒刑的案件。可见，简易审判程序主要是通过量刑上的大幅度降低而体现对被告人选择适用该程序的奖励。而且，减少的量刑幅度通过法律明确规定下来，一方面防止法官滥用自由裁量权，另一方面也有利于诉讼双方对量刑结果的预期，从而做出明智的决定。

8.对上诉的限制。在依普通程序适用初步庭审做出不追诉判决时，共和国检察官和检察长可以提出上诉，除非是在判决中宣告事实不成立或者被告人未实施行为；同时，被告人也可以提出上诉。但是在依照简易审判程序而适用初步庭审的有关规定审理的案件中，对上诉进行三方面的限制。一是被告人和公诉人不得针对以下判决向上级法院提出上诉：开释判决，如果上诉是为了获得不同的处置；决定适用替代性刑罚的判决。而开释判决包含了不追诉的判决。二是被告人不得针对判处不需要执行的刑罚的判决或者仅判处财产刑的判决向上级法院提出上诉。三是公诉人不得针对处罚判决向上级法院提出上诉，除非该判决对罪名做出修改。2007年7月20日意大利宪法法院作出第320号判决，明确检察院对于未经过检察官同意而适用简易审判程序并获得无罪判决有权提出上诉。[②]

① 施鹏鹏：《迈向刑事诉讼的宪法化——意大利的“奥兰多”改革及其评价》，载《国家检察官学院学报》2019年第2期。

② 陈超：《意大利刑事特别程序研究》，西南政法大学2010年博士学位论文，第63页。

(二)依当事人的要求适用刑罚

依当事人的要求适用的刑罚,学界称为意大利式辩诉交易程序,是指在宣布开始第一审法庭审理之前,未提出适用简易审判程序申请的被告人和检察官可以要求法官按照其双方的协议确定应适用的刑罚,法官即以判决的形式确认双方协议或依被告人的要求自行判决应适用的刑罚的简易刑事程序。这是意大利引进英美对抗式诉讼制度时,吸收其辩诉交易中的实质内核加以改造形成的。然而,这一制度的实施并不顺利。1990 年,意大利的宪法法院做出了一系列判决,指出该制度违背了宪法中的无罪推定原则。因为它并没确立较为完善的司法审查程序以确保在被告人的实际罪行与控辩双方协议中所提出的刑罚之间保持适当的平衡。该法院要求预审法官在根据控辩双方的协议做出判决后还应该判决提交其他法官再进行一次司法审查,以确保判决的合理性和统一性。这样,在意大利的辩诉交易程序中,控辩双方提出的直接适用刑罚的请求必须同时经过预审法官和其他审判法官主持的两次司法审查,使法官对该程序的控制进一步得到了加强。[①]

1. 适用范围。《意大利刑事诉讼法典》第 444 条第 1 款规定,被告人和公诉人可以要求法官按照自己提议的种类和标准适用替代性刑罚或减轻 1/3 的财产刑,或者适用监禁刑,只要根据具体情节并在减少 1/3 后该监禁刑不超过单处或与财产刑并处的 2 年有期徒刑或拘役。可见,当事人要求适用的刑罚包括:替代性刑罚、减轻 1/3 的财产刑和根据具体情节并在减少 1/3 后该监禁刑不超过单处或与财产刑并处的 2 年有期徒刑或拘役。根据 2003 年 6 月 12 日意大利

① 陈瑞华:《美国辩诉交易与意大利刑事特别程序之比较》(下),载《政法论坛》1995 年第 4 期。

议会通过第 134 号法律，专门针对辩诉交易程序相关法条进行修改。意大利式的辩诉交易可适用案件的最高刑期由原来的 2 年提高到 5 年，但有组织犯罪除外。[①] 另外，根据该条第 3 款的规定，当事人也可以基于要求适用缓刑而要求适用该程序。

2. 程序的提出。在宣布开始第一审法庭审理之前，当事人均可提出适用该程序的要求。依当事人要求适用的刑罚可以由被告人和公诉人提出。也就是说当事人可以在初步侦查、初步庭审和第一审法庭审理开始前提出要求适用该程序。2006 年 4 月 3 日意大利议会通过第 152 号法律规定了适用假释的特许情况。如果假释裁决能够恢复社会秩序，消除环境的危害或损失，审判法官可以依据当事人协议做出假释裁定。[②]

3. 当事人同意适用该程序。在开始第一审法庭审理之前，任何一方当事人均可表示对一方适用该程序的要求的同意，即便先前反对过该要求。但是，法律对公诉人是否同意适用该程序做出了特殊的限制。被告人提出采用辩诉交易程序的申请后，检察机关认为侦查结果还不能明确表明被告人有罪时，可以以无明确的证据材料、法律文书为由拒绝被告人的申请，不同意采取辩诉交易程序。但公诉人如果不同意上述要求，应当说明理由。被告人如果不同意检察官提出的适用该程序的要求却并不需要说明理由。可见，为了鼓励适用该程序，法律限制了公诉人的意愿。在庭审中，上述要求和对该要求的同意以口头方式提出；在其他情况下，以书面形式提出。被告人亲自或者通过特别代理人表达自己的意愿，并且依照第 583

① 陈卫东、刘计划、程雷：《变革中创新的意大利刑事司法制度》，载《人民检察》2004 年第 12 期。

② 陈超：《比较法视野下的意大利辩诉交易制度》，载《人民司法》2010 年第 19 期。

条规定的程序对签名加以确认,即签名应当经过公证人、其他被授权人或者辩护人确认。

4. 法官的审查。适用该程序必须建立在被告人同意的基础上。而且,对适用该程序的要求和同意必须是建立在被告人自愿的基础上,对此法官负有责任查明,但这并不是案件的必经程序,只有法官认为被告人是否自愿存在疑问的时候才需要查明。《刑事诉讼法典》第446条第5款规定,如果法官认为需要审查适用该程序的要求或者对该要求的同意是否出于自愿,他将决定传唤被告人出庭。如果公诉人不同意适用该程序,法官则要审查公诉人不同意的理由是否成立,如果不成立,则裁决直接依被告人的请求适用该程序。2017年,"奥兰多法"在《刑事诉讼法典》第130条中加入法官的职权矫正机制,新的第1-1款规定"如果在依当事人请求适用刑罚的程序中,仅因名称或计算错误而导致刑罚的种类和数量需要进行修改,则作出判决的法官可依职权裁定予以矫正"。如果当事人已对判决提起上诉,则最高法院应依第619条第2款之规定依职权进行矫正。①

在初期侦查过程中,如果法官接到适用刑罚的要求和另一方当事人对该要求的同意,他在该要求上签注自己的命令,确定庭审的时间。在必要时,要求提出要求的人在一定的期限内向另一方当事人实行送达。公诉人的卷宗至少先于庭审前3日储存在法官的文书室。如果要求是由一方当事人提出的,法官为另一方当事人表示同意或不同意规定一个期限,并决定上述要求和自己关于期限的命令由提出要求的人负责送达。在上述期限届满前,不允许撤销或者变

① 施鹏鹏:《迈向刑事诉讼的宪法化——意大利的"奥兰多"改革及其评价》,载《国家检察官学院学报》2019年第2期。

更要求,在同意的情况下,依照第 1 款的规定处理。在开庭时,听取出庭的公诉人和辩护人的意见。可见,法官承担了一个较为积极的角色,被告人可以直接向法官提出适用该程序的要求,而不是要求必须在双方达成协议后才能向法官提出该要求。

对于适用该程序的案件,法官并不进行正式审判程序。由于依照法律规定,在初步侦查中适用该程序的案件,公诉人的卷宗至少先于确定的庭审日 3 日储存于法官的文书室,在初步庭审中法官也可以接触到移交的卷宗。一般认为,法官对定罪、量刑的罪行相适应负有审查职责,宪法法院在关于辩诉交易的一个裁决中认为,法典的规定中没有要求在犯罪和协商的刑罚之间保持一种适当的平衡也是违宪的。[①] 所以,法官必须庭前阅卷,再根据庭审日听取出庭的公诉人和辩护人的意见做出裁决。

5. 裁决。在初期侦查过程中要求适用刑罚而导致的在庭审中、在初步庭审中或者在审判中,如果法官认为条件具备,则应当立即宣告判决。如果未提出简易审判要求的当事人表示同意并且不应当依照第 129 条的规定宣告开释判决,当法官根据材料认为当事人对行为的法律定性以及对有关情节的适用和比较是正确的时候,则以判决的形式适用所提议的刑罚,在判决书中说明当事人提出了该要求。法官应当按照当事人提议的种类和标准适用替代性刑罚或减轻 1/3 的财产刑,或者适用监禁刑,但根据具体情节并在减少 1/3 后该监禁刑不超过单处或与财产刑并处的 5 年有期徒刑或拘役。如果设立了民事当事人,法官不对有关要求做出裁决,不适用第 75 条

---

① Luca Marafioti, *The New Italian of Criminal Procedure*: *The Clash between an Adversarial System and an Inquisitorial Foundation* (Paperrepresented at the Beijing International Symposium on Criminal Procedure, 1994), pp. 24-25.

第3款的规定。该款规定,如果在设立民事当事人之后或者在宣告第一审刑事判决之后对被告在民事法院提起诉讼,在刑事判决最终生效之前,民事诉讼暂时停止。

《刑事诉讼法典》第448条第1款规定,在第一审法庭审理结束后或者在上诉审中,如果法官认为公诉人的反对没有根据并且认为被告人所要求的刑罚适宜,也立即宣告判决。也就是说,如果公诉人不同意被告人提出的适用该程序的要求,而在依正式审判程序审查案件后,或者在上诉审中,法官认为公诉人的反对没有根据并且认为被告人所要求的刑罚适宜的,可以不理会该反对意见,直接依照被告人的要求适用该程序做出裁决。

6. 裁决的效力。根据第445条的规定,依当事人的要求适用刑罚做出的判决,在效力上具有一定的限制。首先,法官作出的判决单处监禁刑或合处罚金不超过2年有期徒刑,不会导致判处支付诉讼费、适用附加刑和保安处分。但在《刑法典》第240条第2款规定情况中的没收财产除外。其次,当在法庭审理后宣告判决时,上述判决在民事审判或行政审判中也不具有效力。除法律另有规定外,上述判决等同于宣告处罚。最后,如果判决涉及的是重罪并且被告人在5年的期限内未实施重罪,或者判决涉及的是违警罪并且被告人在两年内未实施相同性质的犯罪,犯罪消灭。在这种情况下,一切刑事后果均消灭;如果适用了财产刑或者某项替代性刑罚,上述适用不妨碍随后暂缓执行刑罚。2003年第134号法律第2条第1款b项规定限制了该范围:在该程序中,只有所判处单处或合处罚金刑不超过2年有期徒刑的重罪案件,被告人在5年的期限内未实施重罪,犯罪消灭,刑事后果也消灭。[①]

7. 上诉。上诉只能在一种情况下提出。只有在第一审法庭审理结束后或者在上诉审中,如果法官认为公诉人的反对没有根据并且认为被告人所要求的刑罚适宜,以被告人的要求适用刑罚的情况下,即在公诉人不同意的情况下,公诉人可以提出上诉;在其他情况下,判决是不可上诉的。而被告人是没有对适用该程序做出的裁决提出上诉的权利的。“奥兰多法”对《刑事诉讼法典》第 448 条第 2 款进行了修改,规定检察官和被告人均可以对刑事协商的判决提出撤销审之诉的申请,但不再援引第 606 条所规定的理由,而仅得是“被告人意志表达相关的原因、请求与判决之间的相关性欠缺、犯罪行为的法律定性不准确或者刑事处罚、保安处分非法”。这一新的条款间接地强化了当事人在协商性司法中的权力和责任。[②]

在意大利刑事诉讼中,依当事人要求适用刑罚的程序与英美普通法的辩诉交易较为相似,即都是起诉方和被告方对量刑进行的商讨;都需要根据当事人提出的要求进行,法官不是根据职权进行;对被告方的刑罚都有一定的减轻。但是,意大利式辩诉交易并非对英美辩诉交易程序的照搬,它具有自己的特点。

其一,程序适用的范围受到限制。一方面,普通法的辩诉交易内容可以涉及定罪和量刑。控辩双方对起诉的罪名、量刑的轻重都可以进行讨价还价。控方做出的让步可以是撤销部分指控、降格指控或者是要求法官适用较轻的刑罚。而意大利的辩诉交易内容只允许控辩双方对适用的刑罚进行磋商,不能对指控的罪名进行交

① 陈超:《比较法视野下的意大利辩诉交易制度》,载《人民司法》2010 年第 19 期。

② 施鹏鹏:《迈向刑事诉讼的宪法化——意大利的“奥兰多”改革及其评价》,载《国家检察官学院学报》2019 年第 2 期。

易,也不能以撤销指控、降格指控作为交易。另一方面,意大利适用该程序的案件范围并不是毫无限制的。意大利的辩诉交易只能适用于适用替代刑或减轻1/3的财产刑,或者适用监禁刑,只要根据具体情节并在减少1/3后该监禁刑不超过单处或与财产刑并处的5年有期徒刑或拘役的案件。而美国的辩诉交易可以适用于一切刑事案件,包括可能判处死刑的案件。

其二,程序的启动权更容易行使。在美国的辩诉交易中,程序的提起需要由控辩双方协商达成协议,通常控方起着积极的主导作用。双方的协商一致并形成书面的协议,是向法官要求适用辩诉交易程序的前提。而在意大利式辩诉交易中,程序的提起不以当事人双方协商一致为前提,程序的启动也并不绝对的要求双方达成书面协议。任何一方当事人都可以单独向法官要求适用程序,再由法官征求另一方当事人的意见,在庭审中,适用该程序的要求用书面或口头方式提出都允许。而且依据第448条第1款,在只有被告方单独提出适用该程序的要求而公诉方反对时,法官也可以适用该程序。

普通法的辩诉交易属于审前阶段的程序,只能在法庭开庭审理之前进行。如果在开庭前控辩双方没有达成一致,控方将按照自己认定的罪名起诉。如果被告人在法庭审理开始后承认有罪,可以不召集陪审团,但是不会允许双方再进行协商交易。意大利式的辩诉交易作为一种特别程序,几乎在诉讼的任何阶段都可以适用。在第一审法庭审理结束后或者在上诉审中,如果法官认为公诉人的反对没有根据并且认为被告人所要求的刑罚适宜,也应立即适用该程序宣告判决。

其三,法官的作用更加积极。普通法的辩诉交易是在庭外进行的,控辩双方协商一致后,向法官提交答辩协议。法官不参与协议内容的达成。法庭告知被告人的权利和辩诉交易的后果,审查被告人是否在自愿的情况下认罪。法官的作用是消极的,只需考虑是否接受该答辩协议。而在意大利的辩诉交易中,法官从一开始就是不可缺少的。法官不仅要开庭听取出庭的公诉人和辩护人的意见,而且要“根据材料认为当事人对行为的法律定性以及对有关情节的适用和比较是正确的时候”,才能同意当事人双方的协议,即对案件要进行实体审查。法官应当审查事实,保障量刑协议与犯罪的情节之间的相适应性。甚至可以在只有被告人提出请求时,认为公诉方反对适用该程序没有理由而决定适用该程序。这种情况实际上已变成法官越过检察官而直接与被告人达成协议,法官对当事人双方的自由处分权实施相当大的限制。[①] 可见,法官的作用是相当积极的。

其四,检察官的权利不同。在美国的辩诉交易程序中,检察官在决定是否与被告人进行交易上拥有非常大的不受司法审查的决定权。美国式的辩诉交易很大程度上依赖于检察官巨大的自由裁量权。换言之,没有检察官的同意和在指控、量刑建议等问题上的裁量权,就绝不会产生辩诉交易制度。而意大利的辩诉交易即使在检察官不同意进行交易的情况下,为了确保被告人获得程序的利益,法官也要审查检察官的决定是否适当。法典中规定,当被告人要求适用该程序而检察官不同意时,则要求检察官必须提出拒绝适用该程序的正当理由。[②] 如果在审判后法官认为公诉人的反对没有根据并且认为被告人所要求的刑罚适宜的,可以不理会该反对意

---

① 陈瑞华:《刑事审判原理论》,北京大学出版社 1997 年版,第 387 页。

② Stephen P. Freccero, “An Introduction to the New Italian Criminal Procedure”, *American Journal of Criminal Law* 21, 1994.

见,直接依照被告人的要求适用该程序做出裁决。

其五,法律后果更具有诱惑力。在普通法的辩诉交易中,被告人一旦接受协议就要做出有罪答辩。被告人将在没有陪审团参与的情况下接受法庭的有罪判决并承受一定的刑罚。被告人只能获得定罪、量刑上的优惠。被告人仍具有刑事处罚的记录。但是,意大利式的辩诉交易为了鼓励更多地适用该程序,规定了特别有利被告人的几个内容:首先,可以适用替代刑或减轻 1/3 的财产刑,或适用监禁刑;其次,通过辩诉交易程序处理的案件,被告人不会被判处支付诉讼费、适用附加刑(没收财产刑例外)和保安处分,并且该判决“在民事审判或行政审判中也不具有效力”;最后,通过该程序被判处刑罚的被告人,在一定条件下,经过一定时效,犯罪消灭。“在这种情况下,一切刑事后果均消灭。”这种处置方式对被告人具有更大的诱惑力。

其六,被告人无须做有罪答辩。意大利式的辩诉交易与美国不同,当被告人通过请求适用协议的刑罚而明确接受有罪认定时,并不要求被告人公开做承认有罪的意思表示,①即意大利新《刑事诉讼法典》删去了将被告人做有罪答辩(或曰认罪答辩)作为辩诉交易的前提条件的规定,因为意大利新《刑事诉讼法典》的起草者担心,以承认有罪为前提会损害意大利宪法规定的对所有被告人实行无罪推定原则。而美国的辩诉交易中,被告人必须做有罪答辩。②

(三)快速审判程序

意大利从可变性预审中分离出另两种不同于普通审判的审判

① Stephen P. Freccero, “An Introduction to the New Italian Criminal Procedure”, *American Journal of Criminal Law* 21, 1994.

② 程味秋:《〈意大利刑事诉讼法〉简介》,载《意大利刑事诉讼法典》,黄风译,中国政法大学出版社 1994 年版,第 8 页。

形式，即快速审判和立即审判。如果庭前审查发现有明显的有罪证据，被指控人可不经预审而直接接受法庭审判。① 快速审判程序是指对被告人在犯罪时被当场逮捕，且逮捕获得认可，检察官认为应当予以追诉的案件，或者逮捕虽未获得认可但被告人和检察官同意适用该程序的案件，或者被告人在讯问中做出认罪答辩的案件，案件不经初步庭审程序，而由检察官直接将案件提交审判法官，按照普通程序进行审理的程序。适用快速审理程序审理由于省略了初步庭审程序直接进入庭审程序而提高了诉讼效率，但由于案件仍然按照普通程序的审理规则进行案件的庭审，能确保被告人受到公正的司法审判。

1. 适用快速审判程序的情况和方式。快速审判程序适用于任何刑期的案件。根据《意大利刑事诉讼法典》第 449 条的规定，适用快速审判程序的情况和方式有四种：首先，如果某人在犯罪时被当场逮捕并且公诉人认为应当予以追诉，可以直接将处于逮捕状态的人提交法官，以便在自逮捕之后的 48 小时内获得对逮捕的认可并使该人同时受到审判。如果逮捕获得认可，则立即开始进行审判。其次，如果逮捕未获得认可，法官将文书退还公诉人，但当被告人和公诉人同意实行快速审判时，法官也可以决定实行该程序。再次，如果当场逮捕已经得到认可，但要求对当场逮捕进行认可的时候并没有提出适用快速审判程序，那么，公诉人还是可以要求实行快速审判。在这种情况下，被告人须在自被逮捕后的 14 日内被提交给法庭。这主要是因为，被告人虽然被当场逮捕但是案件的证据可能仍然存在缺陷，侦查机关需要一定的时间进一步地获取证据，核实证

① 柯瑞丝迪娜：《欧美刑事司法撷萃》，王大伟译，中国人民大学出版社 2000 年版，第 156 页。

据,以便使案件的证据更加确实、充分。所以,为了给控方进一步调查取证的时间,同时又要保障在一定的时间内迅速进行审判,法律规定逮捕后的 14 日作为控方进一步调查的期限,超过这个期限,说明案件的证据存在一定的问题,不适宜适用快速审判程序。2008 年 5 月 23 日,意大利议会第 92 号法律对刑事诉讼法进行了修改,检察官向法官提出适用直接审判程序申请的期限由 15 日改为 30 日,"这是基于严重犯罪导致的案件复杂性的原因"。① 最后,对于在讯问过程中做出坦白的人,公诉人也可以实行快速审判。假如被告人在正式讯问时做出坦白,检察官可以立即要求法官对其适用快速审判程序进行听证。② 被告人在自登记犯罪消息后的 14 日内被传唤出庭受审。而因受追诉行为处于预防性羁押状态的被告人则在同一期限内被提交给法庭。2008 年 5 月 23 日第 92 号法律对《刑事诉讼法典》第 449 条第 5 款进行了修改,延长了被告人在讯问过程中作出坦白之后被传唤出庭受审的时间。③ 然而,黑手党犯罪的案件、宗族、宗教犯罪案件,少年犯罪被当场发现时,一般不适用直接审判程序。④

如果要求实行快速审判的犯罪与其他不符合该程序所要求的条件的犯罪相互牵连,对其他犯罪以及其他被告人分别进行诉讼,除非这样做将严重影响侦查工作。如果必须进行合并审理,在任何情况下,普通程序优先。

2. 程序的提出。提出适用快速审判程序是检察官的权力,被告

---

① 陈超:《意大利刑事特别程序研究》,西南政法大学 2010 年博士学位论文,第 83 页。

② Stephen P. Freccero, "An Introduction to the New Italian Criminal Procedure", *American Journal of Criminal Law* 21, 1994.

③ 陈超:《意大利刑事特别程序研究》,西南政法大学 2010 年博士学位论文,第 83 页。

④ 陈超:《意大利刑事特别程序研究》,西南政法大学 2010 年博士学位论文,第 84 页。

人并没有主动提出适用快速审判程序的权利。公诉人如果认为应当实行快速审判,则立即将被当场逮捕的被告人或者处于预防性羁押状态的被告人提交法庭。如果被告人未受关押,公诉人传唤他出庭接受快速审判。出庭的期限不得低于 3 日。公诉人制作的命令,连同第 431 条规定的为法庭审理准备的卷宗,一并移送给负责审判的法官的文书室。公诉人还负责将关于审判日期的通知立即送达辩护人。辩护人有权在公诉人的秘书室查阅关于侦查工作的材料并取得有关文书的副本。

3. 法官的审查。一般来说,法官对于是否应当快速审判并不做审查,直接依据检察官的要求启动快速审判程序。但是,当法官对当场逮捕进行认可时,就意味着案件具有提交审判的正当性。因为,根据《意大利刑事诉讼法典》第 380 条至第 382 条的规定,当场逮捕的一个重要条件就是要求“当场发现”。而当场发现是指,在实施犯罪时被发现,在实施犯罪后立即受到司法警察、被害人或其他人追踪以及根据物品或痕迹被认为刚刚实施了犯罪,或者对于持续犯罪,在持续状态终止之前均可构成当场发现。这样说来,当场逮捕的案件都具有有力的人证或者物证,所以一旦当场逮捕被认可,则认为案件具备了提起公诉的证据标准。同样,在讯问中做出坦白的情况也是如此。在意大利,犯罪嫌疑人、被告人享有沉默权,被告人接受讯问时,必须有辩护律师在场。如果被告人放弃沉默权做出陈述,则该陈述具有非常强的证明力,以至于可以直接将案件提交审判,而无须审查起诉。

4. 快速审理的进行。在快速审理过程中,遵守普通程序正式审判的有关规定。但是意大利还是规定了一些特殊的简化程序如:首先,被害人和证人可以由司法执达吏或者司法警员口头传唤出庭。

而在普通程序中,需要由法院或陪审法院的院长以命令的形式批准传唤。其次,公诉人、被告人和民事当事人可以在法庭审理中直接提出自己的证人。而在普通程序中,如果当事人打算询问证人、鉴定人或技术顾问,应当至少先于开庭前 7 日向文书室储存名单并且说明需要了解的情形,否则有关要求不可接受。但快速审理程序可能在被告人被当场逮捕后的 48 小时内开始审判,所以上述普通程序中的规定必须进行简化,缩短传唤证人的时间。再次,如果被告人未受到关押,公诉人在传唤被告人出庭的时候告知对被告人的指控;在其他情况下,公诉人在庭审时向在场的被告人通知对他的指控。而在普通程序中,被告人必须于开庭之前获知对其的指控。在初步审理后,审判令应当至少提前 20 日向未出庭参加初步庭审的被害人和被告人送达。最后,在快速审理过程中,庭长还应告知被告人有权要求适用简易审判程序和该法第 444 条规定的“依当事人要求适用刑罚”的程序。同时,被告人还应被告知有权获得不超过 10 日的期限准备辩护。如果被告人提出需要时间准备辩护,法庭审理停缓,直至 10 日的期限届满后而立即进行下一次庭审。但在普通程序中由于在发布审判令和审判之间的间隔期不少于 20 日,所以被告人至少有 20 日的时间准备辩护。但在快速审判中,将被告人准备辩护的时间缩减为 10 日,而且将该期限规定为辩护人可以选择主张,也可以放弃的权利。可见,法律力图在保障被告人在立即审判程序中的辩护权和提高诉讼效率之间寻求平衡。

5. 程序的变更。如果在审理的过程中发现快速审理是在该法第 449 条规定的适用快速审判程序的情况和方式以外提起的,将导致法官裁定将有关文书退还公诉人,而不适用快速审判程序。

如果被告人要求实行简易审理程序并且公诉人表示同意,在宣告法庭审理开始之前,法官裁定继续进行审判,并遵守为初步庭审规定的可适用的程序。当法官认为不可能根据现有材料做出裁决时,向当事人指出新的或者尚未解决的问题,并作为裁决而依照第422条规定的"为裁判的目的了解情况"的程序获取必要的材料。这就意味着,在讨论结束后可以向当事人提出新的或者尚未解决的问题,对于这些问题需要进一步了解情况才能做出裁决。公诉人和辩护人可以提交文件,要求询问证人和技术顾问,讯问相互牵连的诉讼中的被告人。任何情况下,被告人可以要求接受讯问。如果法官允许对其加以询问或讯问的人不在场,法官裁定实行传唤并确定重新开庭的时间。应当在20日内重新开庭。

但是,依据简易审判进行的审理程序不得实行上述行为。这是因为简易审判程序是建立在充分的初步侦查的基础上,而快速审理程序由于要省略初步庭审,有时甚至省略、简化初步侦查程序,导致案件的证据调查可能存有缺陷,但案件的主要证据是确实、充分的,所以在快速审理程序中规定可以为裁决的目的了解情况。裁决和上诉程序与适用简易审判程序的规定相同。

如果被告人要求适用"依当事人要求适用刑罚"的程序,法官按照依要求适用刑罚的要求审查是否适用该程序,如果适用,则依照该程序的规定进行裁决。

6. 裁决和上诉程序。对于依照立即审判程序审理做出的裁决,完全适用普通程序做出裁决和上诉的有关规定。不适用"在判罚的情况下,法官在考虑到一切情节后所确定的刑罚应当减少1/3"的规定。而且,依照普通审理程序做出的裁决对上诉不进行限制。

(四)立即审判程序

立即审判程序,是指在开始对犯罪进行侦查的一定日期内,调查已经表明有清楚的证据证明被告人有罪,并且已经讯问了被告人,检察官可要求免除初步庭审而立即审判,被告人也可以放弃初步庭审的权利要求立即审判,由法官决定是否同意,按照普通程序进行审理的程序。立即审判程序与快速审判程序有很多的相同之处,主要也是通过省略初步庭审程序,使案件快速进入正式审判而提高诉讼效率的简易刑事程序。

1. 适用立即审判程序的情况和方式。立即审判程序也适用于一切刑期的案件,只要符合法定的情形。主要有两种情形:一种是证据清楚时公诉人在预先讯问被告人后可以要求实行立即审判;另一种是被告人可以放弃参加初步庭审的权利而进行立即审判。

如果要求实行立即审判的犯罪与其他不符合立即审判的条件的犯罪相互牵连,对其他犯罪以及其他被告人分别进行诉讼,除非这样做将严重影响侦查工作。如果必须进行合并审理,在任何情况下,普通程序优先。

2. 立即审判的提出。立即审判程序的提出具有一定的时间要求,即自登记犯罪消息[①]后的 90 日内,公诉人向负责初期侦查的法官的文书室移送关于立即审判的要求。2008 年第 92 号法律第 2 条规定,对于严重犯罪和少年犯罪,检察官提起适用立即审判要求时间由 90 日内延缓到 180 日以内。[②] 该“要求”要遵循第 417 条的规定,具有特定的形式要求,包括以下内容:一是被告人的一般情况或

---

① 根据《刑事诉讼法典》第 335 条规定的对犯罪消息的登记制度,公诉人应当立即在保存在其办公室中的专门登记簿上记录一切向他汇报的或者主动获取的犯罪消息,同时或者自查明时起登记被指控犯罪者的姓名。如果在初期侦查期间事实的法律性质发生变化或者出现其他情况,公诉人负责更新上述登记,但无须重新进行登记。

② 陈超:《意大利刑事特别程序研究》,西南政法大学 2010 年博士学位论文,第 84 页。

其他足以辨别该人的人身情况、犯罪被害人的一般情况；二是叙述事实、各种加重情节和可能导致适用保安处分的情况，列举有关的法律条文；三是指出已经获取的证据材料；四是要求法官发布审判令；五是日期和签字。这是典型的立即审判的情形。依此种方式适用该程序并不需要被告人的同意，但必须在讯问被告人之后提出该要求。而且在提出上述要求时，移送含有以下材料的卷宗：犯罪消息、有关已进行的侦查工作的文件和关于在负责初期侦查的法官面前开展的活动的笔录。犯罪物证和与犯罪有关的物品，如果无须另地保存，则一并附入上述卷宗之中。这就为法官审查公诉人的要求是否适当提供了证据上的依据。

被告人可以要求依照第 419 条第 5 款的规定实行立即审判，即被告人可以放弃参加初步庭审的权利，并且可以通过向文书室提交声明要求立即审判，该声明由其本人或者通过特别代理人至少提前 3 日提出。上述弃权书由被告人负责向公诉人和被害人送达。

3. 法官的审查。对于公诉人、被告人提出的立即审判的要求，法官负有审查的义务，主要是审查案件是否符合适用该程序的条件。法官应当在 5 日内发布命令，决定实行立即审判或者驳回有关要求，将有关文书传递给公诉人。2008 年 5 月 23 日第 92 号法律增加了一条规定“如果偶发性严重犯罪被告人的预防性羁押被撤销或者取消，法官应该拒绝适用立即审判程序”。[1] 如果实行立即审判，法官要签发立即审判令。法官的立即审判令是启动立即审判程序的要件。与普通程序不同，立即审判令还应当通知被告人可以要求实行简易审判或者依照第 444 条的规定适用依当事人要求适用的

① 陈超：《意大利刑事特别程序研究》，西南政法大学 2010 年博士学位论文，第 89 页。

刑罚。立即审判令应当至少先于审判之日20日通知公诉人,并且向被告人和被害人送达。向被告人和被害人一并送达的还有公诉人的要求。并且应当至少先于审判之日20日向被告人的辩护人送达开庭通知。

4. 立即审判的审理。立即审判依照普通审理程序中的法庭审理程序审理案件。而且与快速审判不同,快速审判中规定的一些与普通审理程序不同的特殊的简化程序在立即审判中并不适用。

5. 程序的变更。在向被告人送达立即审判令后的7日内,被告人可以要求实行简易审判,逾期失效。被告人提出要求时,应向负责初期侦查的法官的文书室储存上述要求和已向公诉人实行了送达的证明。在自送达上述要求后的5日内,公诉人可以表示自己的同意。如果上述要求是可接受的并且公诉人表示了自己的同意,法官以命令的形式确定开庭的日期,并至少提前5日通知公诉人、被告人、辩护人和被害人。然后,适用简易审判程序中规定的审理、裁决和对上诉的限制的有关规定。

依据《刑事诉讼法典》第441条第1款的规定,当依初步庭审程序讨论结束时,如果法官认为不可能根据现有材料做出裁决时,不能向当事人指出新的或者尚未解决的问题,也不能为做出裁决而依照第422条规定的程序获取必要的材料。这与快速审判程序完全相反,是因为适用立即审判要求的“证据清楚”,相对于快速审判而言具有更高的证据标准,所以限制法官在讨论结束后的调查证据的活动,达到迅速做出判决的目的。

但是,如果立即审判的要求是被告人在准备初步庭审的程序中提出的,则被告人不能要求程序转换,提出简易审判的要求。因为立即审判不实行预审,但有法庭审判,而简易审判则实行预审但不进行法庭审判，被告人不能提出两个相互矛盾的要求。[①]

6. 裁决和上诉程序。对于依照立即审判程序审理做出的裁决，完全适用普通程序做出裁决和上诉的有关规定，不适用“在判罚的情况下，法官在考虑到一切情节后所确定的刑罚应当减少1/3”的规定。而且，依照普通审理程序做出的裁决，对上诉不进行限制。

立即审判程序与快速审判程序相比具有一些不同的特点：首先，快速审判程序是以检察官直接将被告交付审判的要求形式而启动的；立即审判程序则是负责初期审查的法官以命令的形式启动的。快速审判程序并不需要法官的审查，法官只对当场逮捕进行认可；而立即审判程序需要法官审查案卷以确定是否应当立即审判。其次，快速审判是由检察官依职权提出的，被告人不能提出快速审判的要求；而立即审判可以由检察官或者被告人任何之一提出。再次，如果立即审判是由被告人提出的，则限制其转换为简易审判程序或依当事人要求适用刑罚的程序；而快速审判程序没有此限制。最后，两者在启动程序时证据要求不同。立即审判程序要求“证据清楚”，比快速审判程序具有更高的证据要求。立即审判是建立在比快速审判程序更加充分侦查的基础上的。

(五) 处罚令程序

处罚令程序，是指负责初期侦查的法官依照检察官的请求，就公诉案件中检察官认为只应当适用财产刑的案件或者替代监禁刑而科处财产刑的案件，无须审判而直接发布处刑命令的程序。在意大利，以罚金处罚定罪不是一种新程序，而新法典的革新之处在

---

① 程荣斌主编：《外国刑事诉讼法教程》，中国人民大学出版社2002年版，第396页。

于,必须由检察官首先提出适用这种程序和确定罚金数额可减少50%。[①] 在意大利的五种简易刑事程序中,处罚令程序是一种最为简化的程序。它直接依据公诉人的要求处刑,较大地提高了诉讼效率。但是任何司法程序都必须实现最低限度的司法公正,所以必须将适用该程序的案件缩减到较小的范围。

1. 适用处罚令程序的情形。在意大利公诉案件中,当公诉人认为只应当适用财产刑,包括为替代监禁刑而科处的财产刑时,才可以提出适用处罚令程序。但是,当必须适用某一人身保安处分时,不允许采用处罚令程序。

2. 处罚令程序的提起。处罚令程序的启动属于公诉人的职权范围,被告人不能提出处罚令程序。在公诉案件中,当公诉人认为只应当适用财产刑,包括为替代监禁刑而科处的财产刑时,自将被指控人的名字登记在关于犯罪消息的登记簿之日起的 4 个月内,公诉人可以要求负责初期侦查的法官发布刑事处罚令,并预先向该法官移送卷宗材料,指出处罚的程序和可能判处的附加刑。公诉人提出适用处罚令程序无需其他当事人包括被告人的同意。公诉人提出要求时,可以要求适用相对于法定刑减轻直至一半的刑罚。

3. 法官的审查。当公诉人提出要求适用处罚令程序时,法官必须审查公诉人的要求,然后决定是否接受适用处罚令程序。法官承担了对实体审查的义务。如果法官认为应当依照第 129 条宣告开释判决,应直接做出开释判决。如果认为不符合适用该程序的条件或者不同意公诉人提出的量刑,法官不接受此要求并且不将有关文书

① 程味秋:《〈意大利刑事诉讼法〉简介》,载《意大利刑事诉讼法典》,黄风译,中国政法大学出版社 1994 年版,第 9 页。

退还公诉人。2017 年“奥兰多法”对刑事处罚令程序的改革较为轻微，主要是在《刑事诉讼法典》第 459 条中插入新的第 1-1 款，规定“法官在以财产刑来替代监禁刑的情况下，应考虑被告人及其家庭的整体经济情况，且可依《刑法典》第 133-2 条允许其分期付款”。[①]

如果法官接受公诉人的要求则发布处罚令。处罚令包含以下内容：被告人的一般情况，其他有助于辨别该人的人身情况，在必要时，还包含对财产刑承担民事责任的情况；叙述事实和有关情节以及被违反的法律条文；扼要地说明据以做出裁决的事实根据和法律根据，包括在法定刑以下减轻处罚的理由；决定部分；通知被告人和对财产刑承担民事责任的人可以在送达处罚令之后的 15 日内提出异议，被告人可以通知提出异议要求实行立即审判、简易审判或者依照第 444 条的规定适用刑罚；告诫被告人和对财产刑承担民事责任的人，如果不提出异议，处罚令将发生效力；通知被告人和对财产刑承担民事责任的人有权任命一名辩护人；日期、法官及其助理人员的签名。1999 年 12 月 16 日意大利通过了第 479 号法律，规定“处罚令在民事审判或者行政审判中不仅不具有已决案的效力，而且被告人可以不支付诉讼费。除此之外，如果是轻罪案件，被告人 2 年内未实施相同性质的违警罪，犯罪消失；如果是重罪案件，被告人 5 年未实施重罪，犯罪消灭”。[②] 被告人从而可以获得更有利的法律结果增加了处罚令的适用率。

在处罚令中，法官按照公诉人要求的标准适用刑罚，指出可以在法定最低刑以下减轻处罚的幅度；要求被判刑人承担诉讼费；裁

① 施鹏鹏：《迈向刑事诉讼的宪法化——意大利的“奥兰多”改革及其评价》，载《国家检察官学院学报》2019 年第 2 期。

② 陈超：《意大利刑事特别程序研究》，西南政法大学 2010 年博士学位论文，第 76 页。

定对被扣押物予以没收或返还;允许有条件地暂缓执行刑罚,许可不在根据私人要求出具的刑事证明书中提及处罚之事。在《刑法典》第196条和第197条规定的情况中,法官还宣布对财产刑承担民事责任的人所应当履行的义务。

法官还要将处罚令的副本通知公诉人并向被判刑人送达;在必要时,向对财产刑承担民事责任的人送达。如果因被告人查无下落而不可能执行送达时,法官撤销刑事处罚令并将有关文书退还公诉人。但是,对于那些户籍明确而通知不到被告人,处罚令判决却依然生效。“2000年11月18日宪法法院第504号判决认为此项规定是违宪的。”从而明确该情况下,也应当撤销处罚令。①

4. 对处罚令的异议。自送达处罚令后的15日内,被告人和对财产刑承担民事责任的人可以亲自或者通过辩护人提出异议,负责初期侦查并且发布处罚令的法官的文书室接收该异议,提出异议者所在地的独任法官所在的文书室也可接收该异议。在提出异议时,被告人可以要求发布处罚令的法官实行立即审判、简易审判或者依照第444条的规定适用刑罚。如果提出异议者先前未指定辩护人,他可以任命一名自选辩护人。

5. 异议的后果。如果异议成立则法官应当撤销刑事处罚令。如果异议未被提出或者被宣布是不可接受的,发布处罚令的法官裁定执行处罚令。但是,刑事处罚令即使在其发生效力之后,刑事处罚令在民事审判或者行政审判中也不具有已决案的效力。

在提出异议时应当指出处罚令的基本内容、日期和发布该命令的法官,否则不可接受。如果异议未按期限提出或者由非法定人员

① 陈超:《意大利刑事特别程序研究》,西南政法大学2010年博士学位论文,第76页。

提出,该异议不可接受。如果法定裁定异议是不可接受的,提出异议者可以针对该裁定向最高法院提出上诉。

在因事实不成立、行为不被法律规定为犯罪或者存在使行为合法化的原因而宣告开释被告人的情况下,法官也可针对未提出异议的其他被告人撤销处罚令。针对实施同一犯罪的数名被告人宣告的处罚令,在因某些同案犯提出异议而引起的审判最终结束之前,其他未提出异议的被告人也处于暂缓执行状态。如果异议是由一名被告人或者一名对财产刑承担民事责任的人提出的,该异议的效力也扩及未提出异议的上述当事人。

6. 因异议而引起的审判。在因异议而引起的审判中,法官撤销刑事审判令。如果提出异议者同时提出要求实行立即审判,法官依法发布立即审判的命令;如果提出异议者要求实行简易审判或者要求适用依当事人要求适用的刑罚程序,法官以命令的形式确定一个期限以便征求公诉人的同意,并决定上述要求和命令由提出异议者负责向公诉人送达。如果公诉人在确定的期限内未表示同意或者被告人在发表异议时未提出任何要求,法官发布立即审判令。如果异议成立且未提出上述要求的,依照普通程序进行审理。但是,只要不适用处罚令程序,在任何情况下,法官均可以适用不同于处罚令确定的更为严厉的刑罚,并可以撤销已应允的优待条件。

三、实践反对立法:意大利简易刑事程序实践之透视

由于迅速审判和立即审判只是省略案件的初步庭审程序,而审判中心主义导致案件诉讼程序最为复杂,最耗费人力、物力、财力、时间的是案件的审理程序,同时,处罚令的适用刑罚仅限于财产刑,不可能简化大量的刑事案件。于是人们希望能够通过简易审判

程序和辩诉交易程序来发挥重要作用,[①]但这两个程序的实际吸引力都让人失望。[②]

在意大利,立法者、学者和其他人士曾认为,新的《刑事诉讼法典》将便利和促进刑事诉讼程序的运行,减少案件积压,通过对高达80%~85%的案件适用辩诉交易和其他特殊程序,减少积案和缩短诉讼时间这两个首要的目的能够实现。[③] 但从表 5-1 来看,从 1990 年至 1993 年,意大利每年适用辩诉交易的案件占正式审判的案件比例不超过 8%,而美国适用辩诉交易的案件比例达到了 90%。意大利辩诉交易的适用比例过低反映了立法与实践的重大背离。另外,从 1990 年至 1993 年,意大利每年适用简易审判程序的案件占正式审判的案件的比例不超过 4%。

之后,意大利完善了相关立法,其一,扩大辩诉交易程序适用范围。2003 年 6 月 12 日意大利议会通过第 134 号法律,专门针对辩诉交易程序相关法条进行修改。第 134 号法律第 1 条第 1 款规定:被告人和检察官可以向法官提出按照协议要求和标准适用替代性刑罚或减轻 1/3 的财产刑,或者适用监禁刑,只要根据具体情节并在减少 1/3 后该监禁刑不超过单处或与财产刑并处的 5 年有期徒刑或拘役。由此扩大了该程序适用案件范围,由减少 1/3 后判处最高监禁 2 年有期徒刑扩大到最高 5 年有期徒刑,适用法定刑期达到 7 年 6 个月。其二,限制诉讼费支付和重罪案件犯罪记录。其三,赋予法

① 正因为如此,本书对意大利简易刑事程序实践的考察也是在辩诉交易和简易审判程序的基础上进行分析的。

② 锁正杰、李少坡:《意大利刑事诉讼法的改革与嬗变之比较》,载陈光中、江伟主编:《诉讼法论丛》(第 2 卷),法律出版社 1998 年版,第 306 页。

③ [意]马可·法里布:《意大利刑事司法制度改革:理论与实践的悖反》,龙宗智译,载陈光中、江伟主编:《诉讼法论丛》(第 2 卷),法律出版社 1998 年版,第 288 页。

官更宽松的假释释义权。① 从而,“刑事特别程序司法实际情况有所改变,特别是 2003 年扩大意大利辩诉交易程序的适用范围后,大约有 35%的案件通过刑事特别程序进行审理。”②但其与预期目标仍然相差较大,案件积压严重的问题并没有充分解决。考虑到庞大的未决案件数量、极缓慢的诉讼程序以及因超过法定期限而终结的案件所占的巨大比重,上述比例对缓解沉重不堪的刑事案件负荷仍然是杯水车薪。③

然而,立法上希望通过设立简易刑事程序减少积案和加快诉讼的目的并未完全达到。那么,是什么原因造成立法的目标不能实现呢?

表 5-1　在意大利一审法院正式审判、辩诉交易、简易审判的案件数④

(单位:件)

项目	1989 年(10~12 月)	比例	1990 年	比例	1991 年	比例	1992 年	比例	1993 年	比例
正式审判	2969		69774		138824		187627		254631	
辩诉交易	102	3.44%⑤	5523	7.92%	10211	7.36%	14205	7.57%	15887	6.23%
简易审判	22	0.74%	2346	3.36%	3501	2.52%	4250	2.26%	4379	1.72%

① 陈超:《比较法视野下的意大利辩诉交易制度》,载《人民司法》2014 年第 19 期。

② Marco Fabri, "Criminal Procedure and Public Prosecution Reform in Italy: A Flash Back", *International Journal for Court Administration*1, 2008. 转引自陈超:《比较法视野下的意大利辩诉交易制度》,载《人民司法》2014 年第 19 期。

③ [意]马可 · 法布里:《意大利刑事诉讼程序与公诉改革之回顾》,叶宁译,载《比较法研究》2010 年第 5 期。

④ Nicola Boari, "On the Efficiency of Penal Systems: Several Lessons From the Italian", *International Review of Law and Economics* 17, 1997.

⑤ 该数据为该年辩诉交易的案件数占正式审判案件数的比例,下一栏的数据为该年简易审判的案件数占正式审判案件数的比例。

(一)大陆法系司法公正理念与诉讼效率的冲突

“总的来说,人们可以发现大陆法系国家的司法公正理念要追求一个高效的司法系统是非常困难的。[①] 因为它赋予法官查明事实真相的义务,要求法官公正地和平等地对待所有被告人。大陆法系在内在本质上不信任任何形式的当事人之间的辩诉交易和协商,因为这样会妨碍法官发现事实真相和侵犯法官的裁判职权,从而阻碍案件的迅速处理。而且,当事人间的弱化的协商性司法违反了大陆法系国家的司法公正的理念,没有导致案件明显地避开充分审判。”[②]法官仍然要进行大量的实质审查。

(二)被告人缺乏适用简易刑事程序的积极性

首先,意大利于1988年进行刑事诉讼改革引进对抗式诉讼制度,控方承担完全的举证责任,法官中立化,如果证据灭失将导致无罪判决。同时,由于意大利历史上因为案件积压严重而不得不连续进行大赦,给被告人造成错误的心理预期,促成被告人的侥幸心理。而且,从表5-2来看,从1990年至1993年,意大利每一年撤案的数量远远大于进入正式审判的案件数量。在经过了复杂的交叉询问、上诉以至于再审程序之后,很有可能因诉讼期限届满而使被告人获得开释。[③]

---

① 这是相对于简易刑事程序的设置来说的。大陆法系的司法公正的理念,强调实体公正,强调罪行之间的相适应性,很难扩大简易刑事程序适用的范围和简化诉讼的程序。但大陆法系就包括普通程序在内的整个诉讼程序而言,由于强调职权作用,而表现出与英美法系的对抗式普通诉讼程序相较而言更加高效的特点。而英美法系国家则通过非常简化的、非对抗式的辩诉交易程序或者有罪答辩程序来实现整个诉讼程序在效率上的平衡。

② Elisabetta Grande,“Italian Criminal Justice: Borrowing and Resistance”, *American Journal of Comparative Law* 48, 2000.

③ 陈卫东、刘计划、程雷:《变革中创新的意大利刑事司法制度》,载《人民检察》2004年第12期。

为了以减刑来激励被告人,必须使被告人相信他将在正式审判中被依法判处法定的刑期。但如今,被告人认识到,由于证据遗失、证人作证不再可能、记忆及指控因消失和宣布大赦等一系列不确定状态可能导致无罪判决,1/3 的减刑对将来面临审判和定罪的被告人似乎有吸引力,而对被保释和数年后才可能受审的被告人就缺乏足够的吸引力。这样,简易审判以及辩诉交易程序中可能的法定减刑对许多有过高期望的刑事被告人就显得吸引力不够。① 这些事实促使被告人更愿意拖延诉讼时间而不是积极地选择简易刑事程序迅速审理案件。

表 5-2　在意大利一审法院正式审判、撤案的案件数②

(单位:件)

项目	1989 年(10~12 月)	1990 年	1991 年	1992 年	1993 年
正式审判	2969	69774	138824	18727	254631
撤案	126315	2799852	2781687	2670244	2650414

其次,根据 Landes(1971 年)经验研究表明,被告人被逮捕而没有被保释的情况下更倾向于在审前解决案件。而意大利 1995 年 8 月 3 日进行的预防性羁押制度的改革严格地限制检察官适用该制度,不利于辩诉交易和简易审判程序的进行。③ 因为被告人大多被保释在外,而没有选择适用简易刑事程序的积极性。

最后,意大利速决程序所要解决的案件积压严重的问题本身也

① 锁正杰、李少坡:《意大利刑事诉讼法的改革与嬗变之比较》,载陈光中、江伟主编:《诉讼法论丛》(第 2 卷),法律出版社 1998 年版,第 306 页。

② Nicola Boari, "On the Efficiency of Penal Systems: Several Lessons from the Italian", *International Review of Law and Economics* 17, 1997.

③ Nicola Boari, "On the Efficiency of Penal Systems: Several Lessons from the Italian", *International Review of Law and Economics* 17, 1997.

不利于辩诉交易和简易审判程序的适用。事实上,由于大量案件的负担导致案件审理的拖延,致使国家无法有效处理大量的犯罪案件。于是,对被告人来说,拖延诉讼而不是迅速获得一个确定的判决更加具有吸引力。

(三)检察官也缺乏适用简易刑事程序的积极性

意大利的速决程序要取得非常高的效率就应当使意大利的检察官感觉到对刑事诉讼程序有非常强的个人责任感。问题是不论检察官获得多少无罪和有罪判决,无论他意识到要浪费多少司法资源,无论有多少案件没有获得迅速的解决或者根本没有解决,意大利检察官仍然将获得职务的提升和加薪。由于这些制度上的现实问题,意大利刑事司法不可能促使没有压力的检察官合作,来迅速地解决刑事案件。[①] 由于检察官在简易刑事程序的启动上,发挥了重要的作用,但检察官不积极而导致大量的案件没能适用简易刑事程序进行审理。

(四)辩诉交易的立法理念及制度设计上存在一定的问题

由于适用辩诉交易越晚,对诉讼效率带来的负面影响越大。在英国,如果有罪答辩是在整个诉讼过程的法庭审理阶段才提出,执业律师认为这就会出现一个“破裂的审判”。英国一个官方的律师委员会指出:“及早做出有罪答辩决定所能带来的能源节约是巨大的。……所有这一切,尤其是破裂审判数量的减少,会节省大量的资金。”[②]所以,美国的辩诉交易或多或少的是一种“障碍赛跑”。从

---

① Elisabetta Grande, “Italian Criminal Justice: Borrowing and Resistance”, *American Journal of Comparative Law* 48, 2000.

② [英]麦高伟、杰弗逊·威尔逊主编:《英国刑事司法程序》,姚永吉译,何家弘审校,法律出版社2003年版,第333页。

控告到通过预审听证而起诉,再到审判之前,检察官一直向被告人提供证据情况并提出要求,被告人就越来越清楚了解到如果不做辩诉交易则可能在审判中获得何种结果;被告人很少在审判前几天,几乎从没有在审判日提出辩诉交易。因为假如交易太接近庭审,那么由辩诉交易带来的用于刑事程序的财政资源和时间的节约将几乎归于零。而在意大利,认罪交易不被视为“障碍赛跑”。辩诉交易被构思为确保特定被告人在庭前解决案件的机会,以减少意大利法院待审案件的积压,而不论已经在侦查阶段耗费了多少资源和时间。①

因此,在宣布开始第一审法庭审理之前,当事人均可以提出适用该程序的要求。被告可以在审判开始后在法官面前要求做认罪交易。这种交易也许经检察官同意,也可能未得到检察官赞同。在第一审法庭审理结束后或者在上诉审中,如果法官认为公诉人的反对没有根据并且认为被告人所要求的刑罚适宜,也立即宣告判决。同时,依据《意大利刑事诉讼法典》第 446 条第 4 款,被告人可以先拒绝公诉人要求适用辩诉交易程序的要求,然后在开始第一审法庭审理之前,要求或同意适用该程序。这些立法会导致被告人极大地推迟做出要求适用辩诉交易的要求和同意。因为,如果将提出、同意适用该程序的时间越往后推,对被告人的利益也不会造成损害,那么被告人就会有极大的愿望将适用该程序的要求和同意推后,根据英国皇家刑事司法委员会的说法,“被告人有相当大的动机这样做。时间拖得越长,证人受胁迫、忘记出庭或消失的可能性越大。并且,如果被告人被羁押在看守所,他(她)将继续享受未判有

① Nicola Boari, “On the Efficiency of Penal Systems: Several Lessons from the Italian”, *International Review of Law and Economics* 17, 1997.

罪的被羁押人员的特权，然而，做有罪答辩一经提出，他（她）将被列入证明有罪或未宣判犯人范畴，并且失去那些特权”。[①] 由于在认罪交易的适用阶段上缺乏限制，被告方缺乏重要的激励因素提前解决案件。辩护律师除非被法院指定，也缺乏提前解决案件的动因，因为如果案件被交付审判，他们可以赚更多的钱。虽然关于以各种形式在各个诉讼阶段进行认罪交易的可靠资料难以获得，但很明显，被告最愿意做认罪交易的一种案件是在作案时被当场抓获的案件。因为他们可以因此而在几乎肯定会被定罪的案件中获得减轻1/3刑期的利益。有鉴于此，我们难于看见在意大利因认罪交易的适用而减少交付审判的案件数量。[②]

（五）奉行法定起诉主义，案件分流不畅

依据《意大利宪法》第112条的规定，检察机关必须实行刑事追诉（支持刑事控告）。[③] 这就要求检察官一旦有充分理由相信一项犯罪已经实施时，应当提出刑事控告。这是起诉法定主义的理念。这一起诉的决定在初期侦查后被认为有必要时做出。这就导致了在意大利刑事诉讼法律中没有为起诉便宜主义留出空间。意大利刑事诉讼理论认为，“起诉便宜原则”允许检察官根据他的裁量放弃某一指控，尽管有助于减少法官和检察官的工作负担，但有可能产生滥用职权的危险，同起诉法定原则相抵触，因此没有采纳。[④] 基于起

---

① ［英］麦高伟、杰弗逊·威尔逊主编：《英国刑事司法程序》，姚永吉译，何家弘审校，法律出版社2003年版，第335页。

② ［意］马可·法里布：《意大利刑事司法制度改革：理论与实践的悖反》，龙宗智译，载陈光中、江伟主编：《诉讼法论丛》（第2卷），法律出版社1998年版，第292页。

③ 戴学正编：《中外宪法选编》（下册），华夏出版社1994年版，第101页。

④ 汪建成、黄伟明：《欧盟成员国刑事诉讼概论》，中国人民大学出版社2000年版，第290页。

诉法定原则，对于符合起诉条件的案件，意大利不存在撤销案件或不起诉的做法。法律上规定的撤销案件都是针对不符合起诉条件的案件而做出的，例如，《意大利刑事诉讼法典》第408条规定，如果犯罪消息是不属实的，检察官向法官提出撤销案件的要求。

由于奉行起诉法定主义，为了加强在发动刑事程序方面的检察官独占权，减少属于行政系统的警察机构决定侦查步骤的斟酌权，加快侦查节奏。新《意大利刑事诉讼法典》规定了（案发后）48小时内，警察必须向检察院提出关于犯罪情况的报告。但这导致检察院里充斥着成千上万应当“立刻”登记的文件，这些文件甚至是一些手写本。犯罪报告在48小时内被送进检察院，但这些在检察院未做正式登记的时间超过6个月。有的检察院正在登记18个月以前接受的刑事案件。而且，即使检察院能够“即刻”登记全部犯罪报告，他们也难以有效处理这样大数量的案件（在一些城市，每个检察官已经有多达5000个以上的案件待其处理）。在出现问题3年以后，政府终于修正了48小时限制规则。现在，警察必须依法“不迟延地”向检察院递送犯罪报告。这一修正也许有助于合理解决犯罪报告的递送问题，但并未解决贯彻“强制追诉”原则所存在的实质性问题。为了实行一种过于理想化地要求任何犯罪都被追究的原则，意大利的刑事司法已使其自身进入了一个恶性循环。①

大多数国家都规定了起诉便宜主义的制度，以实现案件的分流。而意大利由于奉行起诉法定主义，几乎所有初期侦查的案件只要符合起诉条件就要起诉到法院进入审判程序，导致大量的案件进

---

① 以上参见［意］马可·法里布：《意大利刑事司法制度改革：理论与实践的悖反》，龙宗智译，载陈光中、江伟主编：《诉讼法论丛》（第2卷），法律出版社1998年版，第289页。

入审判程序。由于起诉法定主义缺乏现实的基础,导致每一个案件都要耗费大量的资源。[①] 新《意大利刑事诉讼法典》还在进一步强化这种理念。结果是,尽管简易刑事程序可以提高诉讼效率,但由于未能控制住“源头”,所以难以整体上大幅度提高整个诉讼的效率。

(六)司法管理不适应简易刑事程序的改革

从结构上看,意大利司法部对意大利的司法实务缺乏从体制上认识的敏感性。司法部缺乏一种“技术性构造”,而这种构造对于在某一体制中分析、设计、计划和实施一种变革是必要的和有用的。意大利没有专业化的法院管理者,而且在发展这种管理文化方面看来有一定困难。意大利司法部的所有管理位置都被有法官身份的人员所占据,他们将形式主义的法律文化带到他们的管理岗位,当然有某些例外情况。由于缺乏体制上的敏感性,引起在诸如案件日程表安排方面的问题、技术使用以及信息管理等方面的问题。检察官在刑事侦查中通常起着主导作用,由他决定向法院移送案件。这个案件被任意性地分配给一个预审法官,该法官将决定对此案起诉或者不起诉。如果法官决定起诉,案件将被分配到一个审判庭做公开听证。这里,主要问题在于预审法官、审判庭以及检察官并不按任何专业化要求行事,因此造成相互间行为不能协调。例如,一个检察官有五个不同的案件,他将可能与五个不同的预审法官和五个不同的审判庭打交道。这些预审法官和审判庭都有各自独立的案件处理时间安排表。因为检察官分身无术——同一检察官在同一时间不可能出席不同的法庭,使得案件延期的比例增大,而且替代

---

① Elisabetta Grande, “Italian Criminal Justice: Borrowing and Resistance”, *American Journal of Comparative Law* 48, 2000.

出庭的检察官由于对案件知之甚少而常常在法庭上表现拙劣。①

四、意大利简易刑事程序之特色

为了实现迅速解决案件积压问题的司法任务,1988 年意大利修订刑事诉讼法,在引入对抗式诉讼程序,加强被告人权利保障的同时,规定了五种不同的简易刑事程序。特别是作为大陆法系传统的国家,引入了辩诉交易程序吸引了世人的目光。由于融合了不同的司法理念,意大利的简易刑事程序具有与众不同的特色:

(一)简易刑事程序的多元化及其简化依据多样化

在具体设计简易刑事程序的制度时,必须按照程序正义的要求保障被告人的权利。但由于案件性质不同,被告人的认罪情况、证据的收集和认定情况也呈现出不同的状态。案件的不同特点决定了解决案件的方法也应该是有区别的,因此单一的简易刑事程序显然不能满足审判的需要。必须针对司法实践中出现的几类较为常见的情况设计出与之相对应的多元的简易刑事程序,才能在效率与公正之间求得最大的平衡。意大利规定了五种不同的多元化的简易刑事程序,即简易审判程序、依当事人要求适用刑罚、立即审判、快速审判、处罚令程序。这在全世界都是首屈一指的。意大利的简易刑事程序的多样化的内在特征表现为其适用简易刑事程序的依据的多样化。不同的简易刑事程序类型可能基于不同的简化依据而进行简化。

1. 证据清楚。当一个案件证据清楚时,对案件的初步庭审就显

① [意]马可·法里布:《意大利刑事司法制度改革:理论与实践的悖反》,龙宗智译,载陈光中、江伟主编:《诉讼法论丛》(第 2 卷),法律出版社 1998 年版,第 293~294 页。

得不必要,因为初步庭审的任务是审查检察官收集的证据是否有充分的理由认为应对嫌疑人提起公诉,以防止不当的起诉。[①] 这有利于防止检察机关滥用公诉权,因为即使对被告人宣判无罪,无端地将被告人提交审判都是对被告人权利的一种侵犯。所以在提起公诉、发动审判程序之前,必须确保案件的证据达到一定的合理的证明程度,证明被告人从事了被指控的犯罪行为。

在立即审判程序中,当证据清楚时,公诉人在预先讯问被告人后可以要求省略初步庭审,实行立即审判。当证据清楚时,一般可以认为案件的证据达到了合理的证明程度,可以直接提起公诉。而当出现一个特殊的证据,如被告人被当场逮捕或坦白时,可以比较确定地认为有充分、合理的证据证明被告人应当接受审判,而无须法官裁决,直接发动审判程序。在快速审判程序中,可以按照检察官的要求,省略初步庭审程序直接进行正式审判。快速审判确定了两个证明标准。一个是被告人在犯罪时被当场逮捕并且公诉人认为应当予以追诉。当场逮捕的一个重要的条件就是要求"当场发现",而当场发现是指,在实施犯罪时被发现,在实施犯罪后立即受到司法警察、被害人或其他人追踪以及根据物品或痕迹被认为刚刚实施了犯罪,或者对于持续犯罪,在持续状态终止之前均可构成当场发现。这种情况下,案件一般会有目击证人或者物证。目击证人的指认一般来说是非常有力的证据。另一个标准是被告人在讯问过程中做出坦白。在意大利,被告人无论是接受司法警察还是公诉人的讯问,被告人都可以获得一个自选辩护人,如果被调查人没有自选辩护人,有权获得国家为其指派的一名辩护人的帮助。没有辩

---

① 程味秋:《〈意大利刑事诉讼法〉简介》,黄风译,载《意大利刑事诉讼法典》,中国政法大学出版社 1994 年版,第 5 页。

护人的在场,不能对被调查人进行讯问,即使是根据具体的地点和紧急情况,在辩护人未出席的情况下,讯问了被调查人,该材料也不得纳入档案并且禁止加以使用。根据《意大利刑事诉讼法典》第 64 条的规定,在开始讯问前,应当告知被讯问者他有权不回答问题,并且即便他不回答提问诉讼也将继续进行。也就是被调查人在讯问过程中享有沉默权。在沉默权和辩护律师在场权得到充分保障的前提下,被调查人的坦白具有特别强的证明力,因此可以作为一个标准而启动快速审判程序。有学者据此批评我国的简易程序改革理念,意大利特别程序"以证据的充分程度作为程序选择与否的重要考量,由此反观我国的简易程序及普通程序审理被告人认罪案件程序,却都是只把着眼点单纯放在被告人是否主动自愿认罪之上,反映出我国刑事立法的不成熟"。[①]

2. 控辩双方合意。在当事人主义诉讼程序中,诉讼是由双方当事人推进的,诉讼程序的选择也是当事人双方的权利。意大利在修改刑事诉讼法时引入当事人主义的诉讼理念,十分注意将控辩双方合意作为程序简化的基础。如 1988 年《意大利刑事诉讼法典》中,简易审判程序的适用必须由被告人提出,经过公诉人同意。依当事人要求适用的刑罚也主要是建立在被告人和公诉人双方同意的基础上的,但是法官也可以无须公诉人同意而适用该程序。这反映了意大利强烈希望通过辩诉交易程序来简化案件审理的愿望,立法者希望通过此限制公诉方在没有合理理由的情况下,拒绝适用该程序。在快速审判中,即使当场逮捕未获得法官的认可,但只要被告人和公诉人同意实行快速审判,法官也可以决定实行该程序。在

① 元轶:《程序分流视角下的意大利刑事诉讼改革》,载《比较法研究》2011 年第 5 期。

处罚令程序中,也是由控方提出处刑命令经被告人同意而直接适用刑罚。

3. 案件性质轻微。提高诉讼效率是简易刑事程序追求的目标之一,但简易刑事程序的种类不同,对其偏好的程度也是不同的,因为简易刑事程序仍然需要在提高诉讼效率与实现司法公正之间寻求平衡。而从心理学上说,对被告人利益影响越大的案件,人们对于公正的需要就越强烈,认定公正的标准也就越高。这正是诉讼制度上按照案件处罚的轻重进行程序繁简分流的依据。对于一些性质十分轻微的案件,可以较大程度上忽略对实体公正的过多关照,而以诉讼效率作为其主要的追求目标。意大利的处罚令程序则主要是以提高诉讼效率为目标来实现程序简化的。但是为了实现最低限度的公正,对该程序进行了两个限制。一是该程序适用于只应当适用财产刑的案件。因为仅适用财产刑对被告人利益的负面影响远远低于对被告人适用监禁刑。而只适用财产刑的案件一般都是犯罪情节较轻的案件。二是被告人如果提出异议,则转为其他的审理程序,将判决的做出建立在尊重被告人意愿的基础上。但这时已经是在适用处罚令程序了,因为处罚令程序已经启动,在被告人没有在法定的期限内提出异议或者异议是不可接受的情况下,可裁定执行处罚令。

从意大利简易刑事程序的适用依据来看,一方面体现了英美法系尊重控辩双方意愿的辩诉交易制度,另一方面又立法规定了在案件性质轻微时适用的处罚令程序。这是意大利由大陆法系的职权主义司法模式的基础上引入对抗制,而走向一种混合的简易刑事程序模式。但是,其只不过是将辩诉交易制度和处罚令程序同时规定在简易刑事程序制度中,并没有设计出一种独立的融合了辩诉交易制度和处罚令程序特点的简易刑事程序形式。

（二）简易刑事程序的适用范围广

为了解决突出的诉讼效率低的难题，意大利的立法者在设计简易刑事程序时注重提高简易刑事程序的适用范围成为其程序的一个重要特点。

1. 适用于任何刑期的案件。[①] 意大利的刑事处罚分为主刑和附加刑。主刑包括无期徒刑、有期徒刑、拘役、财产刑。意大利的简易审判程序适用于除无期徒刑以外的所有刑罚。快速审判和立即审判适用于包括无期徒刑在内的所有刑罚的案件。只是依当事人要求适用刑罚程序和处罚令程序在适用刑罚上进行了较大的限制，前者适用于宣告刑为 5 年以下有期徒刑、拘役、财产刑或替代性刑罚，后者适用于财产刑。总体上说，意大利的刑事特别程序涵盖了该国所有的刑罚种类，使所有的案件都有可能适用特别程序，以节约诉讼资源，提高诉讼效率。

2. 特别程序的启动可以开始于正式审判中法庭审理开始之前的任何阶段。适用简易审判程序的要求和同意可以在初步庭审结束讨论以前提出。依当事人要求适用的刑罚，在宣布开始第一审法庭审理之前，当事人均可提出适用该程序的要求。即使审理后，也有可能基于公诉人不同意适用该程序的反对理由不充分而适用该程序。立即审判、快速审判程序都是在初步侦查的一定时间内提出，在审判开始前的一定时间内还可以转为辩诉交易程序和简易审判程序。这样有助于提高特别程序的适用率。

3. 适用于任何性质的案件。在意大利任何性质的案件都可以

① 这是针对整个简易刑事程序的适用而言的，而不是仅指某一具体的简易刑事程序。而前一点中简化依据中的“案件性质轻微”则是针对单个的简易刑事程序类型而言的。

适用特别程序,无论是性质严重的故意杀人案件,还是相当于我国的行政处罚轻微的案件,都可以适用特别程序。对于适用无期徒刑的案件也可以适用立即审判和快速审判程序。该国在进行特别程序的立法时,并没有将案件的性质作为限制整个简易刑事程序适用的一个条件。

(三)法官积极、主动,保障实体真实的发现

意大利在传统上属于大陆法系,而追求发现案件事实真相的实质真实观一直是大陆法系的司法传统,意大利也未能例外。而当事人主义往往将刑事诉讼视为当事人之间的纠纷,强调当事人之间合意解决诉讼纠纷,对案件的事实真相并没有强烈的偏好。虽然在1988年意大利刑事诉讼改革向当事人主义诉讼模式转型,吸纳了较多的对抗式诉讼程序,如辩诉交易的引进,但是,意大利仍坚持发现事实真相作为其诉讼的目标之一。这成为意大利简易刑事程序的一个引人关注的特征。

在快速审判和立即审判中,在采取对抗式的诉讼模式的同时,法官在庭审中仍保持较强的职权作用。意大利法官不仅主持庭审,就当事人提出的主张做出裁决,而且还有权自行调查新证据,也有权要求当事人进一步调查证据,并指定期日必须提交法庭。这表明仍然保留了大陆法系审问式的庭审方式中法官主动调查证据的传统。1999年第479号法律赋予法官更多的调查权,“法官不得再以卷宗中证据不足而拒绝适用简易审判程序”。[①] 这对于保障查明案件事实真相是必要的和有帮助的。在简易审判程序中,一旦法官接受了举行简易审判的要求,他就应当对控诉方的卷宗材料进行全

① 陈超:《意大利刑事特别程序研究》,西南政法大学2010年博士学位论文,第65页。

面的审查,保障案件的定性与量刑的适当性。这有力地保障了事实真相的发现。

而且,保障事实真相的理念在意大利式的辩诉交易中表现得更为明显。辩诉交易本是依当事人合意、以解决纠纷为理念构建的,但在意大利的辩诉交易程序中,法官仍具有查明事实真相的义务。意大利的辩诉交易注重法官对程序形式和内容的控制,以体现国家司法权的行使。通过法官的积极作用,使诉讼体现出国家权力和当事人权利的融合。[①] 尽管检察官必须做出让步和被告达成协议,但是不存在导致不适当轻缓或象征性刑罚的危险,因为最终由法官做出量刑,他必须评价事实,确认刑罚的减轻,并且衡量量刑协议和犯罪严重性之间的可能的不平衡。[②] 首先,辩诉交易不得对罪名、是否起诉进行交易。其次,法官接到当事人的请求,要开庭"听取出庭的公诉人和辩护人的意见"。再次,公诉人的案卷至少先于庭审前3日储存在法官的文书室。预审法官应当对被告人的要求进行全面审查,他可以根据检察官的卷宗材料以及双方当事人陈述的情况确定被告人的答辩是否出于自愿,并且要确定控辩双方协议的刑罚幅度是否适当。另外,法官还要确保被告人被判处的罪名与其犯罪事实相符。法官以检察官的卷宗材料为基础,对控辩双方协商和交易的情况进行审查和监督,以确保定罪判刑的正确性和适当性。[③] 此时,法官对请求的内容要作实体上的审查。最后,甚至可以

---

① 黄伟明:《意大利式辩诉交易制度评介》,载《烟台大学学报》(哲学社会科学版)2001年第2期。

② 汪建成、黄伟明:《欧盟成员国刑事诉讼概论》,中国人民大学出版社2000年版,第337页。

③ 陈瑞华:《美国辩诉交易与意大利刑事特别程序之比较》(上),载《政法论坛》1995年第3期。

在只有被告人提出请求时认为公诉方反对适用该程序没有理由而决定适用该程序。可见,法官仍承担了积极、主动的查明事实真相的义务。

(四)被告人选择适用简易刑事程序能获得有利的法律后果

适用简易刑事程序意味着被告人放弃一定的诉讼权利。在意大利也一样,被告人一旦适用简易刑事程序,他放弃的可能是某个诉讼阶段,而这个阶段对被告人权利的保障措施完全放弃。这就要求有一定的激励机制来诱导被告人自愿放弃自己的权利,选择简易刑事程序。另外,在正式的抗辩中,被告人的抗辩主张权利可能导致法官更多地听取对被告人有利的因素,从而获得更轻的量刑处罚,因此对于选择简易刑事程序的被告人从量刑上减轻处罚能够体现公平的原则。

意大利规定了对被告人有利的多种措施来激励被告人选择简易刑事程序。

首先,量刑上大幅度减轻。如适用简易审判程序被告人可获得"考虑到一切情节后所确定的刑罚应当减少1/3"的量刑优惠。辩诉交易程序中,法官应当按照当事人提议的种类和标准适用替代性刑罚或减轻1/3的财产刑,或者适用监禁刑,但根据具体情节并在减少1/3后该监禁刑不超过单处或与财产刑并处的两年有期徒刑或拘役。处罚令程序中,公诉人提出要求时,可以要求适用相对于法定刑减轻直至一半的刑罚。而且减刑是一个确定的减刑幅度,限制了法官的自由裁量权,有助于防止法官不规则地适用刑罚。这也反映了大陆法系国家对法官的一种不信任的态度,要求法官是一个"自动售货机"式的法官。同时,由于减轻的幅度是确定的,被告人可以更加清楚、确定地知道自己将得到多大的优惠,有助于被告人做出更加符合自己利益的程序选择。

其次,规定一定期限的刑事处罚记录消灭制度。在普通法的辩诉交易中,被告人一旦接受协议,在法庭上就要做出有罪答辩或者做出不愿辩护也不承认有罪的答辩。这就意味着被告人放弃了陪审团审判的权利,在没有陪审团参与的情况下,接受法庭的有罪判决并承受一定的刑罚。虽然这种定罪和量刑并不是经过法庭正式审理的结果,但其效力等同于正式审理的结果,即意味着被告人具有刑事处罚的记录。[①] 但在意大利的辩诉交易中,如果判决涉及的是重罪并且被告人在5年的期限内未实施重罪,或者判决涉及的是违警罪并且被告人在两年内未实施相同性质的犯罪,犯罪消灭。

再次,通过辩诉交易程序处理的案件中,被告人不会被判处支付诉讼费、适用附加刑(没收财产刑例外)和保安处分,并且该判决"在民事审判或行政审判中也不具有效力"。还有类似的规定,"刑事处罚令即使在其发生效力之后,刑事处罚令在民事审判或者行政审判中也不具有已决案的效力"。

最后,在处罚令程序中允许有条件地暂缓执行刑罚,许可不再根据私人要求出具的刑事证明书中提及处罚之事。这些处置方式对被告人具有巨大的激励作用,意图促使更多的被告人选择或同意采取简易刑事程序。

(五)省略诉讼阶段式实现程序简化

根据简化的程度不同,我们可以将各国简易刑事程序立法分为审理程序简化式和诉讼阶段省略式。前者强调审理程序中诉讼主体行为方式的简化,比如在我国简易程序中,开庭审理程序不能省

---

① 黄伟明:《意大利式辩诉交易制度评介》,载《烟台大学学报》(哲学社会科学版)2001年第2期。

略,只不过程序上有所简化而已,而且简化程序主要集中在庭审中,如公诉人不出庭,简化讯问被告人、出示证据等,而侦查、起诉程序没有任何简化。而后者则采取更加宏观的角度着眼于整个诉讼程序的简化,简易程序不被认为是只对案件审理程序的简化,还包括对侦查、起诉程序的简化。而且简化的重点不在于某个独立诉讼阶段中诉讼行为的简化,而是力求在确保司法公正的基础上省略一些诉讼阶段。总的来说,省略诉讼阶段式具有更大的简化力度,能较大地提高诉讼效率。

意大利的简易刑事程序采取了省略诉讼阶段的立法模式。意大利的刑事诉讼分为初期侦查、初步庭审和审判三个阶段,相当于我国的侦查、起诉、审判三个阶段。简易审判程序完全省略了正式的审判阶段,刑事处罚的做出依赖于非口头的书面初步庭审的讨论程序。意大利式的辩诉交易程序直接省略了案件的正式审理程序。快速审判程序和立即审判程序都省略了案件的初步庭审程序,但案件审判采取正式的对抗式审判程序,正式审理程序与普通程序中的审理并没有大的简化。处罚令程序则可能省略了案件的初步庭审和正式审理程序,省略了诉讼中三个阶段中的两个阶段,是简化程度最大的一个程序。可见,意大利的简易刑事程序基本上采取了省略诉讼阶段的方法,而且省略不仅仅集中于案件的审判阶段,相当于我国审查起诉阶段的初步审理程序也可以省略。意大利规定多种程序可以省略初步庭审阶段,与意大利迅速侦查原则是相吻合的。与美国不同,意大利没有一个迅速审判制度对刑事审判施加时间限制,另外,它对刑事侦查活动要求迅速进行。但一项犯罪被记录在检察官的案件目录表上时,时限即开始计算。从被记录的时间算起,检察官在 1 年内须决定移送起诉,或撤销案件,或向预审法官要求延长调查时间并通知被告。①

（六）充分保障被告人权利

在意大利新刑事诉讼法中，采用了对抗式审判模式，使双方当事人成为案件审理的主要角色。控审分离后，没有公诉方发动审判程序，法官不得进行审判；同时在这种诉讼体制下，控辩双方平等对抗，被告人享有充分的权利保障。意大利的简易刑事程序也充分保障被告人对程序的选择权，体现了权利性司法的模式特征。

所谓选择权，是指刑事诉讼参与者有权根据自己的意志，决定启动或者变更简易刑事程序。在意大利简易刑事程序中，充分尊重被告人对程序的选择权。如在简易审判程序中，非经被告人提出要求不得适用简易审判程序；被告人也可以在条件具备的情况下，向法官提出适用意大利式辩诉交易的要求。而且与美国不同，被告人甚至可以单独向法官提出适用该程序；被告人还可以放弃参加初步庭审的权利，要求立即审判。在快速审判和立即审判程序中，被告人还有程序转换的选择权，有权利选择将程序转换为其他简易刑事程序。在处罚令程序中被告人有异议权，而且还有权选择转化为适用简易审判程序或者选择转化适用意大利式辩诉交易程序。

可见，被告人的程序选择权受到了较为充分的尊重。但任何权利都不是绝对的，意大利的简易刑事程序中，又对被告人的选择权进行了一定的限制。主要表现为通过对选择适用简易刑事程序的条件进行限制，如 5 年以上刑罚的案件就不能适用辩诉交易程序。而且程序选择权包含两个方面：一是在启动的时候它应有选择使用简易刑事程序的权利；二是在简易刑事程序进行中或者在结束之

---

① ［意］马可·法里布：《意大利刑事司法制度改革：理论与实践的悖反》，载陈光中、江伟主编：《诉讼法论丛》（第 2 卷），法律出版社 1998 年版，第 290 页。

后,被告人如果不满意自己的选择,有权要求将案件转为普通程序。[①] 但是意大利的五种简易刑事程序,在被告人选择适用之后,没有一种是被告人可以要求再转为普通程序的,甚至还对其上诉权进行了限制。因为一旦在选择简易刑事程序之后,如果再转为普通程序,无疑将导致以前进行的程序无效,而大大地损害诉讼效率。这对效率稀缺的意大利来说是难以承受的。

意大利简易刑事程序还保障被告人获得辩护律师帮助。适用简易刑事程序中的被审判者也被称为被告人,依照《意大利刑事诉讼法典》第 96 条的规定,被告人有权任命不超过两名的自选辩护人。而且,意大利实行强制辩护制度,如果被告人没有委托律师或坚持不指派律师,要由法院或检察官指派的律师予以协助,被指派的律师从事先拟定的名单中挑选。法院指定的律师有义务提供服务,但由被告人承担费用。[②] 同时《意大利宪法》第 24 条规定,贫困的被告应当有律师提供帮助。全国律师协会提供了一份代理人名单,可随时依法提供辩护帮助。每一地区都有律师协会,因此有大量的代理人随时为需要者服务。1990 年 7 月 30 日通过的一项成文法规定:经济困难无力聘请律师的被告,可以选择聘请律师为其辩护,费用由国库开支。[③] 这样,事实上每一位获得适用简易刑事程序的被告人都能得到辩护律师的帮助。辩护律师的帮助对于被告人明智地做出程序选择都具有重要的保障作用。

---

① 高一飞:《刑事简易程序研究》,中国方正出版社 2002 年版,第 186 页。

② 汪建成、黄伟明:《欧盟成员国刑事诉讼概论》,中国人民大学出版社 2000 年版,第 284 页。

③ [英]柯瑞丝迪娜:《欧美刑事司法撷萃》,王大伟译,中国人民大学出版社 2000 年版,第 155 页。

五、权利主导型司法的模式:对意大利简易刑事程序的总体评价①

权利主导型司法模式是权利经济型模式的一种,其在权利保障的同时实现诉讼的经济化,主要途径是以程序选择、权利放弃作为诉讼经济的重要手段。1998 年意大利进行刑事诉讼法修改时,面临着案件严重积压的压力,大量案件长年累月堆积不能及时审结。由于诉讼周期过长,被告人不得不长时间待审。这严重侵犯了被告人获得迅速审判的权利。因为为等待审判而采取的审前羁押,对嫌疑人具有广泛的消极影响。它经常意味着失去工作、打乱正常的家庭生活秩序,嫌疑人在狱中也会无所事事、虚度光阴,没有任何意义。即使被告人被保释出去,但是由于社会的怀疑和自己的焦虑,被告人也很难过上正常人的生活。而且由于诉讼迟延一些对被告人有利的证据可能会被削弱,如辩方证人记忆的丧失等,因此诉讼迟延可能对被告人极为不利。② 由于案件积压已经严重侵害了被告人的权利,导致欧洲人权法院再三谴责意大利,要求意大利解决案件积压的问题,以保障被告人的权利。于是,意大利一方面进行大赦,另一方面在 1998 年修改刑事诉讼法时确立多元化的简易刑事程序。可见,意大利建立多元化的简易刑事程序是在保障被告人权利的权利话语下产生。

所以意大利 1998 年在设计简易刑事程序时充分保障被告人的权利,建立权利主导型司法的模式。首先,把获得简易刑事程序的

---

① 该评价根据导论部分的思想,引发的对意大利简易刑事程序的思考。

② 李学军主编:《美国刑事诉讼规则》,中国检察出版社 2003 年版,第 326~333 页。

处理视为被告人的一种权利。[①] 在符合简易刑事程序适用条件的情况下不允许拒绝被告人选择适用简易刑事程序的要求。比如,宪法法院确认获得简易审判程序是被告人的一种权利,无须检察官的同意作为适用该程序的要件。同时,在意大利式的辩诉交易中,如果检察官没有理由拒绝适用该程序,法官可以依据被告人的要求直接启动该简易刑事程序。其次,简易刑事程序主要是为了满足被告人的需要,而不是节约国家诉讼资源的需要。因此,在启动简易刑事程序时赋予被告人绝对的认否权,除一些特殊的条件下,被告人都有权不说明任何理由而拒绝适用简易刑事程序。没有被告人的同意,很难依据国家权力推动简易刑事程序的适用。再次,为了保障被告人选择的自愿性,被告人具有沉默权和获得律师帮助的权利。这都是权利话语逻辑的支配。最后,意大利设立了辩诉交易作为其简易刑事程序的新类型。这种协商型的简易刑事程序,充分体现了对被告人诉讼主体地位的尊重,赋予被告人对实体权利的处分权和程序权利的选择权。

但意大利简易刑事程序中也有一定的权力因素。有学者认为简易程序的两个基本模式是辩诉交易程序模式和处罚令程序模式。但是意大利“基于当事人请求而适用的刑罚的程序”和简易审判程序是通过向传统审问式程序中注入对抗式审判程序或辩诉交易程序的因素而形成的。他们代表了意大利极富特色的混合式简易程序模式。[②] 意大利的简易刑事程序也可视为以权利为主导的混合式简易刑事程序模式。这种司法模式使简易刑事程序更多地体现对

---

① 在美国,被告人只有获得迅速审判的权利,而获得辩诉交易并不是被告人的权利,检察官可以不说明任何理由而拒绝同意辩诉交易。

② 陈瑞华:《刑事审判原理论》,北京大学出版社 1997 年版,第 385 页。

被告人权利的保障,而不是实现国家权力的工具。意大利式的简易刑事程序一方面注意保障被告人权利,另一方面又在权利主导型的简易刑事程序中注入权力的因素。但是与权利因素的功能相比,权力因素处于次要、辅助的地位。在意大利的简易刑事程序中,权力因素主要表现为强调法官的职权作用,法官进行实体审查,并且限制被告人简易刑事程序选择权的适用范围。尽管意大利在简易刑事程序的设计上赋予法官较大的权力,体现了职权主义传统,司法官员在积极活动基础上追求效率。但总的来说,由于强调案件的迅速审结,简易刑事程序省略诉讼阶段实现程序简化,而法官的职权作用往往在庭审中表现得最有力,法官的职权调查作用受到了极大的限制。可见,这种权力设计更多的是为了保障查明事实真相,而不是实现诉讼经济。

意大利权利主导型的简易刑事程序对于保障被告人的权利具有重要意义。一方面,该模式十分关注保障被告人对程序的充分参与,以实现程序正义。把被告人而不是国家视为简易刑事程序的需求主体,实现了诉讼理念的民主化转型。被告人不仅参与程序的过程,而且参与决定程序的启动,被告人的参与权得到了更加充分的体现,被告人的主体地位得以彰显。这使被告人更容易接受刑事判决,也使得简易刑事程序对被告人权利的限制有了正当化的基础。同时,这也非常有利于对被告人的改造。另一方面,在简易刑事程序中注入权力的辅助作用,保障了被告人获得实体公正的权利。这同时也体现了对民众和社会传统对实体公正的需求。被告人过失致使自身陷于不利境地有了国家权力的救济。也能满足刑事诉讼对秩序的需求。

正是由于获得简易刑事程序是被告人的权利,被告人对此具有选择权。所以简易刑事程序的适用程度也取决于被告人对简易刑事程序的积极选择。从经济分析的角度,被告人被设想成一个追求自身利益最大化的“理性人”,其所以选择简易刑事程序,必然是因为简易刑事程序能实现其自身利益的最大化,所以意大利规定了大量的优惠待遇来激励被告人选择简易刑事程序。收益/成本分析告诉我们,被告人需要的是低成本的简易刑事程序,但是在意大利被告人选择简易刑事程序将付出巨大的机会成本。这种机会成本在意大利表现为被告人选择简易刑事程序可能丧失获得无罪判决和大赦的利益。而无罪判决和大赦显然更有利于被告人,所以被告人不愿意选择简易刑事程序。可见,权利主导型司法模式下简易刑事程序的适用依赖于被告人对简易刑事程序的需求和积极选择适用,一旦被告人不能实现自身利益的最大化则被告人将放弃选择适用简易刑事程序,从而导致简易刑事程序的适用比例不高。

意大利的刑事诉讼程序实际上是在职权主义审问式的基础上,融合当事人主义对抗式的诉讼模式,走了一条混合式的发展道路。但两种遵循不同理念的诉讼模式融合在一起难免产生激烈的碰撞。作为其改革主要内容的简易刑事程序无疑成为其中的一个重要表现。但是,意大利简易刑事程序的立法为我们提供了一个多样化的,融合当事人主义和职权主义的诉讼理念和制度以求提高诉讼效率的立法经验。这是对人类法律文明发展的一个重大的贡献。由于法律移植带来的本土资源和引入制度的相互冲突,正如意大利学者在考察意大利刑事诉讼改革实践后所指出的,“规则本身不足以改变习惯、行为以及随之而来的结果”,①改革的目的还未能达到。

① [意]马可·法里布:《意大利刑事司法制度改革:理论与实践的悖反》,龙宗智译,载陈光中、江伟主编:《诉讼法论丛》(第2卷),法律出版社1998年版,第298页。

但毫无疑问,意大利简易刑事程序改革所选择的制度,不管它是否实现其改革目标,其蕴含的提高诉讼效率的理念和具体的制度设计必将融入整个诉讼体制的改革和发展当中,也为本国以及世界各国简易刑事程序的进一步改革提供借鉴。

第六章　中国简易刑事程序立法沿革述评

在中国古代程序法是不发达的，受重实体轻程序观念支配和立法技术相对落后的影响，历代均采取“民刑混同、诸法合一”的立法体例，未能产生独立的刑事诉讼法典，更没有现代意义上的简易刑事程序。中国刑事诉讼法制的近代化始于20世纪初清末的“变法”，其简易刑事程序立法的沿革也可上溯到那个时期。

一、清末“变法”中的简易刑事程序立法

20世纪之初，中国正值清朝末世，迫于内忧外患的压力，为了挽救自身的危亡，清王朝不得不声言变法，1902年即下诏称：“鉴于现在通商交涉事益繁多”，“著派沈家本、伍廷芳将一切现行律例按照交涉情形，参酌各国法律，悉心考订，务期中外通行，有裨

治理”,[1]次年又设置修订法律馆,开展大规模的修订法律工作。

沈家本、伍廷芳受命后,在日本法学家冈田朝太郎、松冈义正等人的帮助下近采日本、远法德国,制定了一系列具有一定资本主义民主色彩的法典,包括中国的第一部诉讼法典《刑事民事诉讼法》草案(1906 年)和第一部独立的刑事诉讼法典《刑事诉讼律草案》(1910 年),而其间 1908 年为调整轻微犯罪仿照日本国 1885 年颁布的《违警罪即决例》而制定的《违警律》,标志着近代中国简易刑事程序立法的萌芽。“明治维新”之初,日本人倾心学习法国法律,[2]其刑法也如法国将犯罪分为违警罪、轻罪和重罪三种,同时其治罪法(程序法)也仿照法国之规定,将违警罪由违警罪法院管辖,而各地的警察署、警察分署为当然的违警罪法院,从而创设了类似法国的简易刑事程序。下面我们就对清末的《违警律》[3]作一简要介绍。

清政府从 1905 年开始正式建立了警察制度,把“预审人犯,科罚违警,捕送罪人,侦探秘密”列为警察机关的工作职责。在此基础上,光绪三十四年(1908 年)4 月 10 日,清王朝又制定颁布了《违警律》以调整和处罚关于政务、公众危害、交通、通信、秩序、风俗、身体及卫生和财产等违警罪,全律共 8 章,45 条。据其第 44 条之规定:“本律自钦定颁行文到之日起,限三个月,所有各省一律施行。其各地方有巡警制度未经设立完备者,得由各该省督抚酌量情形另定限

---

① 沈家本:《寄文存 · 卷一 · 删除律例内重法折》,载李光灿:《评〈寄文存〉》,群众出版社 1985 年版,第 189 页。

② 如日本人为学习法国法律,1972 年日本政府聘请法国巴黎高等法院的律师 Georges Bousquet 担任法律顾问,1873 年又礼聘巴黎大学法学院教授波阿索纳德担任政府法律顾问。后者担任日本国政府法律顾问长达 21 年,因其对近代日本法制建设的突出贡献被誉为“日本近代法之父”。

③ 戴鸿映编:《旧中国治安法规选编》,群众出版社 1985 年版,第 15~23 页。

期,奏明办理。”即其从1908年7月中旬开始先后在全国各地施行。《违警律》规定的处罚方式有拘留、罚金、充公、停业及勒令歇业等,并且拘留和罚金可以并处,其所定罚例依轻重可分为7种(第3条);如同时违反两款以上者,各按应得之罪分别处罚,拘留期限最长可达30日,罚金数目最多可达到30元(第9条)。犯罪后逾6个月未惩办者不再追究,予以豁免(第8条)。对行为人所犯《违警律》规定之罪,由警察直接进行处罚,凡拘留者拘留于巡警官署(第4条),对其不服者不得呈控审判衙门或其他地方官衙门,①所以对违警罪之处罚实际上只是一种行政性质的处罚,其程序也并非正式的审判程序。

晚清之《违警律》从对犯罪类型的划分、立法之宗旨和内容等方面大量借鉴了日本国的《违警罪即决例》,不过为了给当事人以救济的机会,日本《违警罪即决例》规定如果不服有权向法院起诉,②而这是晚清《违警律》有所保留的。故晚清《违警律》虽只适用于轻罪,对行为人最长只能处30天的拘留、最多只能处30元的罚金,但其由警察官署直接对行为人进行定罪之作法显然是不尽合法理,于人权保障也甚为不力。为了使《违警律》得到较好的实施,清政府1908年还制定了《违警律施行办法》,1909年3月清政府民政部又制定了

---

① 1908年制定的《违警律施行办法》对此特作专门解释,“不服违警之判断,应否准其呈控审判衙门或其他地方官衙门?查此项尚待详细核议,在未经议定办法以前,应暂时作为行政处分,不准再向审判衙门或其他地方官衙门呈控”(戴鸿映编:《旧中国治安法规选编》,群众出版社1985年版,第25页)。不过1906年颁布实施的《大理院审判编制法》规定对违警罪有不服者可向城谳局起诉,但《大理院审判编制法》的适用范围仅限于京师,不具有代表性。参见谢振民:《中华民国立法史》,中国政法大学出版社2000年版,第986页。

② [日]田宫裕:《刑事程序的简易化》,载西原春夫主编:《日本刑事法的形成与特色——日本法学家论日本刑事法》,李海东译,法律出版社/日本成文堂1997年版,第412页。

《违警律条文解释》,可见对其实施之重视。

二、北洋政府时期简易刑事程序的立法

虽然清末沈家本等人拟就的《刑事民事诉讼法》草案由于受到众人的反对而流产,《刑事诉讼律草案》也由于“辛亥革命”的爆发清王朝的灭亡而未得颁布实施,但它们却揭开了中国刑事诉讼立法近代化的序幕,其取得的一系列积极成果也大都被新生的民国继承了下来。1912 年 3 月 10 日,还未接任临时大总统的袁世凯就以临时大总统的名义下令,“现在民国法律未经议定颁布,所有从前施行之法律及新刑律除与民国国体抵触各条应失效力外,余均暂行援用,以资遵守。此令”。[①] 像前清之《新刑律》《刑事诉讼律草案》《法院编制法》《商律》《违警律》等在民国初年均被得以暂时援用。就《违警律》而言,直到 1915 年北洋政府才制定出《违警罚法》将其代替。不过正是在北洋政府时期中国出现了较为正式的简易刑事程序立法,下面我们就其概况作一扼要介绍。

1913 年 9 月 11 日,抱着“非国务大臣不做”志趣的梁启超出任袁世凯政府的司法总长,然而是有理想却无建树,[②]遂于 1914 年 2 月 18 日以“一介书生,未谙从政”为由辞去司法总长职务,并向袁世凯上呈了关于司法改革的十条建议以望其采纳,[③]其中第 2 条建议

---

① 《临时大总统宣告暂行援用前清法律及暂行新刑律文》,载《临时公报》1912 年 3 月 11 日。

② 张朋园:《梁启超的“国务大臣”志气及其对民初财政司法外交的影响》,载中华文化复兴运动推行委员会主编:《中国近代现代史论集》(第 21 编民初政治三),台湾商务印书馆 1986 年版,第 192~195 页。

③ 《司法总长梁启超呈大总统敬陈司法计划十端留备采择文》,载《东方杂志》第 10 卷 12 号,“内外时报”1914 年 6 月 1 日。

就是主张设立简易程序以审理轻微的犯罪案件。为了减少诉累,梁启超认为,应将轻微案件移归警署训诫以扩大违警案件的收案范围,在县知事兼理司法审判的地方,规定一定种类的案件,按照简易程序处理。在他看来对于轻微犯罪案件,不必过分注重形式,“贤明长官,堂谕数语即可了结”。袁世凯对梁启超的建议甚为重视,将其交付政治会议议决,政治会议对梁启超的建议大多表示赞同,最后在采纳梁启超建议的基础上,1914 年袁世凯政府制定颁布了《地方审判厅刑事简易庭暂行规则》10 条和《审检厅处理简易案件暂行细则》9 条,正式建立简易刑事程序,故梁启超于民国初年简易刑事程序的创设可谓功不可没。

依据《地方审判厅刑事简易庭暂行规则》和《审检厅处理简易案件暂行细则》之规定,对于犯罪事实据现有证据属于明确,而应判处刑罚又在四等以下有期徒刑、拘役或罚金之刑者直接交检察官由其向刑事简易庭起诉,从收案至判决一般在 4 日以内完成,最长不得超过一周。对于简易案件不适用预审程序,检察官自接受案件到起诉,最多不得过 2 日;起诉方式也较灵活,可采用口头的形式,对此只需用笔录予以记载即可。简易庭审理简易刑事案件由 1 名推事独任进行,要求其收受案件后应于 1 小时内开庭审理,推事自接受案件至谕知判决,不得逾 2 日。对于按照简易程序审理的案件,推事可以当庭进行判决宣告,如果当事人当场表示不上诉者,判决即为生效。此外依规定,如果简易庭的推事认为案件不属于简易案件的标准,可以报经地方审判长另行安排审理。

《地方审判厅刑事简易庭暂行规则》和《审检厅处理简易案件暂行细则》的实施无疑大大提高了办案的效率,使大量轻微的刑事犯罪案件在短期内得以解决,在一定程度上确实实现了梁启超预期的

"官既省劳,民亦称便"的目的。但由于其规定对是否属于刑事简易案件由地方检察厅检察长来认定,而时间紧迫,实践中法官少有充足的时间来认真调查、核实检察官提出的证据和理由,故而检察机关实际上掌握了刑事简易案件的最终决定权,审判常常只是流于形式。加之针对民初人力和财力双重匮乏的局面,[①]1914 年 4 月 5 日,袁世凯以大总统教令的形式颁布实施《县知事兼理司法事务暂行条例》,裁撤各县初级审检厅及各县审检所,恢复前清县长兼理司法之旧制,司法独立失去保障。而县知事们甚至还以简易判决尚须一定方式为苦,审判常常改为以堂谕的方式结案。对此司法部虽颇有微辞,但仍然批准同意其可使用堂谕的方式结案:

查判决为诉讼终结之宣言,必以定式相纠绳,无非保护当事人之权利。而揆其实际,除抄录诉状个节外,不过述证明判断之理由。本为断狱者应有之事,初非繁重难行之举。惟既据该巡按使等咨称:县知事以为苦,本部期于兼理司法衙门者,原不过判断之得当,苟能言之成理,自不必拘形式。嗣后,拟请将县知事受理案件中,民事属于初级管辖,刑事无庸覆判者,划为简易案件,准其得以堂谕行之。而对于堂谕,如当事人不声明上诉时,并准其得径送执行,借收简捷清理之效。[②]

稍后,司法部又进一步将标准放宽,规定"法定最重主刑为三等

① 李启成:《民初覆判问题考察》,载《清华法学》2005 年第 1 期。

② 《司法部呈县知事审理简易案件拟请准以堂谕代判决文并批令》(1914 年 11 月 24 日),参见印铸局官书科编:《法令辑览》(第六册),第十一类"司法",第 77 页,北京,1917 年 6 月 1 日。

有期徒刑之案件,宣告四等有期徒刑以下之刑者,亦得以堂谕代判决”。[①] 在司法独立不保的情况下拼命追求效率,审判程序已简化到连基本形式也完全丧失,结果司法效率虽得,但人权保障却大打折扣,[②]此当为梁启超所不愿见者矣。

1920 年 10 月 28 日,北洋政府的司法部为求进一步提高刑事诉讼之效率,特以部令第 869 号公布《处刑命令暂行条例》15 条,并规定从 1921 年 1 月 1 日起开始施行。依此条例,对于判处五等有期徒刑、拘役或罚金的案件,经检察官声请,地方审判厅简易厅可不经审判直接以命令的方式对被告人进行处刑。不过据其规定,如果法庭认为采用处刑命令的方式不适当,仍可依简易程序的方式进行开庭审理;对判决不服者可于 7 日内声明异议,要求按照简易程序审理判决。于是,在中国的刑事司法中就第一次出现了类似德国处罚令程序的诉讼程序。不过在 7 年前我们的近邻日本已制定了这种类似的诉讼程序,出于国家财政的逼迫,为求提高诉讼效率,1913 年日本参照德国的处罚令程序制定了《刑事略式程序法》,规定区法院根据检察官的请求,在公审前可以用略式命令对被告人科以罚金或罚款,被告人对略式命令发出前有事前异议申请权,在发出以后有事后请求正式审判权。[③] 北洋政府的《处刑命令暂行条例》无疑是对德国和日本相关立法继受的结果。1922 年北洋政府颁布实施《刑事诉

① 《县知事审理三等徒刑案件暂以堂谕代判决无用送覆判文》(1914 年 12 月 18 日),参见印铸局官书科编:《法令辑览》(第六册),第十一类“司法”,第 116 页,北京,1917 年 6 月 1 日。

② 关于民国时县知事兼理司法之黑暗,可参见张庆军、孟国祥编著:《民国司法黑幕》,江苏古籍出版社 1997 年版,第 29~33 页。

③ [日]田宫裕:《刑事程序的简易化》,载西原春夫主编:《日本刑事法的形成与特色——日本法学家论日本刑事法》,李海东译,法律出版社/日本国成文堂 1997 年版,第 413 页。

讼条例》,但《处刑命令暂行条例》仍然继续有效。

1922 年 1 月 25 日,北洋政府又以教令第 2 号公布《刑事简易程序暂行条例》12 条,以与《刑事诉讼条例》配套进行施行。其规定检察官在配受案件后,应速起诉,至迟不得逾 2 日,或被告人自认犯罪或请求依简易程序办理之翌日;简易庭于案件起诉后,应即开始公判,不得逾翌日;单处罚金之案件,如果被告人愿缴纳法定最高额之罚金,得不经审判,径行执行。《刑事简易程序暂行条例》之规定对于提高诉讼效率,使被告人尽快摆脱诉累有一定的好处,但在司法腐败、吏治不清的前提下强调诉讼效率无疑结果只能是鱼肉百姓,其立法的宗旨实际上变成只是意在对被告人进行紧急治罪。然而《刑事简易程序暂行条例》却受到了司法者们广泛的青睐,在司法实务中被大量适用,而取代了《处刑命令暂行条例》的适用,对此谢振民先生评价说:"此暂行条例施行后,各地方审判厅即无以命令处刑之事实。"①

三、国民政府统治时期简易刑事程序的立法

1928 年 3 月 10 日,国民政府颁布了新的《刑法》,为了配合刑法的施行,新《刑事诉讼法》的制定被提上了议事日程,相关人员遂着手进行新法律的起草工作,在北洋政府《刑事诉讼条例》的基础上,初步拟就《刑事诉讼法草案》。其后,国民政府法制局在对《刑事诉讼法草案》的审查过程中,本着"盖以一般刑事案件固应依通常诉讼程序进行,然遇特种案件,事实简明,毋须经繁杂程序亦可为办结者,自以依简易程序速结为宜,即在被告方面,亦有节省时日费用等

① 谢振民:《中华民国立法史》,中国政法大学出版社 2000 年版,第 1015 页。

种种之利益。尚检察官不为声请,或法院认为不应适用此项简易程序,或被告愿受正式审判时,仍各分别规定依照通常程序审理,俾免滋生流弊”[①]的认识,新增设简易程序作为《刑事诉讼法草案》修正案的第七编,共拟就 15 个条文。稍后在司法部部长蔡元培的召集下,又对原草案和法制局的修正案进行了进一步的修正,提出了 9 个方面的改进意见,其中之一即是关于处刑命令程序规定的改进。蔡元培等人认为,处刑命令固应用简略方式,但对于像被告人姓名、法院名称、作出命令的具体时间,及推事署名盖章等亦不能省略,特将司法局的修正案第 466 条修改为:“处刑命令,应依一定简略式,记载下列事项:(1)被告之姓名、年龄、籍贯、职业、住址;(2)犯罪之日时处所;(3)犯罪之行为及适用之法条;(4)应科之刑罚及必要之处分;(5)命令处刑之法院及年月日;(6)自接收处刑命令之日起,5 日内得申请审判。”[②]最后,在中央政治会议第 149 次会议上《刑事诉讼法》及其施行条例完全通过,国民政府在 1928 年 7 月 28 日将《刑事诉讼法》正式公布,并定于同年 9 月 1 日开始正式实施。从此,简易刑事程序正式以立法的形式规定在中国的刑事诉讼法典中,成为刑事诉讼制度的重要组成部分之一。

1934 年国民政府立法院对《刑事诉讼法》又作了进一步的修订,并于 1935 年 1 月 1 日公布了新的《刑事诉讼法》,同年 7 月 1 日生效。简易程序仍然作为《刑事诉讼法》第七编得以保留,经过多次修订,1935 年《刑事诉讼法》至今仍被我国台湾地区适用。其简易程序内容大致包括:(1)简易程序的适用要件,一是依自白或其他现存证据已足认定其犯罪,二是检察官提出适用简易程序的书面声

---

① 谢振民:《中华民国立法史》,中国政法大学出版社 2000 年版,第 1017 页。

② 谢振民:《中华民国立法史》,中国政法大学出版社 2000 年版,第 1118 页。

请，三是法院同意适用简易程序；（2）其对被告人之处罚仅限于6个月以下有期徒刑、拘役或罚金，得并科没收或为其他必要之处分；（3）法院对适用简易程序的案件应不经通常审判程序径以命令处刑，但有必要时，应于处刑前讯问被告；（4）被告具有一定的申请正式审判的权利。就其立法文本本身来说，已具有一定的合理性，但对于适用简易程序审理的案件，法律并没有给予被告人充分的权利保障，如缺乏指定辩护律师和相关救济的规定（台湾地区也直到1990年修正刑事诉讼法时才给予部分被告人救济的机会），①对被告申请正式审判的权利也作了限制，法院可以其申请正式审判之程式违背规定予以裁定驳回，被告人实际并未享有充分的程序选择权，故于人权保障不甚周全。不过随着新修订之《刑事诉讼法》的公布施行，刑事简易程序在人们心目中的地位也较前有所提升，引起了一些学者的高度关注，如在1930年由北京朝阳学院出版的陈谨昆著的《刑事诉讼法通义》中，简易程序还仅被设为第六编“特别诉讼”中的一章，而在1935年由上海商务印书馆出版的孙绍康编著的《刑事诉讼法》中，也将简易程序单独列出，作为独立的一编，并对简易程序的意义、申请和处分，处刑命令的确定和效力，正式审判申请和审判，正式判决书的补作和送达等作了较详尽的论述。② 当然由于长时间战事频繁，社会整体环境对正常司法极为不利，以及司法自

---

① 蔡墩铭：《刑事诉讼法论》，台北，五南图书出版股份有限公司2002年版，第650页。

② 何勤华：《中国近代刑事诉讼法学的诞生与成长》，载《政法论坛》2004年第1期。

身的腐败和黑暗,[①]加之国民党政府为了镇压共产党人和进步人士制定了许多法西斯式的特别法,如《惩治盗匪暂行条例》(1927 年 11 月 18 日公布施行)、《暂行反革命治罪法》(1928 年 3 月 9 日公布施行)、《危害民国紧急治罪法》(1937 年 1 月 31 日公布)、《惩治盗匪条例》(1944 年 7 月)、《勘乱总动员令》(1947 年 7 月)、《戒严法》(1948 年 5 月)、《勘乱时期危害国家紧急治罪条例》(1947 年 12 月)等,在普通司法之外广泛进行法西斯式的军事司法,特别法庭办案时常常不凭证据,仅依被告动机就对其进行定罪,致使上述简易程序的立法在实际司法中并未得到很好的实施。

与此同时,在共产党领导下的人民政权也创设了一些富有特色的简易刑事程序,例如,在基层刑事司法中普遍实行独任制、搞巡回审判;开展便民司法,对于民、刑事诉讼,群众均可以口头的方式起诉,当事人要求法院代书状纸或口诉的,都要代为缮写。1941 年 5 月 10 日陕甘宁边区高等法院对各县司法工作的指示中指出:"当司法机关受理案件时,无论诉讼当事人有无诉状,均应讯问清楚,不能加以拒绝。在讯问中必要记录,以备存案。"陕甘宁边区杰出的司法工作者马锡五甚至创立了审判与调解相结合的"马锡五审判方式",强调"就地审判,不拘形式,深入调查研究,联系群众,解决问题",给边区人民带来了极大的便利,也为党的司法工作赢得了良好

---

① 常增益:《旧中国的地方法院》,载中国人民政治协商会议全国委员会文史委员会编:《文史资料存稿选编》,中国文史出版社 2002 年版;朱国南:《奇形怪状的旧司法》,载中国人民政治协商会议全国委员会文史资料研究会编:《文史资料》(总第 78 辑),北京文史资料出版社 1982 年版;陈嗣哲:《1912 年至 1949 年我国司法界概况》,载中国人民政治协商会议全国委员会文史委员会编:《文史资料存稿选编》,中国文史出版社 2002 年版;王春南:《民国司法黑暗管窥》,载《人民论坛》2004 年第 12 期;张庆军、孟国祥编著:《民国司法黑幕》,江苏古籍出版社 1997 年版;等等。

的声誉。

四、新中国简易刑事程序的立法

随着解放战争的节节胜利，为了全面建立人民的司法，1949 年 2 月中共中央发布了《关于废除国民党的六法全书与确定解放区的司法原则的指示》，教育广大干部和群众在无产阶级领导的工农联盟为主体的人民民主专政的政权下，国民党的六法全书应该废除，人民的司法工作不能再以国民党的六法全书为依据，而应该以人民的新的法律作依据。在人民新的法律还没有系统地发布以前，应该以共产党政策以及人民政府与人民解放军所已发布的各种纲领、法律、条例、决议作依据。司法机关应该经常以蔑视和批判六法全书及国民党其他一切反动的法律、法令的精神来教育和改造司法干部。新中国成立以后，国民党的六法全书遂被完全废除。而废除六法全书的同时，国民政府制定的简易刑事程序也在新生的人民司法中完全消失。

但在新中国成立初期，由于主客观条件尚不具备，我们还不可能立即制定和颁布一部完整的刑事诉讼法典。不过就新中国刑事诉讼法典的制定历程来讲，早在 20 世纪 50 年代初期我们就已开始其起草工作，中央人民政府法制委员会于 1954 年曾拟出《中华人民共和国刑事诉讼条例》草案。"八大"以后，又由有关部门组成专门机构，经过半年多时间，拟出了《中华人民共和国刑事诉讼法草案（草稿）》，共 7 篇，325 条。其后，由于"左"的干扰，起草整顿工作停了下来。到 1962 年 6 月，在中央主管部门主持下，组织有关单位参加，再次恢复刑事诉讼法草案的修订工作，于 1963 年 4 月完成《中华人民共和国刑事诉讼法草案（初稿）》（以下简称 1963 年《初稿》),条文由原来的 325 条减少为 200 条。随后出现“文化大革命”,立法的事情自然再无从谈起。直到 1979 年全国人大常委会法制委员会才以 1963 年《初稿》为基础,先后拟出《修正一稿》(共 217 条)和《修正二稿》(共 164 条),①于 1979 年 6 月将《修正二稿》提请五届人大二次会议审议通过,并于 1979 年 7 月 7 日正式予以公布,从 1980 年 1 月 1 日起开始施行。至此,几经曲折在新中国成立近 30 年时我们终于制定出新中国第一部《刑事诉讼法典》,然而这部由 4 编 164 条构成的法典却并没有对简易刑事程序作出任何规定。不过在人身控制严密、社会流动性不大,犯罪率偏低,案件负担较轻,各级党组织和机构均能发挥良好治理和调解功能的情况下立法者确实没有考虑设置简易程序的必要。加之,我国立法和司法长期备受苏联的影响,一切以苏联为榜样和参照,②而早在 20 世纪 50 年代《苏俄刑事诉讼法典》中虽然还保留有“人民法院的特别程序”一章,但是其“缺席判决”一节已废除、“人民法院值日庭”制度实际也不存在,只剩下“法院命令”一节,但其也只在苏俄范围内适用,苏联、各加盟共和国及自治共和国法院组织法均未规定依照法院命令程序处理刑事案件,③简易程序已日趋衰落,鉴于简易刑事程序在苏联之如此命运,中国的立法者们当然不会再去过多地关注它。此外,当时的立法和司法技术本身也还较粗糙,也缺少程序分流、实行

① 本着原则性与灵活性相结合和法律条文应力求简明扼要、通俗易懂的原则,立法者删除了属于公、检、法三机关内部办事手续的一些条款,让其以后根据需要另订工作细则加以解决,从而使条文由初稿的 200 条减少到只剩下 164 条。

② 蔡定剑:《关于前苏联法对中国法制建设的影响》,载《法学》1999 年第 3 期;杨心宇、李凯:《略论苏联法对我国法学的影响》,载《复旦学报》2002 年第 4 期。

③ 中央人民政府法制委员会编译室译:《苏俄刑事诉讼法法典》(第 2 版),法律出版社 1957 年版,第 71~73 页。

类型化司法的观念，故立法不设立简易刑事程序是不足为怪的。

然而从党的十一届三中全会确立“对内改革，对外开放”、以经济建设为中心的方针以来，伴随着经济的发展，社会生活日渐复杂化，加之受“文化大革命”的消极影响，道德虚无主义一时盛行，各种犯罪与日剧增，社会治安形势每况愈下。于是 1983 年 9 月 2 日第六届全国人民代表大会常务委员会第二次会议通过《全国人民代表大会常务委员会关于迅速审判严重危害社会治安的犯罪分子的程序的决定》(以下简称《决定》)，在全国开展“严打”。《决定》规定：“一、对杀人、强奸、抢劫、爆炸和其他严重危害公共安全应当判处死刑的犯罪分子，主要犯罪事实清楚，证据确凿，民愤极大的，应当迅速及时审判，可以不受《刑事诉讼法》第 110 条规定的关于起诉书副本送达被告人期限以及各项传票、通知书送达期限的限制。二、前条所列犯罪分子的上诉期限和人民检察院的抗诉期限，由《刑事诉讼法》第 131 条规定的十日改为三日。”这就在事实上针对“杀人、强奸、抢劫、爆炸和其他严重危害公共安全”的犯罪案件建立起了与法定程序不同的“速决程序”。有学者戏称这就是新中国的简易程序。① 当然这并不是什么现代意义上的简易程序。它是一种“权力型”的程序，而非“权利型”的程序，其程序的简易化已导致了程序的极端非正当性，与设立简易程序的立法价值完全背离。在社会各界的讨伐声中，《决定》已于 1997 年 1 月 1 日随着修正后的《刑事诉讼法》的生效而失效。

与此同时，随着改革的深入，思想的解放，国外学术著作的大量译介出版，学术争鸣日渐活跃起来，简易刑事程序设置问题在 20 世

① 陈瑞华:《刑事诉讼的前沿问题》，中国人民大学出版社 2000 年版，第 418 页。

纪90年代初终于成为学者们关注和讨论的重要话题之一。1988年出版由陈光中教授主编的《外国刑事诉讼程序比较研究》较详细地介绍了英国、美国和日本适用简易刑事程序的情况;而1991年出版由樊崇义教授主编的《刑事诉讼法学研究综述与评价》和1993年出版由陈光中教授主编的《中国刑事诉讼程序研究》均设专题对刑事审判简易程序展开研究,并从创立简易程序是当今世界刑事诉讼发展的大趋势、具有理论上的依据、是由我国司法工作的优良传统决定的、也是司法实践的殷切呼唤等方面对我国创立简易程序势在必行进行了论证。[1] 左卫民教授在1994年出版的专著《价值与结构——刑事程序的双重分析》中也使用经济学中的效率范畴再次论证表明"有必要在我国刑事程序中增加简易程序"。[2] 因而,在我国建立简易刑事程序终于逐步成为学界和实务界大多数人的共识。

同时随着社会的发展,立法者也深感有必要对1979年《刑事诉讼法》进行修改。1993年10月,全国人大常委会法律工作委员会委托陈光中教授负责组织"研究起草刑事诉讼法修改草案",陈等人在1994年7月完成的修改草稿中写进了刑事简易程序的内容。在讨论对草稿进行修改时,虽还有个别人对建立刑事简易程序表示疑虑,但也鲜有人表示强烈反对设立简易程序,如裴苍龄教授建议我国的《刑事诉讼法》更名为《刑事程序法》,其独自草拟的《刑事程序法》大纲中其第三编下也增设简易程序作为第五节。[3] 1996年3月

---

① 樊崇义主编:《刑事诉讼法学研究综述与评价》,中国政法大学出版社1991年版,第466~470页;陈光中主编:《中国刑事诉讼程序研究》,法律出版社1993年版,第548~552页。

② 左卫民:《价值与结构——刑事程序的双重分析》,法律出版社2003年版,第53页。

③ 裴苍龄:《中华人民共和国刑事程序法(拟目)》,载《政治与法律》1996年第1期。

17日,第八届全国人民代表大会第四次会议终于审议通过了《中华人民共和国刑事诉讼法修正案(草案)》,简易程序被安排在第三编第三节,共6个条文,对其审判组织形式、适用案件、庭审程序、审理期限和变更程序等作了明文规定,从而实现了历史性的突破。

但由于立法条文粗糙,缺乏操作性,最高人民法院、最高人民检察院先后制定了一系列的司法解释以方便实际操作。但两家解释的分歧又产生了进一步整合的必要性,同时受立法本身和司法现实的制约简易程序适用率不高,未实现设置简易程序以分流案件、节约司法资源的预期目的。故为了消除检察院、法院在适用简易程序上认识的分歧和进一步扩大与规范简易程序的适用,2003年,最高人民法院、最高人民检察院和司法部联手制定了《关于适用简易程序审理公诉案件若干问题的规定》,对简易程序的适用作出了进一步的细化。

与此同时,为进一步提高被告人认罪案件的普通程序的质量和效率,最高人民法院、最高人民检察院和公安部还制定了《关于适用普通程序审理"被告人认罪案件"的若干意见(试行)》。其规定对于被告人认罪并符合一定条件的普通程序案件,法院可以实行"普通程序简易审",以求提高司法的效率,减轻被告人的诉累。对于这一程序现在无论是官方还是民间,大多数人都认为在本质上它是一种普通程序而非简易刑事程序,但由于其省略了普通程序庭审中的许多环节,实际上它是一种省略式的公审程序,诚如有些学者所言:"将我国的'刑事案件普通程序简易审'称为中国式的'简易公审程序'亦无不可。"[①]故我们认为它属于广义上的简易刑事程序。

---

① 徐静村、潘金贵:《我国刑事审判制度改革前瞻》,载《中国刑事法杂志》2003年第5期。

《刑事诉讼法》自1996年第一次修正16年后,国情世情发生了深刻变化,使刑事诉讼法越来越难以适应社会发展和司法实践的需求,因此迫切需要进行再次修改。2012年《刑事诉讼法》第二次修改,扩大了简易程序的适用范围。[①] 根据2012年《刑事诉讼法(草案)》立法说明,其立法目标在于,在保证司法公正的前提下,适当调整简易程序的适用范围,实行案件的繁简分流,有利于提高诉讼效率。为此,修正案将适用简易程序审判的案件范围,修改为基层人民法院管辖的可能判处有期徒刑以下刑罚、被告人承认自己所犯罪行的案件。[②] 从而,程序简化以是否认罪为主要标准,而不是以案件可能判处的刑罚为标准。同时,2012年《刑事诉讼法》总结审判经验,在吸收被告人认罪案件审理程序基本原则和精神的基础上,依据可能判处的不同的刑罚,规定了相应的审判组织、审理期限;明确规定适用简易程序的公诉案件,检察院应当派员出庭,健全了简易程序中的三方诉讼结构。[③] 但整体而言,其只是对之前简化的两种程序予以合并,很难说其真正能推动程序的简化。

实际上,我国部分地区司法机关自发开始了新型的简易刑事程序改革。随着国家现代化进程的演进,我国的社会矛盾激增,同时社会矛盾也呈现分化的状态。2006年中央在深入调查研究、广泛征求各方面意见的基础上,中共十六届六中全会通过的《中共中央关于构建社会主义和谐社会若干重大问题的决定》,正式提出实行宽

① 陈光中、曾新华:《中国刑事诉讼法立法四十年》,载《法学》2018年第7期。

② 参见全国人民代表大会常务委员会副委员长王兆国2012年3月8日在第十一届全国人民代表大会第五次会议上做关于《中华人民共和国刑事诉讼法修正案(草案)》的说明。

③ 宋英辉:《刑事诉讼修改的历史梳理与阐释》,北京大学出版社2014年版,第315页。

严相济的刑事司法政策。宽严相济刑事政策最终完成向立法政策的转变是在《刑法修正案(八)》的制定。2010 年 9 月全国人大常委会公布了《刑法修正案(草案)条文及草案说明》,对修法的根据予以明示:“根据宽严相济的刑事政策,在从严惩处严重犯罪的同时,应当进一步完善刑法中从宽处理的法律规定,以更好地体现中国特色社会主义刑法的文明和人道主义,促进社会和谐。”2010 年,最高人民法院和最高人民检察院(以下简称“两高”)先后制定了落实宽严相济刑事政策的司法解释。其对于最大限度地预防和减少犯罪,化解社会矛盾,维护社会和谐稳定,具有特别重要的意义。

这给我国立法与司法带来了极大变化。立法上,以《刑法修正案(八)》《刑法修正案(九)》的出台、劳动教养制度被废除等为突出诱因,我国刑事立法领域凸显出犯罪轻型化倾向。① 实践中,宽严相济的刑事政策调整了我国从严打击犯罪的政策,司法机关运用新政策对许多案件从宽处理,导致了更多案件的刑罚轻缓化。实体法上的变化导致需要与之协调的诉讼程序。

与此相关,2014 年 10 月,党的十八届四中全会做出的《中共中央关于全面推进依法治国若干重大问题的决定》(以下简称《依法治国决定》)提出:“推进以审判为中心的诉讼制度改革,确保侦查、审查起诉的案件事实证据经得起法律的检验。全面贯彻证据裁判规则,严格依法收集、固定、保存、审查、运用证据,完善证人、鉴定人出庭制度,保证庭审在查明事实、认定证据、保护诉权、公正裁判中发挥决定性作用。”以审判为中心的诉讼制度改革的全面推进,必将在重大、复杂、疑难案件的审理上投入更多的司法资源,进一步加剧司

---

① 陈卫东:《认罪认罚从宽制度研究》,载《中国法学》2016 年第 2 期。

法资源的紧张程度。结合“员额制度改革”“立案登记制改革”等一系列举措,有限的司法资源与解决司法纠纷的社会需求之间的张力越发明显。[①] 我国迫切需要建立有效的程序简化方式,“简案快办、繁案精办”的程序改革思路同步形成。

为体现“简案快办”,2014 年 6 月,全国人大常委会通过了《关于授权最高人民法院、最高人民检察院在部分地区开展刑事案件速裁程序试点工作的决定》(以下简称《速裁程序决定》),授权在北京等 18 个城市开展刑事案件速裁程序试点工作,对于符合条件的依法可能判处 1 年以下有期徒刑、拘役、管制的案件,或者依法单处罚金的案件,进一步简化刑事审判程序,并将之延伸至审查起诉程序。“两高”也制定了相应的司法解释。改革取得较好的成效,但试点改革也发现案件适用范围过窄,犯罪嫌疑人、被告人参与程序的动力不够等问题,其导致该程序适当比例过低,不能充分发挥简化诉讼程序的改革目标。2015 年“两高”所做的中期报告指出:截至 2015 年 8 月 20 日,各地确定基层法院、检察院试点 183 个,共适用速裁程序审结刑事案件 15606 件 16055 人,占试点法院同期判处一年有期徒刑以下刑罚案件的 30.70%,占同期全部刑事案件的 12.82%。[②]

为进一步加大程序简化的范围及力度,2016 年 9 月,全国人大常委会又通过了《关于授权最高人民法院、最高人民检察院在部分地区开展刑事案件认罪认罚从宽制度试点工作的决定》,授权在上述 18 个城市继续开展刑事案件认罪认罚从宽制度的试点工作,通过引入控辩协商机制,激励犯罪嫌疑人、被告人认罪;同时,将刑事速

---

① 陈卫东:《认罪认罚从宽制度研究》,载《中国法学》2016 年第 2 期。

② 《最高人民法院、最高人民检察院关于刑事案件速裁程序试点情况的中期报告》,载《中华人民共和国全国人民代表大会常务委员会公报》2015 年第 6 期。

裁程序纳入新的试点继续进行探索，并将其适用范围扩大至基层人民法院管辖的可能判处 3 年有期徒刑以下的案件，进一步提升了刑事速裁程序分流轻微刑事案件的效能。截至 2017 年 11 月底，18 个试点地区共确定试点法院、检察院各 281 个，适用认罪认罚从宽制度审结刑事案件，占试点法院同期审结刑事案件的 45%，适用速裁程序审结的占 30.8%。①

2017 年，“两高”在该改革的中期报告中指出，试点工作取得初步成效：一是宽严相济刑事政策得到充分体现，促进了社会和谐稳定。二是司法资源得到合理配置，促进了刑事诉讼效率明显提升。三是当事人权利得到有效保障，促进了司法公正。但是，认罪认罚从宽制度试点工作还存在一些问题和困难。主要是，试点工作整体推进不够平衡，有的地区试点案件数量偏少、比例偏低，试点案件类型和适用程序过于集中，对普通程序中的适用问题探索不够。一些环节协调配合还不够顺畅，办案规程、工作机制尚需进一步完善，等等。②

为了使试点经验转化为有效立法，试点即将结束之际，2018 年 4 月，第十三届全国人大常委会第二次会议首次审议了全国人大常委会委员长会议关于提请审议《刑事诉讼法修正案（草案）》的议案。其中，正式通过的《刑事诉讼法修正案》总结了认罪认罚从宽制度、速裁程序试点工作经验，提出了完善刑事案件认罪认罚从宽制度和

---

① 最高人民法院院长周强 2017 年 12 月 23 日在第十二届全国人民代表大会常务委员会第三十一次会议上关于在部分地区开展刑事案件认罪认罚从宽制度试点工作情况的中期报告。

② 最高人民法院院长周强 2017 年 12 月 23 日在第十二届全国人民代表大会常务委员会第三十一次会议上关于在部分地区开展刑事案件认罪认罚从宽制度试点工作情况的中期报告。

增加速裁程序等内容,将试点工作中可复制、可推广的有效做法上升为法律规范,在全国范围内实行。认罪认罚从宽制度将传统认罪简化程序的思路与控辩协商结合在一起,通过保障辩方程序参与权,更充分地激励犯罪嫌疑人、被告人认罪,同时将程序简化推向庭前,对审查起诉程序予以简化,该制度为我国刑事诉讼程序的简化提供了更大空间、更大可能。然而目前的适当比例仍不够,一些配套制度仍需要实践中加以完善,以充分实现该制度功能。

至此,我国的简易刑事程序已呈现出多元化的发展势态。虽然其相关具体规定尚需进一步探讨,但这种依据案件情况之类型进行多元化的刑事程序设计,其思路无疑正是与日具个性化、分层化的中国社会发展趋势合拍的,也正是中国未来刑事程序设计发展的正确方向所在。

第七章　中国认罪认罚从宽制度的理论反思

2014年，党的十八届四中全会通过的《依法治国决定》中明确提出了“完善刑事诉讼中认罪认罚从宽制度”的改革任务。2015年，“两高”分别在《最高人民法院关于全面深化人民法院改革的意见——人民法院第四个五年改革纲要（2014—2018）》与《关于深化检察改革的意见（2013—2017年工作规划）》中重申这项改革内容。2016年年初召开的中央政法工作会议，进一步提出“抓紧研究提出认罪认罚从宽制度试点方案”，“选择有条件的地方开展试点”的具体要求。[①] 同年7月，中央全面深化改革领导小组第二十六次会议审议通过了《关于认罪认罚从宽制度改革试点方案》，9月，第十二届全国人大常委会第二十二次会议通过了《关于授权最高人民法院、

① 参见王逸吟：《我国将开展认罪认罚从宽制度试点》，载《光明日报》2016年1月24日，第3版。

最高人民检察院在部分地区开展刑事案件认罪认罚从宽制度试点工作的决定》,11月,最高人民法院、最高人民检察院、公安部、国家安全部、司法部(以下简称“两高三部”)联合发布《关于在部分地区开展刑事案件认罪认罚从宽制度试点工作的办法》(以下简称《认罪认罚从宽试点办法》)。经过两年试点,2018年10月修改的《刑事诉讼法》正式从法律层面确立了认罪认罚从宽制度。2019年10月11日,“两高三部”又联合制定了《关于适用认罪认罚从宽制度的指导意见》(以下简称《认罪认罚从宽指导意见》),旨在统一各级公安司法机关的认识,正确实施刑事诉讼法新规定,精准适用认罪认罚从宽制度,确保严格公正司法。至此,认罪认罚从宽制度改革可谓圆满完成。

关于认罪认罚从宽制度,目前理论界和实务界已经进行了诸多有价值的探讨。如有关认罪认罚从宽的制度属性,一些学者认为这一制度兼具实体法和程序法属性。[①] 关于认罪认罚从宽制度的价值定位,有学者认为这一制度是我国宽严相济刑事政策的制度化;[②]有

---

① 如陈卫东认为,认罪认罚从宽适用于任何性质的案件、任何类型的诉讼程序,其在性质上兼具实体与程序的双重属性(参见陈卫东:《认罪认罚从宽制度研究》,载《中国法学》2016年第3期)。熊秋红也指出,虽然十八届四中全会决定侧重强调“完善刑事诉讼中认罪认罚从宽制度”,但刑事诉讼法中的认罪认罚从宽制度与刑法中的认罪认罚从宽制度具有某种程度的不可分性(参见熊秋红:《认罪认罚从宽的理论审视与制度完善》,载《法学》2016年第10期)。

② 如熊秋红认为,认罪认罚从宽滥觞于“坦白从宽、抗拒从严”和“宽严相济”的刑事政策,是在新的历史条件下对其中宽缓一面的发展。(参见熊秋红:《认罪认罚从宽的理论审视与制度完善》,载《法学》2016年第10期。)陈卫东也指出,推动认罪认罚从宽制度的深化发展,正是突出彰显了宽严相济刑事政策的核心精神;宽严相济的刑事政策作为一种原则化的政策形式,有必要通过认罪认罚从宽制度将其政策内涵具体化。(参见陈卫东:《认罪认罚从宽制度研究》,载《中国法学》2016年第3期。)

助于节约司法成本，提升刑事司法效率，[①]实现司法资源的优化配置。但是，在系统梳理现有研究后我们不难发现：目前的讨论乃至实践，仍将其主要视为一项刑事程序法改革，与之相关的实体法改革不仅未受到足够的重视，且存在争议；[②]这一改革也基本被视为旨在破解当前"案多人少"困局，提升刑事司法效率的举措；[③]甚至在认识上将认罪认罚基础上的从宽等同于程序的从简、从快，并呼吁借鉴英美辩诉交易制度的某些举措。[④] 不得不说，上述种种认识都属于理论上的误区。

认罪认罚从宽制度的出台，既是对学界长期关注的一些关键问题的回应，也是对相关实践经验的总结，具有重要的理论和实践价值。不过，制度是否均具有合理性、能否真正消除相关问题上的歧见，尚有待观察。

一、对认罪认罚从宽制度相关规定的评析

认罪认罚从宽制度的相关规定，经历了从"认罪认罚从宽试点

---

① 陈卫东即认为，"公正为本，效率优先"应当是认罪认罚从宽制度改革的核心价值取向（参见陈卫东：《认罪认罚从宽制度研究》，载《中国法学》2016 年第 3 期）。王瑞君也指出，认罪认罚从宽具有优化刑事案件的分流机制、优化司法资源配置的程序价值；认罪认罚从宽制度改革应以不侵犯刑罚裁量正义为底线，实现司法效率的最大化（参见王瑞君：《"认罪认罚"实体法视角的解读及司法适用研究》，载《政治与法律》2016 年第 5 期）。

② 当然，这个问题现在引起了部分刑法学者的重视，参见周光权：《论刑法与认罪认罚从宽制度的衔》，载《清华法学》2019 年第 3 期。

③ 魏晓娜指出，认罪认罚从宽制度的基本价值和功能在于，为简易程序和速裁程序的适用提供正当化机制和动力机制，提高二者的适用率，从而在行动层面优化司法资源配置；就这一点而言，这一制度服务于纾解案件压力的目标。魏晓娜：《完善认罪认罚从宽制度：中国语境下的关键词展开》，载《法学研究》2016 年第 4 期。

④ 目前，认罪认罚制度的立法目的仍然不清晰，对此，有学者进行了专门的研究，参见张泽涛：《认罪认罚从宽制度立法目的的波动化及其定位回归》，载《法学杂志》2019 年第 10 期。

办法”,到2018年《刑事诉讼法》以及2019年《认罪认罚从宽指导意见》的变迁历程。通过对这些文本规定进行分析,我们可以初步把握认罪认罚从宽制度改革的一些特征与基本问题。整体而言,认罪认罚从宽制度的相关规定一方面已在很大程度上回应了学界普遍关心的一些问题,廓清了相关概念;另一方面与理论界的观点也有所区别,在若干方面超越了已有的理论主张,但仍然存在下述两方面的问题:

一是在制度设计上,不管是《认罪认罚从宽试点办法》,还是《认罪认罚从宽指导意见》的规定,均偏重于这一制度的程序法属性。例如,《认罪认罚从宽试点办法》的大部分内容都属于程序法范畴。其第1条、第2条规定了认罪认罚从宽制度的适用情形以及排除适用的情形。在适用阶段上,该试点办法规定认罪认罚适用于侦查、审查起诉、审判三个阶段,只是对侦查阶段的一些处理规定了特殊的程序要求。又如第6条规定,“应当将犯罪嫌疑人、被告人认罪认罚作为其是否具有社会危害性的重要考虑因素,对于没有社会危害性的犯罪嫌疑人、被告人,应当取保候审、监视居住”。这表明认罪认罚具有程序从宽的程序后果,其对强制措施的适用具有评价意义。再如,从第3条、第15条来看,该试点办法坚持了案件事实清楚、证据确实充分的证明标准;从第5条来看,该试点办法建立了较为全面、有效的律师帮助制度,但与学界呼吁的强制辩护制度仍有差距;第15条确立了法官审查犯罪事实真实性、协议自愿性和合法性的程序权力;第16条则保障了被告人最后陈述的权利等。而《认罪认罚从宽指导意见》共12部分60条,其中大部分内容同样也属于程序法规定。例如,“四、犯罪嫌疑人、被告人辩护权保障”“五、被害方权益保障”“六、强制措施的适用”“七、侦查机关的职责”“八、审查起诉阶段人民检察院的职责”“十、审判程序和人民法院的职责”等部分的四十多条规定都是涉及在刑事诉讼程序中具体如何操作的问题。

二是在从宽的实体结果方面，相关制度规定不够全面、具体、细致、有效，操作性较差。比如，《认罪认罚从宽试点办法》第 4 条规定，“办理认罪认罚案件，应当坚持下列原则：贯彻宽严相济刑事政策，充分考虑犯罪的社会危害性和犯罪嫌疑人、被告人的人身危险性，结合认罪认罚的具体情况，确定是否从宽以及从宽幅度……确保刑罚的轻重与犯罪分子所犯罪行和应当承担的刑事责任相适应”。但是，对于应当如何从宽、从宽幅度、量刑基准等问题，均没有作出明确说明，只是给出了方向性的从宽原则。在实体从宽的实现机制方面，虽然该试点办法并未认同辩诉交易式的协商制度，但是否允许在量刑上进行一定的交易协商，也未得到明确。在实体量刑上，虽然并未如有些学者所主张的那样，确立强制性的“应当”从宽，而是根据具体情况进行量刑，①但是也未对实体从宽制定具体的、对应的量化规则，实体从宽的操作性较差。《认罪认罚从宽指导意见》虽然明确指出了从宽处理既包括实体上从宽处罚，也包括程序上从简处理，并对认罪认罚后“从宽”的把握作了一些规定，比如规定“在刑罚评价上，主动认罪优于被动认罪，早认罪优于晚认罪，彻底认罪优于不彻底认罪，稳定认罪优于不稳定认罪”，“对罪行较轻、人身危险性较小的，特别是初犯、偶犯，从宽幅度可以大一些；罪行较重、人身危险性较大的，以及累犯、再犯，从宽幅度应当从严把握”，但由于没有刑法的授权，其内容仍然只能保持含混，上述具

① 《认罪认罚从宽试点办法》坚持了认罪、认罚、从宽的三要素理念，而未像有的学者所主张的那样，采纳“认罪”就对应“从宽”的二要素理念。

体的从宽幅度、量刑基准问题仍然还没有得到彻底的解决。

总体而言,不管是改革前期的《认罪认罚从宽试点办法》,还是当下已正式施行的制度文本包括《刑事诉讼法》及《认罪认罚从宽指导意见》的规定,对于认罪认罚从宽制度的确立和落实,具有毋庸置疑的积极效果。然而,对于这些制度文本存在的偏重程序法的价值倾向,没有规定全面、具体、细致的实体从宽规则等问题,亦应引起足够的重视。

二、改革目的:程序效率化,还是权利保障

通过对认罪认罚从宽制度的相关规定及相应改革见解的梳理,我们认为,目前围绕认罪认罚从宽制度的讨论存在诸多认识上的误区。其中特别需要注意的认识误区之一,即为在庭审实质化改革会使进入庭审的案件耗费更多的人力、物力,因而需要更多的程序机制来提升程序效率的情况下,应通过完善认罪认罚从宽制度来提升程序效率,设置认罪认罚从宽处理制度的首要立法目的显然是从程序上实行"简繁分流、提升诉讼效率"。[①] 依循着这样的逻辑与思路,学者多着力于探索被追诉人认罪认罚后如何实现程序的快捷性。[②] 实践中出现的部分检察院展开的"认罪协商"试点,[③]便是以

---

① 张泽涛:《认罪认罚从宽制度立法目的的波动化及其定位回归》,载《法学杂志》2019年第10期。

② 例如,参见陈卫东:《认罪认罚从宽制度研究》,载《中国法学》2016年第3期;魏晓娜:《完善认罪认罚从宽制度:中国语境下的关键词展开》,载《法学研究》2016年第4期。

③ 关于在北京、福建、浙江等地开始尝试认罪认罚从宽试点,参见钟安安:《北京:刑事速裁案件首推"认罪协商"机制》,载《民主与法制时报》2016年2月16日,第1版;邱育钦:《石狮市检察院试行"认罪协商"机制———首例"认罪协商"案件获法院判决》,载《石狮日报》2016年4月9日,第2版;洪珊珊:《梅列法院试水认罪认罚从宽制度》,载《福建法治报》2016年6月8日,第2版。

控辩双方协商后被告人自愿认罪、法院简化处理庭审为特征。① 由于先期试点同刑事速裁程序试点重叠，所以，认罪认罚从宽制度也被视为在效率实现上统筹速裁程序、简易程序、普通程序的机制。② 质言之，认罪认罚从宽制度被认为是实现程序效率化的核心机制。但笔者认为，这些理论主张与实践举措是对这一制度的重大误解。

首先，有效落实对被追诉人的实体权利供给，即给予其从宽处罚的优待，应当成为完善认罪认罚从宽制度的首要目标。对于这一制度的核心本质，可以从文义和“立法者”意志两个角度来看。就文义来说，在“认罪认罚从宽”的称谓中，“从宽”无疑是核心关键词，即这一制度的核心要义是对诉讼中认罪认罚的被追诉人应给予从宽处罚。在法理上，“从宽”的唯一含义便是处理上的轻缓，实质上就是在定罪时给予被追诉人以轻缓处罚。就“立法者”意志而言，从提出完善认罪认罚从宽制度的相关中央文件看，落实被追诉人在认罪认罚情况下的从宽处罚这一实体权利供给，是这一改革的核心关怀；认罪认罚从宽制度的要旨在于使宽严相济的刑事政策得到制度呼应，使其能够通过正式的程序机制在实践中落地，可以说这是宽严相济刑事政策在新形势下的具体实现形式。

长期以来，我国一直奉行“坦白从宽”的刑事政策；并且，这一政

---

① 参见黄洁、张剑：《北京朝阳检察推认罪协商机制——签署承诺书量刑建议可酌减10%至20%》，载《法制日报》2016年2月14日，第3版。

② 参见葛晓阳：《认罪认罚属控辩协商而非“辩诉交易”》，载《法制日报》2016年9月3日，第3版；罗猛：《以认罪协商机制提升司法效率》，载《人民法院报》2016年8月11日，第2版。

策在司法解释及刑法修正案中得到了进一步确立,并予以了细化。[①]事实上,在较长一段时期的司法实践中,嫌疑人与被告人在认罪认罚后却未得到充分、有效的从宽处理。[②] 为了落实宽严相济刑事政策"从宽"的一面,《中共中央关于全面推进依法治国若干重大问题的决定》明确提出"完善刑事诉讼中认罪认罚从宽制度"。也就是说,改革决策者的主要用意应是解决司法实践中嫌疑人、被告人认罪认罚却不一定能得到从宽处罚的实体法问题,解决实践中被追诉人在认罪认罚的情况下实体权利供给不足的问题,而非如当下诸多学者,尤其是程序法学者所认为的那样,主要是解决刑事程序不快、不简的问题。

改革决策者为何忧心处罚从宽这一实体权利供给不足?在笔者看来,其根本原因是,权利供给的制度许诺未得兑现会损害制度的信誉和司法的权威,进而从整体上损害制度在规范和实践上的有效性。当然,"从宽"实体权利的供给不足,会减损被追诉人认罪认罚的积极性,进而可能导致案件久拖不决;在这一意义上可以说,完善认罪认罚从宽制度也有效率方面的考量,但这并非首要目标。事

---

① 例如,2009 年"两高"《关于办理职务犯罪案件认定自首、立功等量刑情节若干问题的意见》,对依法不成立自首,但如实交代犯罪事实的犯罪分子,区分不同情况提出了具体处理意见。根据 2011 年《刑法修正案八》的规定,《刑法》第 67 条增加一款:犯罪嫌疑人虽不具有前两款规定的自首情节,但是如实供述自己罪行的,可以从轻处罚;因其如实供述自己罪行,避免特别严重后果发生的,可以减轻处罚。

② 例如,在对 4447 个贪污罪一审案件中的 7 种常见量刑情节的定量问题进行分析后,徐贵勇发现,同一量刑情节在选择从轻、减轻、免除处罚上存在明显差异。"坦白"及"认罪"量刑情节占判决中认定次数的比例分别仅为 10.72%、10.36%,远低于"退赃"量刑情节所占的比例 38.47%和"自首"量刑情节所占的比例 21.46%。参见徐贵勇:《检视与校验:贪污罪量刑规范化司法规则的构建——以 5478 件涉贪污案件为样本的分析》,载四川省高级人民法院学术委员会编:《法院审判与管理研究(2015)——四川省法院第十八届学术讨论会获奖论文集》。

实上,我国的刑事司法程序已经是进行得比较快的程序,在效率上并没有明显的继续提升的空间。因此,不能将认罪认罚从宽制度的要旨简单地等同于对认罪认罚的嫌疑人、被告人的从快从简处理,而更应当思考的是如何加强对被追诉人的权利供给,尤其是实体权利供给。

其次,程序权利供给,即保障被追诉人认罪认罚的自愿性、符合性和充分性,是完善认罪认罚从宽制度的潜在需求。所谓自愿性即认罪认罚是被追诉人的真实意思表示;符合性就是被追诉人所认的罪符合客观事实与构成要件,所认的罚有法律依据;充分性就是裁判确定的所有犯罪事实和刑罚都得到了被追诉人的充分认可。在司法实践中,被追诉人之"认"的形态较为复杂,可能的情形是,被追诉人有一定的认罪认罚表象,但不见得都具有完全的自愿性、符合性和充分性。比如,被追诉人认罪认罚可能出于自愿,也可能迫于强力,而且这种被迫的情况不见得能得到证明;被追诉人提供一些于己不利的事实,不见得就是认罪,或是承认某些犯罪事实但不一定承认全部犯罪事实;被追诉人虽然承认犯罪事实,但不一定接受处罚方案。另外,对于认罪认罚是否具有自愿性、符合性和充分性,诉讼各方也可能存在认识分歧。比如,对于自首,司法实践中就常常存在较大的认识分歧,如被追诉人、辩护人主张是自首,控方或裁判者却不认为是自首。

认罪认罚从宽制度无疑应当保障被追诉人认罪认罚具有自愿性、符合性和充分性,否则,表面的认罪认罚容易造成错案,不仅损害被追诉人的权利,也损害被害人的利益,削弱司法的信誉和权威。在我国的刑事司法实践中,被追诉人的认罪率很高,然而,这种高认罪率有多少是出于自愿却不无疑问。一方面,"坦白从宽"的刑事政策长期未得到切实贯彻落实,使被追诉人自愿认罪的积极性实际上并不高。另一方面,被追诉人在审前作出有罪供述,而后在庭审中翻供的现象并不少见,其中有些翻供就是因为审前有罪供述是由刑讯逼供等强迫手段所致。因此,正如前中央政法委书记孟建柱所指出的,应在坚持司法公正的前提下,探索保障被追诉人"自愿认罪、自愿接受处罚"的程序制度。[①]《认罪认罚从宽指导意见》对保障犯罪嫌疑人、被告人辩护权作了专门的规定,是一个重大的进步,但是仍然有提升和拓展的空间。

最后,程序的效率化并不是认罪认罚从宽制度的基本内核,而只是这一制度的附随效果,至多是一个从属性目标。

其一,在"认罪认罚从宽"的主题称谓中,并不能找到与效率有关的词语,程序的效率化并没有明确的制度位置;同时,从法理上说,该制度也不具有效率实现的必然内涵,不必然意味着认罪认罚后的程序简化。在被追诉人认罪认罚后,给予其从宽处罚可以出于两种缘由:一是被追诉人认罪认罚可能说明其悔罪态度较好,特殊预防意义上的人身危险性较弱,处罚需求相应降低,从而根据惩罚必要性原则对被追诉人从宽处罚;二是被追诉人认罪认罚可能意味着其放弃争议性诉讼机制,国家在获得节约司法成本这一好处的情况下,以实体上的从宽处罚作为回报。其中,第二种缘由并不是认罪认罚从宽制度设计的必选项。这是因为我国刑事诉讼程序所具有的类职权主义属性,已经使我国的刑事诉讼程序具有相当的经济性,庭审已经高度简化与经济化。[②] 在不断推行刑事诉讼程序效率

---

① 参见孟建柱:《完善司法管理体制和司法权力运行机制》,载《人民日报》2014 年 11 月 7 日,第 6 版。

② 参见左卫民:《刑事诉讼的经济分析》,载《法学研究》2005 年第 4 期。

化改革近二十年的当下,我们既不需要,也不太可能推行更大幅度的程序效率化改革,特别是略去庭审机制的程序效率化改革。换言之,在刑事审判效率已然较高的现实情境下,我国的刑事诉讼改革似乎不应将效率作为非常重要的目标。相应地,认罪认罚从宽制度绝不简单地意味着认罪认罚后的刑事程序均可简化甚至省略,尽管认罪认罚后的刑事程序往往可能更加简化。

需要特别指出的是,过于效率化的刑事审判程序改革会对职权主义诉讼模式所特有的案件质量保障机制和错误裁判控制机制产生不利影响。我国职权主义诉讼模式的特征主要体现为法官阅卷与法官主导庭审。如果在可能判处 3 年有期徒刑以下刑罚的案件中,被告人认罪认罚后的庭审法庭调查与辩论环节即可省略。这就大大弱化了法官通过阅卷与庭审来控制案件质量的保障机制。特别是在我国被追诉人高认罪率的语境下,若被追诉人错误认罪,那么在高度略式化的程序中,法官将难以发现和纠正上述错误,因而更需要强化法官阅卷与庭审,以实现权力机关对案件质量的保障与控制。

其二,即便在庭审实质化改革的背景下,可以赋予认罪认罚从宽制度以程序效率化诉求,但在整体效果上,效率化也只具有相对的可能性。在我国,庭审实质化改革必然意味着庭审程序的复杂化即非效率化,然而,这种改革能够使普通程序的庭审程序达到什么样的复杂程度,殊难判断。如果庭审实质化改革并未使普通程序庭审的复杂程度有显著提高,那么,将认罪认罚从宽案件拦在庭审程序之外,可能并不能从整体上对我国的刑事程序效率有很大提升。或许,认罪认罚只是使案件的庭审有一定的简化,即便其可能导致程序终止,保障被追诉人的一些程序权利(比如后续程序类型的选择权)也极为重要。可以说,对于孟建柱所说的,“及时简化或终止诉讼……落实认罪认罚从宽政策,以节约司法资源,提高司法效率”,①也应该在这一意义上来理解。

从整体效果看,我国刑事司法程序的效率不见得会有大幅提高,因为在我国当前的刑事程序实践机制已经较为效率化的情况下,刑事程序改革的一些方向都是非效率化的,甚至认罪认罚从宽制度本身也有非效率化的面向。一是保障被追诉人认罪认罚的自愿性、符合性和充分性的权利供给机制建设,会在一定程度上导致程序的复杂化;二是围绕从宽情节之事实认定和法律适用、从宽幅度之确定的法庭调查与辩论程序、救济程序建设,也会导致程序的复杂化。如果说当前刑事司法改革的主要内容是在实现普通程序庭审实质化的同时,实现繁简分流,那么,认罪认罚从宽制度改革的本质功能就应当是赋予效率化程序(简易程序、速裁程序等)以权利化内涵。在此意义上,对程序效率化的追求只是有限语境下的相对诉求,只是从属性的目标。

事实上,从2018年新修订的《刑事诉讼法》以及《认罪认罚从宽指导意见》的规定来看,认罪认罚从宽制度虽然有提高程序效率化的一面,如《刑事诉讼法》第172条关于检察院审查起诉时间的规定,第222条关于被告人认罪认罚并同意适用速裁程序的案件可采用独任庭审判的规定,都有提高效率,节省司法成本的考虑。《认罪认罚从宽指导意见》第8条也明确指出,从宽处理既包括实体上从宽处罚,也包括程序上从简处理。但我们也应注意到,实行认罪认罚从宽制度也增加了一些新的司法成本,例如《认罪认罚从宽指导

① 参见孟建柱:《完善司法管理体制和司法权力运行机制》,载《人民日报》2014年11月7日,第6版。

意见》第 33 条规定,“办理认罪认罚案件,人民检察院一般应当提出确定刑量刑建议”,也即要求检察机关“精准量刑”。这种有别于以往的量刑建议模式无疑大大加重了检察机关在审查起诉阶段的工作量,同时还可能出现检察院与法院之间因“精准量刑”争议而增加法检矛盾并影响司法效率等问题。① 又如,《刑事诉讼法》规定法院在审理过程中要对认罪认罚的自愿性进行专门审查,庭审时发现不宜适用速裁程序审理的情形的要对案件进行重新审理。这些规定都意在增加权利保障,而不是提高效率。

三、如何从宽:交易,还是法定

对于如何实现对被追诉人的从宽处罚,当前一些学者主张建构一种控辩双方的交易式协商程序,即适当借鉴美国的辩诉交易制度,建立一种认罪认罚协商机制;当然,学者们也认为,在我国当下的司法实践背景下不可能全部照搬辩诉交易制度,而只能适当借鉴。② 如前所述,一些实务部门在进行认罪认罚从宽制度试点时,已经在推行某种“协商”程序,但这种实践与一些学者期待的交易式协商程序还有较大的距离。

在笔者看来,将交易式协商程序作为完善认罪认罚从宽制度的主要抓手,只是简单地将辩诉交易与认罪认罚从宽制度进行程序上的对接,是一种错误的理论认识。究其原因,可能在于持相应主张

---

① 参见周维勇、郭素雯:《关于精准量刑建议的思考》,载中国法院网:https://www.chinacourt.org/article/detail/2019/12/id/4718362.shtml,最后访问日期:2020 年 2 月 1 日。

② 参见魏晓娜:《完善认罪认罚从宽制度:中国语境下的关键词展开》,载《法学研究》2016 年第 4 期;陈瑞华:《“认罪认罚从宽”改革的理论反思——基于刑事速裁程序运行经验的考察》,载《当代法学》2016 年第 4 期。

的学者忽视了认罪认罚从宽制度与辩诉交易制度截然不同的制度背景。

第一,中美两国刑事审判所面临的压力有所差异。从 20 世纪后期开始,美国的联邦法院及各州法院审理的案件数量不断攀升,呈几何级数增长。[①] 直至 2011 年后,刑事案件总量才呈下降趋势。根据美国联邦量刑委员会公布的数据,2015 年联邦刑事案件数量为 71184 件。[②] 州法院的案件数量则是联邦法院的百倍。根据美国国家州法院中心(National Center for State Courts)发布的全美各州司法系统的数据,2010 年州司法系统共受理各类案件多达 1.03 亿件,其中刑事案件为 2140 万件。[③] 虽然随后三年案件数量有轻微下滑,但 2013 年的案件总量仍然多达 9410 万件,其中刑事案件为 1950 万件。[④] 而截至 2011 年,州初审法院的法官人数为 27570 人,[⑤]平均每名州法官每年处理刑事案件约 700 件;即便除却轻微罪

---

① 比如,同 1960 年美国州法院的民事案件数量相比,1983 年州法院的民事案件数量增长了 330%;1983 年上诉法院的案件数量较之 1960 年,增长了 686%。参见[美]理查德·A. 波斯纳:《联邦法院:挑战与改革》,邓海平译,中国政法大学出版社 2002 年版,第 66 页。

② See The United States Sentencing Commission, "Overview of Federal Criminal Cases, Fiscal Year 2015". Accessed http://www.ussc.gov/sites/default/files/pdf/research-and-publications/research-publications /2016/FY15_Overview_Fed-eral_Criminal_Cases.pdf.

③ See Court Statistics Committee & Conference of State Court Administrators, "Examining the Work of State Courts: An Over View of 2010 State Court Caseloads". Accessed http://www.courtstatistics.org/~/media/Microsites/Files/CSP/DA - TA% 20 PDF/CSP_DEC.ashx.

④ See Court Statistics Committee & Conference of State Court Administrators, "Examining the Work of State Courts: An Over View of 2013 State Court Caseloads". Accessed http://www.courtstatistics.org/~/media/Microsites/Files/CSP/EWSC _ CSP _ 2015.ashx.

⑤ See Bureau of Justice Statistics, "State Court Organization". Accessed http://www.bjs.gov/content/pub/pdf/sco11.pdf.

案件,法官仍然需要面对数量繁多的刑事案件。

此外,当代美国的刑事庭审持续时间也在总体上大幅增加。① 美国的刑事审判机制具有很强的对抗性,进入正规审判程序的案件,尤其是有陪审团参与的复杂、烦琐的重罪案件,往往持续时间久、耗费大量的司法资源。因此,在刑事案件总量过多、法官人数有限的情况下,法院基本无法按照正规的对抗式审判程序处理所有案件。这就为辩诉交易的大范围适用提供了重要契机。数据显示,2015 年,在美国联邦法院所有的刑事案件中,有 97. 1%的被告人认罪;认罪案件中的 50. 7%,都是在量刑指南建议的量刑幅度之下量刑;而在建议量刑幅度之下量刑的案件中,有 59. 3%是由辩诉交易达成的。② 可以说,辩诉交易的大范围适用与当代美国对抗式审判系统的制度特征密不可分,只有在正规审判过于复杂、耗费较高的情形下,辩诉交易才能大行其道。而事实上,大陆法系国家的审判尤其是庭审的对抗性整体上不强,庭审时间较短、成本较低,因而在大陆法系国家的刑事程序中,尽管有借鉴辩诉交易制度之处,但借鉴不多,适用面也较为狭窄。这似乎表明,在审判成本低的刑事诉讼模式中,辩诉交易的适用性不高、需求度较低。

---

① 从 1960 年到 1983 年,美国完整庭审持续的时间增长了 40%,从平均长度 2. 2 天,增长为 3. 1 天;截至 1995 年,庭审持续时间平均为 3. 4 天。参见[美]理查德·A. 波斯纳:《联邦法院:挑战与改革》,邓海平译,中国政法大学出版社 2002 年版,第 72 页。

② See The United States Sentencing Commission, "Overview of Federal Criminal Cases, Fiscal Year 2015". Accessed http://www. ussc. gov/sites/default/files/pdf/research-and-publications/research-publications /2016/FY15 _ Overview _ Fed- eral _ Criminal _ Cases. pdf.

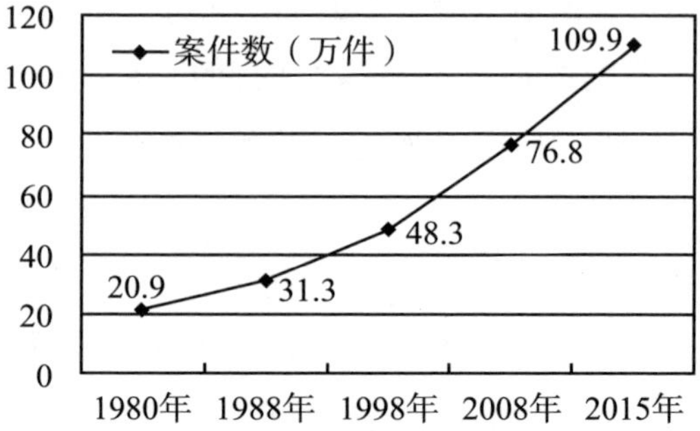

图 7-1　我国近年刑事案件总数增长情况

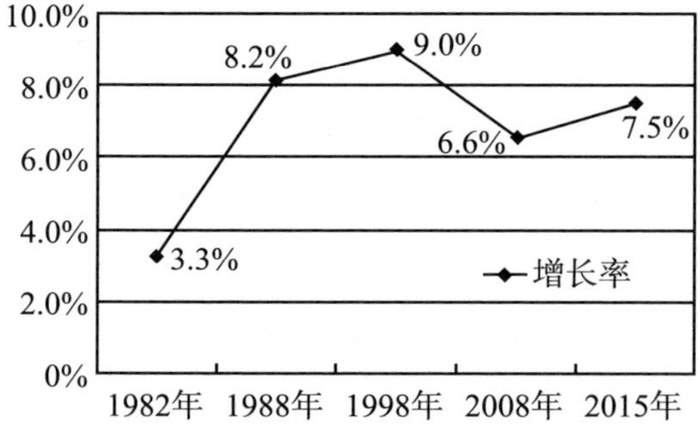

图 7-2　我国刑事案件总数同比增长率

反观我国,无论是刑事案件总体数量还是刑事审判成本均不同于美国。图 7-1 和图 7-2 是笔者根据最高人民法院工作报告公布的数据,统计了近三十余年刑事案件数量及变化情况。[①] 不难发现,尽管我国刑事案件数量每年持续增长,但增长率整体平稳;同美国相比,刑事案件的绝对数量和相对数量都较少。从刑事审判的成本负担看,由于诉讼模式的差异,我国的刑事庭审不像美国那样复

① 在统计 1980 年刑事案件总数及增长率时,刑事案件的范围为普通一审刑事案件,不包括刑事申诉案件。

杂;加之审限制度的制约,我国刑事审判所需的人财物投入相对较少,正规审判的持续时间及人力成本也明显低于美国。就普通程序审理的案件而言,以成都为例,在近年来积极试点的繁简分流机制下,普通程序案件被区分为简易案件和疑难案件两类,成都市的试点经验表明,前者的审理时间比后者平均缩短了 3. 46 天。[①] 而在简易程序中,案件的审理时间更短。若干年前,笔者曾对成都市武侯区人民法院的刑事简易程序进行实证研究。从庭审时间的平均值看,相较于普通程序案件庭审的 113. 5 分钟和普通程序简易审案件庭审的 38 分钟,公诉人出庭的简易程序案件庭审平均耗时仅 9. 5 分钟。[②] 目前,在基层法院的一审案件中,简易程序的适用占了较大比例;以成都市 2015 年基层法院的刑事案件为例,适用简易程序的一审案件占一审案件总数的 74. 81%。[③] 此外,刑事速裁程序同样大大缩短了公诉和庭审时间。有数据显示,在速裁程序试点过程中,基层法院从受理到审结平均花费 6. 4 天;90%以上案件的开庭时间被控制在 10 分钟以内,平均为 5 分钟左右。[④] 上述数据表明,因程序成本过高,急需通过简化程序来降低司法成本的必要性在我国并不是很大。何况当下已经有了诸如简易程序、速裁程序等运行成本较低的诉讼程序机制,来应对审判负担过重的问题,因此,我国目前既无必要也无空间去构建更加简易的从宽程序。

---

① 参见郭彦主编:《理性 · 实践 · 规则——刑事庭审实质化的成都样本》,人民法院出版社 2016 年版,第 344 页。

② 参见左卫民:《简易程序中的公诉人出庭:基于实证研究的反思》,载《法学评论》2013 年第 4 期。

③ 参见《成都市中级人民法院 2015 年年报》。

④ 参见廖大刚、白云飞:《刑事案件速裁程序试点运行现状实证分析——以 T 市八家试点法院为研究样本》,载《法律适用》2015 年第 12 期。

第二,在中美两国,认罪认罚对控辩双方的功效不同。在美国的对抗式审判模式中,基于保障被告人权利的要求,控辩双方之间的力量悬殊并不明显,双方可以在相对平等的前提下进行协商;并且由于最终的裁判具有较大的不可预测性,控辩双方均有选择辩诉交易以避免进入审判程序的强烈动机。特别是美国相当部分的刑事案件中没有被告人的审前有罪口供,在这种背景下,被告人通过辩诉交易达成认罪就类似于有罪口供,实质上起到了强化控方指控的作用,因而辩诉交易对于控方具有实质价值,而被告人通过辩诉交易可以获得更轻的刑罚。正是基于这样的制度背景,成本高昂、激烈对抗的刑事审判被视为处理案件的一种例外方式,是一种只有当案件不可能取得令人满意的辩诉交易结果时才诉诸的零和竞赛。①

反观我国,大部分被追诉人在侦查阶段已作出有罪供述,刑事案件的基本事实、证据和指控都较为明确,刑事审判对控方指控证据的接受度很高。在事实、证据都较为明确的状况下,法律适用特别是量刑基本上是水到渠成,控辩协商下的认罪实际上不具有认定或界定事实与法律争点的意义,没有太多强化口供、指控和定罪证据效力的效果。换言之,被追诉人认罪认罚并不具有类似辩诉交易在美国刑事诉讼中那么重大的价值与功能。

第三,中美两国刑事程序的保障条件不同。辩诉交易需要一系列程序保障措施,来确保被告人有罪答辩的自愿性与真实性;其中,律师的普遍介入被视为重要因素。在美国的对抗模式下,律师

---

① 参见[美]加里·古德帕斯特:《美国对抗式刑事审判理论探究》,郭志媛、范宁宁译,载[美]虞平、郭志媛编译:《争鸣与思辨:刑事诉讼模式经典论文选译》,北京大学出版社 2013 年版,第 313 页。

辩护的目的在于被告人利益的最大化,因而在辩诉交易中,律师按照被告人认同的方式积极促进其利益的实现,扮演着积极同控方展开斡旋的角色。可以说,在律师的深度参与下,被告人认罪的自愿性与真实性都能得到极大的保障。反之,若没有作为“当事人助手”的律师的普遍、深度介入,辩诉交易不仅很难达成,而且易受质疑。[①]

反观我国,当下刑事司法实践中一个非常现实的问题就是律师辩护率较低。根据笔者的一项实证研究,若干年前 S 省 D 县的年平均辩护率为 21.43%;就全国范围而言,律师辩护率长期不到三成,远未达到英美法系国家律师参与刑事案件的比例,而且我国律师发挥的辩护作用也相对有限。[②] 在简易程序中,律师辩护率更低,长期仅为平均值的 1/4;相对之下,被告人自我辩护率为 94.5%。[③] 大致来讲,律师介入较多的案件主要是被告人不认罪的案件,而在被告人认罪认罚的案件中,律师辩护率远远低于平均值。在这样的背景下,如果被追诉人在同控方协商的过程中缺乏专业律师的帮助,就很容易对协商的性质和后果形成“误判”,“控辩协商”极易演变为控方的“独角戏”。另外,不同于英美国家协作式司法模式中对律师无责性原则与职业化原则的要求,[④]在我国即便是有律师参与的刑事审判,律师在某些司法程序中的权利也往往被限制甚至被排

---

① 参见[美]米尔依安·R.达马什卡:《司法和国家权力的多种面孔》,郑戈译,中国政法大学出版社 2015 年版,第 185 页。

② 参见左卫民、马静华:《效果与悖论:中国刑事辩护作用机制实证研究——以 S 省 D 县为例》,载《政法论坛》2012 年第 2 期。

③ 参见马静华:《刑事辩护率及其形成机制研究——以刑事一审为中心》,载《四川大学学报》(哲学社会科学版)2011 年第 6 期。

④ 参见[美]加里·古德帕斯特:《美国对抗式刑事审判理论探究》,郭志媛、范宁宁译,载[美]虞平、郭志媛编译:《争鸣与思辨:刑事诉讼模式经典论文选译》,北京大学出版社 2013 年版,第 303 页。

除。这势必导致律师在与控方的抗衡与博弈中处于明显的劣势,甚至辩护权的行使也会受到严重制约。质言之,即便在我国建立了类似辩诉交易的辩诉协商制度,也会因为律师参与的不足而致其效力大打折扣。

需要指出的是,虽然在美国辩诉交易有助于降低高昂的司法成本,却无法平息各界长期以来的批评。① 一方面,主要是检察官、法官、律师等法律职业人士的利益在推动辩诉交易的展开,而被追诉人处于弱势和被动地位,其利益往往得不到真正的保护。② 比如,辩诉交易是让被告人在可能的重罪指控和量刑较轻的指控之间进行选择,有逼迫被告人作出轻罪答辩的强迫认罪效果,而美国部分冤假错案的发生便与此有关。美国联邦最高法院在近十年也以诸如"控方刑罚适用超出法定界限"③"法庭不当参与"④"律师在辩诉交易中不作为"⑤等为由,撤销了州法院数十起以辩诉交易方式审结的案件。另一方面,辩诉交易导致程序法与实体法相分离,罪刑相适应的实体法正义以及其他广泛的道德目标不能有效实现。因此,在看到辩诉交易制度具有节约司法成本等优点的同时,其背后的局限同样不容忽视。

从我国目前正在实行的"控辩协商"试点的内容看,罪名和基本事实都不属于协商的内容,甚至在量刑上都未体现出多少可以协商

---

①　参见[美]艾瑞克·卢拉、[英]玛丽安·L.韦德主编:《跨国视角下的检察官》,杨先德译,法律出版社 2016 年版,第 191 页以下。

②　参见[美]乔治·费希尔:《辩诉交易的胜利——美国辩诉交易史》,郭志媛译,中国政法大学出版社 2012 年版,第 173 页以下;[美]斯蒂芬诺斯·毕贝斯:《刑事司法机器》,姜敏译,北京大学出版社 2015 年版,第 56 页以下。

③　Johnson v. United States, 135 S. Ct. 2551, 192 L. Ed. 2 d 569(2015).

④　United States v. Davila, 133 S. Ct. 2139, 186 L. Ed. 2 d 139(2013).

⑤　Premo v. Moore, 562 U. S. 115, 131 S. Ct. 733, 178 L. Ed. 2 d 649(2011).

的内容,而更多是控方基于被告人的认罪协商承诺书向法院提出从轻、减刑处罚的量刑建议。实际上,这并非出于控方和被告人的协商,而更多是控方依据被告人认罪认罚的情况,同法院就量刑及适用程序进行协商。[①] 从这一点来看,当下"控辩协商"试点所构建的并不是真正的控辩协商制度,并不是控辩双方通过一系列博弈、妥协而达成从宽适用刑罚的结果。这和美国的辩诉交易有着本质区别。

实际上,综观各国(地区)刑事司法,对于被追诉人主动认罪认罚从而给予处罚优待的实体权利供给,其程序机制基本可以分为两种:一种是交易协商供给机制,即刑罚优待是控辩双方在一定的证据基础上讨价还价的结果,比如英美法系的辩诉交易制度;另一种是法定职权供给机制,即刑罚优待是检察官依职权申请、法官依职权确定的结果,二者的职权行为都是基于较为明确、刚性的法律规定,比如大陆法系的处罚令制度。如前所述,选择前一种机制的背景因素,主要是庞大的案件数量和高昂的普通审判程序成本,因此,在制度设计上有"慎用"普通审判程序的强烈愿望;其动力机制则在于,控辩双方都面临审判结果不确定的风险,双方都有规避这一风险的愿望,交易结案被双方认为是有利的;[②]其制度支撑机制是,质量较高的律师协助使被追诉人具有与控方基本平衡的交易能力,能够较好地保证交易的自愿性和平等性。虽然各现代国家(地区)都面临着数量庞大的案件,但大陆法系国家(地区)主要选择了后一种机制,原因主要在于:普通审判程序相对简略,成本压力相对

---

① 参见钟安安:《北京:刑事速裁案件首推"认罪协商"机制》,载《民主与法制时报》2016年2月16日,第1版。

② 参见[美]伦斯特洛姆主编:《美国法律辞典》,贺卫方等译,中国政法大学出版社1998年版,第190页。

较小,具有更大的“可用性”,审判结果的可预期性相对较高。[①] 尽管有学者认为,在德国这样的大陆法系国家,辩诉交易式的认罪协商制度的发展已经是无法扭转的趋势,但也不得不承认其中存在不少令人忧虑之处。[②] 至于其他国家或地区,以我国台湾地区为例,近年来也借鉴了美国的辩诉交易制度,建立了协商程序,但适用的案件范围还非常有限。[③]

通过前面的比较研究可以看出,我国从宽处罚的实体权利供给机制更适合采用法定职权化机制。虽然近年来的刑法修正可能会导致案件数量有一定增长。这对刑事司法效率提出了一定的要求,但尚不至于需要像美国那样通过交易式程序机制来消化绝大多数案件,因为我国的刑事诉讼本身便具有效率较高的特点。而且尤为关键的是,我国刑事诉讼中控方与被追诉方之间的力量还很不平衡。因此,在当下相对低成本的审判程序与正当程序保障相对有限的背景下,“控辩协商”是否具有很大的实际价值?是否有进一步简化审判程序的空间及必要?如何保障被告人认罪认罚的自愿性、符合性与充分性?如何保证罪与刑之间的出入不要太大?上述种种疑问,均值得我们在借鉴辩诉交易制度之前深入思考。万幸的是,2018 年《刑事诉讼法》修订时,立法者并没有把我国的认罪认罚从宽制度改造成某种变味的辩诉交易制度,这无疑是正确的做法。

四、从宽的制度落实:实体法为重心,程序法为保障

如上所述,理论和实务上多不恰当地认为,认罪认罚从宽制度

---

① 参见[美]梅利曼:《大陆法系》,顾培东、禄正平译,法律出版社 2004 年版,第 138 页。

② 参见张丽卿:《刑事诉讼制度与刑事证据》,中国检察出版社 2016 年版,第 81 页。

③ 参见王兆鹏:《新刑诉 · 新思维》,中国检察出版社 2016 年版,第 128 页。

的首要目标在于提高刑事司法的整体效率,因此具体的制度设想存在两方面问题:一方面,多集中于程序法问题,而忽略实体法问题;另一方面,程序制度改革的着力点也存在偏颇,即将目标确定为构建被追诉人认罪认罚后的从简、从快程序。由于上述误识,不但使试点存在偏差,而且很遗憾的是正式立法也同样如此。至今刑法也没有对认罪认罚的实体后果进行规定,因此这一项改革实际并没有完全落地。鉴于此,笔者认为,有必要在正确认识认罪认罚从宽制度实质意涵的基础上,提出制度建设层面的推进措施,以为法律的进一步修改和完善提供智力支持。由于认罪认罚从宽制度改革的主要目标是有效解决处罚优待这一实体权利的供给不足,以及保障认罪认罚的自愿性、符合性和充分性等程序权利供给问题,故具体制度变革应围绕此二者展开。

(一)实体法方面的改革

首先,应进一步对符合认罪认罚从宽的量刑情节进行明确化和合理化。目前,自首、坦白等都具有认罪的意涵,甚至具有一定的概括认罚的意涵,但其与认罪认罚的关系尚不明确。《认罪认罚从宽指导意见》虽然在第9条有关从宽幅度的把握中对认罪认罚与自首、坦白情节如何区别适用作出一定规定,但仍未明确其联系与区别究竟是什么,而且这只是在《认罪认罚从宽指导意见》这一规范性文件中呈现,法律层面的规定依然阙如。此外,尤其值得指出的是,刑法上的一些量刑语词都能找到与认罪的程序行为的对应性,却较少能够找到与认罚的程序行为的对应性。若仅仅说被追诉人认罪认罚便可从宽,却没有对应的具体的量刑情节,就很可能导致适用上出现难题。这样一来,关于何种程度的认罪认罚可以从宽,就难以确立适当、公正的标准,刑罚适用也会过于随意。因此,对认罪认罚量刑情节进行明确化和合理化,对于完善认罪认罚从宽制度就具有基础性意义。在司法实践中,法官较少对认罪认罚给予积极评价。[①] 例如,对于自首及坦白的认定,不仅司法解释趋于严格的限制解释,在实际认定中也相当严苛,使得自首、坦白在激励被追诉人自愿供述方面效果甚微。[②] 这种状况在相当程度上是由于目前关于认罪认罚量刑情节的规定较为粗糙。如何对认罪从宽、认罚从宽,尤其是认罚从宽的情节进行明确化和合理化,还有许多工作要做,尤其需要明确的是:哪些情节属于认罪的情形,哪些情节属于认罚的情形,自首、立功、自愿供述罪行等与认罪认罚是什么关系需要研究解决。

其次,应进一步对认罪认罚所能获得的从宽量刑幅度进行明确化和合理化。从完善认罪认罚从宽制度的角度看,从宽量刑情节可以分为认罪认罚从宽情节和其他从宽情节(如犯罪动机、犯罪行为方式、犯罪人的责任能力等)。如前文所述,认罪认罚从宽处罚的实体权利供给方式,有交易式和法定职权式。在这两种方式中,认罪认罚从宽情节在整个从宽情节中的地位是不一样的:在交易式中,认罪认罚从宽情节具有首要地位,其他从宽情节相对不那么重要;在法定职权式中,认罪认罚从宽情节的重要性则要小得多。通过交易来确定从宽处罚的幅度,有可能导致刑罚效果大打折扣,甚至导致不公正的刑罚适用。如在辩诉交易中,无罪的被告人有时会试图通过认罪得到从宽处罚。表面上看,刑罚的确从宽了,实质上

---

① 参见钟安安:《北京:刑事速裁案件首推"认罪协商"机制》,载《民主与法制时报》2016年2月16日,第1版。

② 参见左卫民、吕国凡:《完善被告人认罪认罚从宽制度的若干思考》,载《理论视野》2015年第4期。

却忽视了罪与非罪的实体问题,使无辜者遭受错误裁判。[①] 不难想象,若在我国适用类似辩诉交易的协商性机制,也会有此类隐患存在,甚至带来的问题可能会更加严重。因此,我国有必要采取法定职权方式确定从宽处罚幅度。在这种情况下,进一步明确认罪认罚的从宽幅度,也是使职权运用有较为明确的依据。从刑法的规定和司法实践来看,认罪及认罚所能获得的从宽幅度都过于有限,应当适当拓宽,从而增强对认罪认罚的激励。但也是因为以法定职权方式给予处罚优惠,所以,优惠幅度较为有限,不可能达到交易式那样的巨大幅度。笔者建议,如果被告人具有自首或者坦白情节,除非犯罪情节特别严重,原则上应当从轻、减轻乃至免除处罚;尤其是有罪口供被采纳,用作主要定案证据的,原则上应当比照本应判处的刑罚减少 1/3 到 1/4 的刑罚。

最后,应建立认罪认罚与从宽处罚之间的强制性对应量刑法则。在目前的法律框架下,被告人认罪认罚并不意味着刑罚的必然从宽;在刑法中均仅将自首、坦白归入可以从轻或者减轻处罚的裁量型情节,最终是否从轻、减轻刑罚以及从轻、减轻的程度,均由法官综合案件整体情况裁量决定,而非必然从轻、减轻刑罚。从完善认罪认罚从宽制度的角度而言,鉴于认罪认罚是判断被追诉人主观恶性和人身危险性的重要标准,应在立法层面对被追诉人认罪认罚予以肯定、积极的评价。比如,立法已经针对某些特定犯罪(贪污罪、受贿罪)规定了特别的认罪从宽制度,在贯彻落实这些规定时,应进一步通过司法解释甚至立法修正来扩张其适用范围,将适

---

① 参见[美]艾瑞克·卢拉、[英]玛丽安·L. 韦德主编:《跨国视角下的检察官》,杨先德译,法律出版社 2016 年版,第 91 页以下。

用罪名扩张到非贪污贿赂性质的犯罪。[①] 在适当拓宽认罪认罚后从轻、减轻处罚幅度的同时,将裁量型从轻、减轻情节变为强制型从轻、减轻情节,通过将现有的较为模糊、弹性的规定变为明确、具体的规定,使认罪认罚与从宽处罚具有明确的必然对应性。这样不仅可以鼓励被追诉人认罪认罚,降低追诉成本,而且可以避免为获取认罪口供而采取不当的审讯手段,更能让认罪认罚从宽制度真正体现实效。

总之,在制度设计层面,认罪认罚从宽制度不仅应当明确只要被追诉人认罪认罚就应对其从宽处罚(而不是附条件的可以从宽处罚),而且应当明确具体的从宽幅度,充分激励被追诉人认罪认罚。具体而言,可以借鉴 2017 年《最高人民法院关于常见犯罪的量刑指导意见》(以下简称《量刑指导意见》)有关常见量刑情节适用的规定,将认罪认罚设置为独立的量刑情节,明确具体的量刑优惠。"量刑指导意见"在"常见量刑情节的适用"部分的第 4 条(自首)、第 5 条(坦白)、第 6 条(当庭自愿认罪)均涉及了嫌疑人、被告人自愿认罪的情形,但未涉及认罚的情形。从技术层面而言,既可以修正前述规定,增加嫌疑人、被告人认罚的量刑优惠规定,也可以将认罪认罚作为独立的量刑情节,明确具体的量刑优惠及其幅度。例如,可以将认罪认罚规定为与自首、立功等法定从轻、减轻处罚情节大致相当的独立量刑情节;也可以明确规定,对于认罪认罚的嫌疑人、被告人,应当在考虑了其他从轻、减轻处罚情节的基础上,再给予一定幅度(比如 30%~50%)的量刑优惠。

(二)程序法方面的改革

正如前述,未来进一步完善认罪认罚从宽制度要以实体法为重

---

① 参见周光权:《积极刑法立法观在中国的确立》,载《法学研究》2016 年第 4 期。

心，程序法为保障。在程序法的保障方面，其核心是构建一个有关认罪认罚实体从宽的认定与处理程序。需要指出，有关实体从宽的认定和处理程序，是不同于甚至显著区别于一些论者所主张的高效、快速的处理程序的，其应当成为新设的、正式的诉讼程序。这一程序可能会使相关程序变得复杂、工作量增加，而并不必然使程序简化、工作量减少。

首先，应进一步加强被追诉人在侦查程序中的权利保障。应该说，经过三次《刑事诉讼法》修正，被追诉人的权利保障已经有了很大进步，但在侦查程序上这方面的进步还较为有限。可以说，这给被追诉人认罪认罚是否具有自愿性、符合性和充分性的判断造成了较大的困难，因而往往出现这样的情况：控方提供了侦查中获得的有罪供述笔录，但被追诉人在后续的程序中否认其供述是自愿的；被追诉人认为自己是主动、自愿供述罪行，但侦查人员或司法人员却认为其是基于事实无法辩驳而被迫承认，或是基于其他原因而承认。因此，为了完善认罪认罚从宽制度，有必要进一步加强被追诉人在侦查程序中的权利保障。为此，对于愿意认罪认罚的被追诉人，可以考虑给予如下程序权利保障：其一，保证其能够得到律师的帮助，2018 年《刑事诉讼法》的修订已强化了这方面的保障，是值得肯定的，但仍然存在深入和落实的问题；其二，保证其认罪认罚过程有全程录音录像等。

其次，应合理设定认罪认罚事实的证明标准和证明责任分配。我国的刑事证明标准与证明责任分配，通常是基于不同的证明对象，对其进行类型化处理。也就是说，对于所有的证明对象而言，证明标准和证明责任分配在规范上都是采取“大一统”的办法，即基本上对所有事实的证明都采用定罪事实的证明标准，证明责任都由控方承担。但需要指出的是,在实践中,像自首等与认罪有关的事实的证明责任,往往都被分配给了被告方,而且让其承担了过大的证明责任(设置了过高的证明标准)。从一般法理来说,无论将认罪认罚归为程序事实还是量刑事实,对于其证明标准的设定,都可以考虑适当低于定罪事实的证明标准。其中一些事实(比如主观事实)的证明责任,也可以考虑由被告方承担。不过,在我国的职权主义模式下,被告方的诉讼证明能力较低,可考虑主要由其承担争点责任而非说服责任。对此,2018 年《刑事诉讼法》修改时,没有给予任何考虑实属是一个遗憾。

最后,保障认罪认罚从宽的法庭调查、辩论、救济程序的充分性。具体的量刑情节应通过程序机制予以查明,包括量刑情节的证据、事实认定、法律适用等都需要经过法庭调查和辩论才能认定,而且对于错误的认定还应有相应的救济机制。在当下的司法实践中,被告人作出的有罪供述是否属于认罪认罚,往往未得到法院的审查认定。不仅如此,被追诉人的认罪、悔罪情节,特别是被追诉人在侦查人员的动员下作出有罪供述、表示愿意承担刑事责任等情节,也未以证据的形式充分体现出来,因而往往也不会以证据的形式一并移送到法院,从而导致无法同其他证据材料一起在庭审时进行充分的调查、认定与辩论。[①] 因此,从某种意义上讲,被追诉人认罪认罚后不仅不必然适用简化的审判程序,也不意味着在庭审过程中可以不必调查相关证据材料与问题。恰恰相反,我们需要增设有关认罪认罚从宽的新程序。这意味着认罪认罚并不必然导致程序从快、从简。这一新的程序环节应当致力于呼应和落实实体法中有

① 参见左卫民、吕国凡:《完善被告人认罪认罚从宽制度的若干思考》,载《理论视野》2015 年第 4 期。

关认罪认罚从宽的规定。

笔者认为,认罪认罚从宽案件的审理,相对于非认罪认罚从宽案件,至少有以下几个方面的不同:第一,在审理对象上,基于控辩双方在审前程序中达成的协商一致,法庭审理对象在某种程度上,从案件的实体事实转向了控辩双方的协商事实,即被告人认罪认罚是否自愿、检察机关提出的从宽量刑建议是否合法等问题。在被告人认罪认罚的自愿性上,法庭需要重点审查被告人是否具备认罪认罚的认知能力(如有没有获得辩护律师或值班律师有效的辩护和法律帮助)、被告人认罪认罚的环境因素(如有没有受到强迫)。在控方提出的从宽量刑建议的合法性上,法庭既要审查所有的从轻、减轻、免除处罚等从宽情节都得到了检察机关的充分考虑,使认罪认罚的被告人获得应得的实体权利,还要审查该量刑建议是否超越了实体法规定,突破了从宽的界限,以致出现了以认罪认罚从宽为名轻纵罪犯的情况。第二,在审理模式上,如果被告人对其认罪认罚的自愿性、对检察机关从宽处罚的量刑建议不持异议,法庭审理在某种程度上就转化为审查模式,“控辩对抗、法庭裁判”的庭审格局就演变为“控辩合作、法庭审查”。即在法庭审理过程中,控辩双方不再对抗而是携手合作,共同面对法庭对认罪认罚的自愿性、从宽处罚的合法性的审查。但需要强调的是,在全面推进以审判为中心的刑事诉讼制度改革的背景下,虽然在认罪认罚从宽案件中,法庭审理的对象、庭审模式都可能发生变化,但只有确保审判的中心地位才有可能对检察机关的公诉权形成有效制约,才能有效保障被告人认罪认罚的自愿性,避免公安、检察机关以从宽为诱饵诱使、强迫被告人认罪认罚;才能有效保障从宽处罚的合法性,避免公安、检察机关为了减轻举证负担,以法外从宽为代价换取被告人认罪认罚,从而放纵犯罪。

由于法庭审理对象、庭审模式有变化,故有必要构建一种适用于认罪认罚从宽案件的新的法庭审理程序。具体而言,对于认罪认罚案件的审判,应建立证明被告人是否认罪认罚的事实调查环节,专门针对认罪认罚如何影响实体处理尤其是如何从宽处罚的辩论环节,以及发现错误的认定后如何纠错的救济机制。调查与辩论的重点应该包括:确认被告人认罪认罚是否出于自愿,是否了解认罪认罚所带来的法律后果,并告知被告人有权撤销之前的认罪认罚。为了保障庭审调查与辩论的实质化与有效性,还应围绕被告人认罪认罚建立相应的程序性保障机制,并在最终的判决中针对认罪认罚情节如何认定、如何根据认罪认罚情节确立刑罚等内容,进行充分陈述及说理。同时,证明被告人具有认罪认罚情节的相关证据材料应当入卷。

五、结语

不可否认,落实认罪认罚后的从宽处罚,并构建起相应的制度机制,具有现实必要性与重要价值,但构建何种制度机制以及如何构建,仍然是需要反思的问题。然而,非常遗憾的是,目前学界的主流看法却不恰当地将完善认罪认罚从宽制度解读为效率化的程序改革,将其主要归入程序法改革范畴,并主张通过借鉴辩诉交易制度,构建更为经济、简化的程序机制。在这种认识的主导下,实务界推行的改革也在朝着上述方向努力,很多简化程序机制已悄然流行于实践。毫无疑问,这是一种效率化的改革取向,若隐若现地关联着“权力便宜化”的价值选择。

在笔者看来,上述种种认识与改革取向已经陷入误区,将认罪认罚从宽制度在实体上的从宽错置成了在程序上的从简。在我国刑事审判程序已经相当简化，尤其是相关程序保障机制仍未有效建立的背景下，以程序从简作为完善认罪认罚从宽制度的改革目标，是非常危险的。程序简化所带来的有形收益，很可能将以刑事司法制度正当性的流失这样的无形成本作为代价。

我们认为，2018 年《刑事诉讼法》修改正式确立认罪认罚从宽制度，以及随后“两高三部”颁布《认罪认罚从宽指导意见》进一步明确认罪认罚从宽制度的具体适用规范。这仅仅完成了认罪认罚从宽制度改革应然逻辑的部分内容。必须重申的是，认罪认罚从宽制度本质上应当遵循“权利化”的改革逻辑，相关制度的构建应当从实体法上有效从宽的角度展开，并从加强实体权利和程序权利供给的角度，来解读认罪认罚从宽制度乃至整个刑事司法制度改革的内在逻辑。因此，未来我们必须慎重对待“认罪协商”模式的推广，在对被追诉人权利的制度供给与实践保障尚不充分的情况之下，暂不宜将控辩双方的协商式认罪量刑制度视为实现改革目标的最优路径，而应将着力点置于构建和完善与被追诉人认罪认罚相对应的体现差异化的实体法从宽处罚规范以及程序机制。

第八章　从刑事速裁到认罪认罚从宽：程序与实体一体化的建设路径

一、刑事速裁程序试点的效果

2014年6月27日，第十二届全国人民代表大会常务委员会第九次会议通过《关于授予最高人民法院、最高人民检察院在部分地区开展刑事案件速裁程序试点工作的决定》（以下简称《速裁程序决定》），授权最高人民法院、最高人民检察院在北京等18个城市[①]对事实清楚，证据充分，被告人自愿认罪，当事人对适用法律没有争议的危险驾驶、交通肇事、盗窃、诈骗、抢夺、伤害、寻衅滋事等情节较轻，依法可能判处1年以下有期徒刑、拘役、管制的案

① 这18个试点城市分别为北京、天津、上海、重庆、沈阳、大连、南京、杭州、福州、厦门、济南、青岛、郑州、武汉、长沙、广州、深圳、西安。

件,或者依法单处罚金的案件,进行为期 2 年的刑事速裁程序试点。2015 年 11 月,最高人民法院、最高人民检察院就试点情况向全国人大常委会进行了中期报告,对一年试点的成效进行了总结,认为速裁程序试点在明显提高刑事诉讼效率的同时,也较好地体现了对被告人认罪认罚从宽的刑事政策。[①] 在为期两年的试点结束之后,对试点情况进行总结,并对试点效果进行评估,对于速裁程序的进一步完善,并且全面实施无疑具有重要的意义。[②]

随着试点过程的推进,速裁程序的相关制度设计与完善等问题逐渐引起理论与实务研究者的重视,但对试点效果的问题关注相对较少,从文献检索的结果看,只有潘金贵、[③]刘广三、[④]李本森[⑤]等少数几位研究者涉足。其中李本森教授通过对 12666 份速裁案件裁判文书的统计分析,从诉讼效率、量刑均衡、诉讼权利三个维度对速裁程序试点的实效进行了检验,认为速裁案件的审判效率有显著的提高,但审前效率的提高并不显著;速裁案件量刑在有期徒刑、拘役的裁量上基本保持均衡,但在缓刑适用上存在犯罪类别、试点城市之间的较大偏差;速裁程序试点中虽然建立了值班律师制度,但被告

---

① 具体内容参见《最高人民法院、最高人民检察院关于刑事案件速裁程序试点情况的中期报告》(2015 年 11 月 3 日)。

② 根据《速裁程序决定》的要求,试点期满后,对实践证明可行的,应当修改完善有关法律,对实践证明不宜调整的,恢复施行有关法律规定。

③ 潘金贵、李冉毅:《规则与实效:刑事速裁程序运行的初步检视》,载《安徽大学学报》(哲学社会科学版)2015 年第 6 期。

④ 刘广三、李晓:《刑事速裁程序实施问题与对策研究——以北京市 C 区法院为样本》,载《法学论坛》2016 年第 5 期。

⑤ 李本森:《刑事速裁程序试点的本地化差异——基于北京、上海、广州和西安试点的地方文本分析》,载《中外法学》2017 年第 2 期;李本森:《刑事速裁程序试点实效检验——基于 12666 份速裁案件裁判文书的实证分析》,载《法学研究》2017 年第 5 期。

人聘请辩护律师的比例很低。[①] 但在笔者看来,李本森教授的本项研究(以下简称"李文")仍然存在一些值得商榷之处,具体而言包括以下几个方面:第一,将量刑均衡作为试点实效评估的对象是否必要与妥当?从《速裁程序决定》相关精神,以及"两高"的中期检查报告看,诉讼效率与权利保障才是速裁程序试点的价值目标。[②] 换句话说,量刑均衡并非速裁程序试点所欲追求的结果,因此将量刑均衡作为速裁程序试点实效评估的对象既无必要,也不妥当;第二,基于统计学研究方法的特点,"李文"侧重于对现象的描述,而对现象背后潜在原因的解释稍嫌不足;第三,速裁程序试点之于诉讼效率的提升与人权保障水平的促进是相对于简易程序而言的,[③]但"李文"显然忽略了这一点。

本章拟在对试点城市 M 市 5 个基层法院 2014 年 7 月 1 日至 2016 年 7 月 31 日试点情况进行全面描述的基础上,对速裁程序试点的实际成效从诉讼效率与人权保障水平两个维度进行更为微观、细致的分析。研究所使用的材料主要包括这一时间段内 M 市 5 个

---

① 李本森:《刑事速裁程序试点实效检验——基于 12666 份速裁案件裁判文书的实证分析》,载《法学研究》2017 年第 5 期。

② 从《速裁程序决定》的内容看,"进一步完善刑事诉讼程序,合理配置司法资源,提高审理刑事案件的质量与效率,维护当事人的合法权益"是速裁程序试点的目的,而从"两高"中期检查报告看,"刑事诉讼效率""认罪认罚从宽政策的体现""当事人权利的有效保障""促进司法改革的整体推进"是评价速裁程序试点成效的四个维度。其中第一个维度即为"诉讼效率",第二、三维度可以概括为"权利保障",第四个维度属于速裁程序试点的辐射效应。但无论是《决定》所指出的试点目的,还是"两高"的中期检查报告,都看不到将量刑均衡作为速裁程序试点成效评估对象的理由。

③ "两高"中期检查报告清楚地表达了这一意思,无论是在论证速裁程序试点之于刑事诉讼效率提升,还是之于被告人权利保障(非羁押性强制措施、非监禁刑适用情况)都是通过与简易程序的比较来体现的。

试点基层法院的刑事判决书①和 M 市中级人民法院,及各试点基层法院与所在县、区检察院、公安局、司法局联合制定的刑事速裁程序试点实施办法、细则、规定、法院单独制定的相关规则,以及各试点法院就刑事速裁程序试点中发现的问题和原因分析,提出的可能解决方案等形成的工作总结等。通过对判决书相关信息的提取形成的数据统计为本文的定量分析提供了必要的数据支持,相关工作方案、工作总结等则为本文的定性分析提供了根据。借助这些数据,本文将首先对刑事速裁程序在相关试点法院的实践情况进行大致的描述,力争较为全面地展示刑事速裁程序试点的实际面相。在此基础上,对刑事速裁程序试点在诉讼效率与人权保障方面所取得的实际成效进行评价。需要说明的是,在为期两年的速裁试点结束之后推行认罪认罚从宽制度改革试点中,速裁程序扩展到被告人可能被判处 3 年以下有期徒刑的案件,而且取消了案件类型的限制,并且在 2018 年修正后的《刑事诉讼法》中正式确认。从理论上而言,这些变化可能较大程度地提高速裁程序的适用比例,从而提高刑事诉讼程序的整体效率。但由于研究材料的局限,这一假设有待后续研究进一步检验。

---

① 判决书来源于中国裁判文书网,具体检索方法如下:从裁判文书首页进入试点城市所在城市中级人民法院后再进入各试点基层法院页面,然而通过“高级检索”设定检索条件 A=“(案件类型=刑事案件)+(文书类型=判决书)+(审判程序=一审)+(裁判日期=2014-07-01 ~2016-07-31)”,得到试点基层法院在此期间所有刑事案件数量及判决书;检索条件 B=检索条件 A+(案由=11 类试点案件类型,如危险驾驶),得到试点基层法院在此期间所审理试点类型案件数量及判决书;检索条件 C=检索条件 A+(全文=速裁程序),得到试点基层法院在此期间适用速裁程序的案件数量及判决书;检索条件 D=检索条件 B+(全文=速裁程序),得到试点基层法院通过速裁程序审理的各类型案件数量及判决书。

(一)M 市刑事速裁程序试点的实践状况

1. 速裁程序的案件情况

为了落实《关于在部分地区开展刑事案件速裁程序试点工作的办法》(以下简称《办法》)的相关规定,作为首批试点城市 M 市所在的省高级人民法院根据省委政法委的部署,在前期调研的基础上确定 M 市的 5 个基层法院为刑事速裁程序试点单位。各试点基层法院在前期展开轻微刑事案件快速审理经验的基础上,根据各自所在区域的实际情况和刑事案件速裁程序的要求,或联合公安机关、检察机关、司法局,或独立针对《办法》制定细化实施细则,启动刑事速裁程序试点实践。2014 年 7 月 1 日至 2016 年 7 月 31 日,5 个试点法院共审结刑事案件 6018 件,其中危险驾驶等 11 类案件 5187 件,适用速裁程序审理案件 1468 件,占同期审结刑事案件总数的 24.4%,同期审理的 11 类案件总数的 28.3%(见图 8-1)。

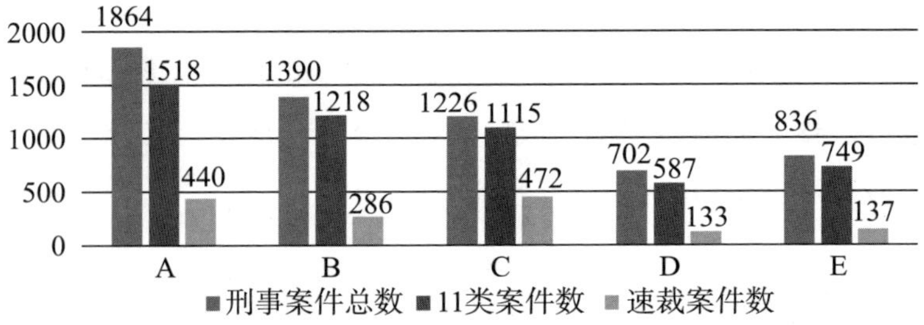

图 8-1　2014 年 7 月 1 日至 2016 年 7 月 31 日 5 个试点基层法院审结刑事案件数量情况

虽然 5 个试点基层法院适用速裁程序的案件比例距 30%~40% 的预期目标尚有一定的距离,相对于全国 18 个试点城市 12.82%的平均比例而言,M 市 24.4%的比例还是属于比较理想的状态。

表 8-1　5 个试点基层法院适用速裁程序的案件数量与类型情况

(单位:件)

案件类型	A	B	C	D	E	合计
危险驾驶	285	263	378	101	108	1135
交通肇事	3	0	5	7	0	15
盗窃	77	8	21	13	6	125
诈骗	1	0	0	0	0	1
抢夺	0	0	1	2	0	3
伤害	22	0	8	5	17	52
寻衅滋事	1	0	3	2	0	6
非法拘禁	0	0	1	0	0	1
毒品	51	15	55	3	6	130
行贿	0	0	0	0	0	0
扰乱公共秩序	0	0	0	0	0	0
合计	440	286	472	133	137	1468

在 1468 起适用速裁程序的案件中,其中危险驾驶案件共 1135 件,占全部速裁案件的 77. 3%;毒品犯罪案件(包括贩卖毒品、非法持有毒品、引诱或容留他人吸食毒品)130 件,占全部速裁案件的 8. 86%;盗窃案件 125 件,占全部速裁案件的 8. 51%;这三类案件共占全部速裁案件的 94. 67%,[①]而《办法》规定可以适用速裁程序的行贿、在公共场所扰乱公共秩序等二类案件竟然挂零,诈骗、非法拘禁犯罪案件各仅有 1 件。

---

① 速裁程序适用案件类型集中在危险驾驶、毒品、盗窃三类案件上或许并非甲、乙两市如此,根据南京市中级人民法院 2015 年全市法院刑事案件速裁程序试点工作情况报告提供的数据,在试点期间,各试点法院适用速裁程序共审理危险驾驶罪 545 件,占审结

2. 速裁程序的审理机制

基于对诉讼效率的追求,速裁程序的庭审被高度简化,虽然《办法》第11条规定,人民法院适用速裁程序审理案件,应当当庭询问被告人对被指控的犯罪事实、量刑建议及适用速裁程序的意见,听取公诉人、辩护人、被害人及其诉讼代理人的意见。但由于法庭调查、辩论环节的省略,使绝大多数速裁程序的庭审都能够在10分钟之内完成,有些甚至只需要几分钟。因此,为了更好地安排单位时间(通常是半天或1天)的工作内容,"集中"就成了各试点法院速裁案件审理机制最为突出的特点。例如,A法院的"集中"不仅表现在法庭审理的组织过程,甚至向前延伸,要求检察机关将适用普通程序和速裁程序的案件分开起诉,对建议适用速裁程序的案件集中起诉,A法院在立案当天将所有检察机关建议适用速裁程序的案件集中移送刑庭,刑庭在当天集中向被告人送达起诉书,接着以5~8个案件为一组进行"打包分案"集中审理,以最大可能地提升诉讼效率。B法院的做法与A法院稍有区别,每周规定固定的时间进行速裁程序立案,对适用速裁程序案件的被告人集中送达起诉书、集中书面告知诉讼权利、集中告知适用速裁程序的条件和法律后果,并集中询问被告人是否愿意缴纳罚金或退赃。①

速裁案件总数的40.37%;盗窃罪397件,占总数的29.41%;毒品犯罪231件,占总数的17.11%,该三类罪名之和达86.89%。参见《二〇一五年全市法院刑事案件速裁程序试点工作情况报告》,载http://www.njfy.gov.cn/www/njfy/xwzx4_mb_a 39160225103106.htm,最后访问日期:2016年3月17日。从全国范围来看,速裁程序试点适用的主要案件类型同样是危险驾驶、毒品、盗窃案件,根据杨万明同志2015年7月29日在全国法院刑事案件速裁程序研修班上的讲话提供的信息,危险驾驶罪占速裁案件总数的49%,盗窃和毒品犯罪分别占20%,故意伤害占4%,交通肇事占3%,其他案件仅占4%。参见杨万明:《在全国法院刑事案件速裁程序研修班上的讲话》(2015年7月29日)。

① 《M市中级人民法院刑事速裁试点工作中期总结报告》(2015年)。

在“集中审理”问题上,C 法院的探索相对较为细致和理性。C 法院的做法是:案件总体类型不相同的一般不集中审理;羁押和未被羁押的被告人不集中同时审理;被告人超过 10 个的一般不集中审理;有辩护律师的实行单独审理。即使是在集中审理的模式下,C 法院实行的是“集中—单独—集中”的做法,即开庭时集中查明被告人身份、集中交代回避权等诉讼权利;接着就个案单独听取公诉机关指控要点和量刑建议、单独听取被告人及辩护人定罪量刑意见、是否知悉并同意适用速裁程序、单独听取被告人最后陈述;最后再集中宣判、集中交代上诉权、集中判后答疑等。从整体上而言,C 法院的“集中—单独—集中”模式在追求诉讼程序效率的同时,较好地遵循了诉讼程序规律要求,值得借鉴。

与“集中审理”相伴生的另一个问题是“专人负责”,即检察机关是否需要安排专人负责速裁程序案件的起诉、法院是否安排专人负责速裁程序案件的审理。从调研情况看,甲、乙两市的大部分试点法院都建立了速裁程序专人负责制,认为通过赋予速裁程序审判人员更大的自主权(主要是裁判文书签发的权力),一方面能够更好地提高诉讼程序效率,另一方面也是贯彻落实“让审理者裁判,让裁判者负责”的具体举措。例如,A 法院认为,在速裁程序中,裁判文书一律由审判人员自主签发,从真正意义上将庭长、法院分管院长对审判活动的监督权与审判人员的裁判权相分离,使审判权回归其本来意义,防止了法院内部行政管理权和审判权的异化;[①]B 法院则从改革方法论的视角赋予刑事速裁程序中专门审判人员负责制更大的意义,认为这是“司法改革法官负责制的‘试验田’”。[②] C、D 法院

① 《A 区人民法院稳步推进刑事速裁程序试点工作情况汇报》(2015 年)。
② 《B 区人民法院刑事速裁程序试点工作中期总结报告》(2015 年)。

则成立了刑事速裁程序审判小组,专门负责速裁案件的审理,特别值得注意的是,为了配合法院的集中审理机制,D 检察院建立了“值班公诉人”制度,在 D 法院安排集中审理速裁案件的时间(通常是每周二、四下午),安排一名检察员在 D 法院驻点值班。① 唯一没有指定专人负责刑事速裁程序案件审理的只有 E 法院,原因在于该区法院只有 5 名从事刑事审判工作的法官,其中 1 名已被指定专门负责未成年人犯罪案件的审判工作,因此,“再指定专人审理速裁案件不太现实”,而是采取由 4 名法官每月轮流集中审理的模式。②

3. 速裁程序的效率

刑事速裁程序对效率的追求不仅表现在对法院审理时限相对于简易程序的进一步压缩和限制,还表现在对审查起诉时限的要求,而这是简易程序所不要求的。根据《办法》第 5 条的规定,公安机关侦查终结移送审查起诉时,认为案件符合速裁程序适用条件的,可以建议人民检察院按速裁程序办理。对于公安机关建议按速裁程序办理的案件,《办法》第 8 条规定,人民检察院一般应当在受理案件后 8 个工作日内作出是否提起公诉的决定。在人民检察院移送起诉,并建议适用速裁程序审理的案件,《办法》第 15 条规定,人民法院适用速裁程序审理案件,一般应当在受理后 7 个工作日内审结。

从试点情况来看,正如前文所述,如果法院认为无法在《办法》所要求的审理时限内审结的案件,法院很可能拒绝适用速裁程序,或者在速裁程序进行过程中将案件转而通过简易程序或普通程序审理。因此,那些适用速裁程序审理的案件,基本都能够在《办

---

① 《D 区人民法院刑事速裁程序试点工作中期报告》(2015 年)。

② 《E 区人民法院开展刑事速裁试点工作的阶段性总结》(2015 年)。

法》要求的审理时限内审结。根据笔者对各试点法院判决书所载相关信息的统计,E 法院是审理时限最短的法院,平均每个速裁程序案件的审理时间平均只需要 1.8 日,A 法院次之,为 4.3 个工作日,D 区法院的平均审理时间为 5.7 个工作日,B 法院的审理时间相对较长,为平均 6 个工作日,甚至有个别案件的审理时间长达 15 日,已经接近于简易程序的审理时限。

需要注意的是,尽管各个试点法院每个速裁案件的审理时限存在数天的差异,但都普遍反映出开庭审理时间非常短的共同特点,平均个案的开庭审理时间为 5~10 分钟。[①] 其他的时间主要耗费在对检察机关建议判处缓刑、管制、社区矫正的被告人进行社会危险性评估、领导审批法律文书、审判人员阅卷、书记员的庭前准备工作、开庭提解(被告人)和还押(被告人)、撰写及核对裁判文书、文印和装订裁判文书等事务性工作当中。如果仅从开庭审理的时间来看,速裁程序与简易程序之间并不存在太大的差距。换句话说,仅从简化庭审程序的维度已经无法为刑事诉讼程序效率价值的提供开拓出必要的空间,必须对刑事审判运行的整体简化,或者省略其他一些审判管理环节才有可能为刑事诉讼效率的提升提供新的增长点。

4. 速裁程序案件中非羁押性强制措施与非监禁刑适用情况

对犯罪嫌疑人、被告人采取非羁押性强制措施的情况是评价速裁程序对认罪认罚从宽、宽严相济刑事政策贯彻情况的重要指标之

① 这或许是大部分试点法院的共同特点,例如,南京市各试点法院的速裁程序平均庭审时间为 3~5 分钟,但审理天数平均却达 5.86 日。参见《2015 年南京市法院刑事案件速裁程序试点工作情况报告》,载 http://www.njfy.gov.cn/www/njfy/xwzx4_mb_a39160225103106.htm,最后访问日期:2016 年 3 月 20 日。

一。根据《办法》第 3 条的规定,适用速裁程序的案件,对于符合取保候审、监视居住条件的犯罪嫌疑人、被告人应当取保候审、监视居住。根据笔者对 5 个试点法院判决书记载情况的统计情况看,在 1468 起试点案件的 1602 名犯罪嫌疑人、被告人中,判决时被采取拘留、逮捕措施的为 413 人,被取保候审的 1183 人、被监视居住的 6 人,非羁押性强制措施适用的比例为 74.22%(见图 8-2),但需要注意的是,在被取保候审的 1183 人中,还有 644 人曾经被采取过短暂的拘留措施,然后才转为取保候审的,其中涉嫌危险驾驶犯罪的 641 人、涉嫌故意伤害的 3 人。

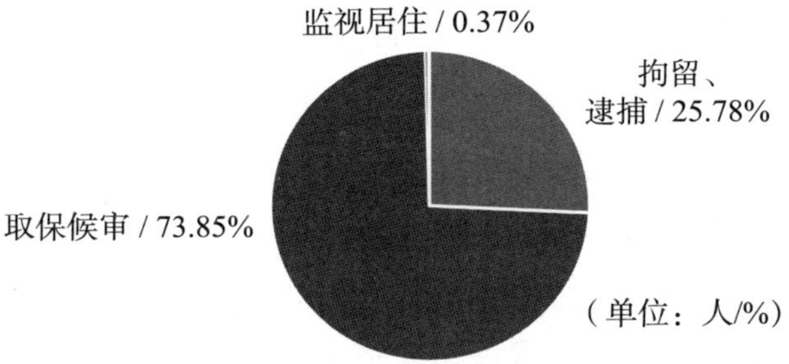

图 8-2　1602 名犯罪嫌疑人、被告人审前被采取强制措施的情况

根据《办法》第 1 条、第 8 条的规定,速裁程序适用于可能判处 1 年以下有期徒刑、拘役、管制,或者依法单处罚金的案件,人民检察院建议人民法院适用速裁程序的,应当在起诉书中提出量刑建议。另外,根据《最高人民检察院关于贯彻执行〈关于在部分地区开展刑事案件速裁程序试点工作的办法〉的通知》,检察机关既可以原则性地提出 1 年以下有期徒刑、拘役、管制的量刑意见,也可以拟定明确、具体的刑罚种类及刑期。检察机关的量刑建议是人民法院对适用速裁程序的案件被告人量刑时的重要参考根据。非监禁刑适用率是衡量刑罚轻缓化的一个重要指标。从全国范围来看，刑事速裁程序试点中期报告数据显示，速裁程序案件被告人的非监禁刑适用比例为 36.88%。[①] 就笔者调查的 5 个试点法院的情况来看，整体比例与全国数据大致接近。在 1468 起试点案件的 1602 名被告人中，被判处缓刑 787 人、管制 1 人、单处罚金 9 人平均监禁刑适用比例达 49.75%，而且主要集中在危险驾驶类被告人。

5. 试点案件被告人服判息诉情况

根据《办法》第 1 条第 2 项、第 3 项之规定，被告人承认自己所犯罪行对指控的犯罪事实没有异议，同意人民检察院提出的量刑建议，即“认罪认罚”是适用速裁程序的前提条件之一。如果人民法院经审查后认为检察机关指控的犯罪事实存在疑义、提出的量刑建议不适当则可以不同意适用速裁程序。质言之，如果人民法院同意检察机关提出的适用速裁程序建议即意味着认可了检察机关提出，并得到了被告人同意的量刑建议。从一定意义上而言，人民法院最终作出的裁判只是对检察机关指控及量刑建议的司法确认。由于检察机关的指控与量刑建议已经得到了犯罪嫌疑人的同意，从逻辑上而言，只要人民法院的裁判未偏离检察机关提出的指控和量刑建议，被告人就会接受法院的最终裁判，不会提出上诉。但从试点情况来看，虽然从整体而言，被告人服罪息诉情况较好，但仍有小部分被告人提出了上诉。5 个试点法院的服判息诉率为 95.7%，在 1468 起速裁案件中，共有 63 起案件的被告人提出了上诉。从二审的情况

① 参见《最高人民法院、最高人民检察院关于刑事案件速裁程序试点情况的中期报告》(2015 年)。

看,只有1件被M市中级人民法院依法改判,[①]其他62件中,54件被M市中级人民法院裁定维持原判,8件由上诉人撤回上诉结案。

既然被告人在案件被移送起诉之前已经认可了检察机关提出的量刑建议,那么为什么还要提起上诉?一些接受访谈的法官表示,被告人上诉的原因主要有两种情形,由于速裁程序的案件主要是危险驾驶案件,而绝大多数速裁案件的被告人在审前都处于非羁押状态,因此都具有缓刑的心理预期,而一些检察机关在提出量刑建议的时候通常只提出刑罚的种类及刑期,但并未提出刑罚的执行方式,即并未提出是否适用缓刑。一旦法院判决实刑,走出了部分被告人的心理预期,因此这部分被告人提出上诉,希望能够获得缓刑;而那些审前处于羁押状态下的被告人虽说对被判处缓刑的心理预期较低,但却对刑罚执行的场所有预期,即根据现行《刑事诉讼法》的规定,剩余刑期超过3个月的罪犯都必须送交监狱执行。即使法院的量刑与检察机关的量刑建议完全一致,一些被判处刑期超过3个月的被告为了留在看守所服刑,则选择通过提起上诉,希望通过二审程序拖延判决生效的时间,从而使判决生效之后剩余刑期低于3个月而能够继续留在看守所内服刑。[②]

6. 速裁程序中的值班援助律师

根据《办法》第4条的规定,针对刑事速裁程序建立值班援助律师制度,法律援助机构在人民法院、看守所派驻法律援助值班律师。犯罪嫌疑人、被告人申请提供法律援助的,应当为其指派法律援助值班律师。速裁程序中值班援助律师制度的建立既是中国刑事法

---

① 该案上诉人王某(女)犯危险驾驶罪,一审被判处实刑,王某上诉后,乙市中级人民法院考虑到王某丈夫系残疾人,且孩子年幼等具体情况,依法改判王某缓刑。

② 参见《M市中级人民法院刑事速裁试点工作中期总结报告》(2015年)。

律援助制度的重要发展，也是速裁程序区别于简易程序的重要内容之一。根据《司法部关于切实发挥职能作用做好刑事案件速裁程序试点相关工作的通知》（以下简称《司法部通知》）相关规定，法律援助值班律师的主要职责是及时为犯罪嫌疑人、被告人提供法律咨询和建议，告知其适用速裁程序的法律后果，帮助其进行程序选择和量刑协商。从逻辑上而言，法律援助值班律师的及时介入，对保障犯罪嫌疑人、被告人的诉讼权利等合法权益将起到较为重要的作用。

为了配合速裁程序试点工作的推进，M 市法律援助中心根据《办法》第 4 条的规定，和《司法部通知》的精神制定了相关实施细则，包括《M 市刑事案件速裁程序法律援助值班律师工作职责》《M 市 A 区人民法院、M 市法律援助中心法律援助值班律师制度工作办法》《M 市 A 区人民法院、司法局刑事速裁程序法律帮助、社区矫正工作实施细则（试行）》等规范性文件；在相关看守所、试点法院设立了法律援助值班律师工作室，试点期间共发动援助律师 4300 人次参与刑事速裁程序值班工作。各试点法院的做法一般是一方面在向被告人送达起诉书副本时明确提示被告人是否需要申请法律援助，如果被告人明确表示需要法律援助的，书记员或承办法官则及时与驻看守所值班律师（被告人在押），或法律援助中心（被告人未在押）联系，从而保证被告人能够及时获得值班律师的帮助。另外，根据该法院每周速裁程序的时间安排，由该区法律援助中心指派法律援助律师定期于速裁程序开庭之日在法院值班，为速裁程序案件被告人提供法律帮助。从实践的情况看，虽无具体数据，但普遍反映出的问题是速裁程序案件被告人要求法律援助值班律师帮助的情形极少，例如 D 法院 133 件速裁程序试点案件中，仅有 1 名被告人申请了值班律师的法律帮助。

(二)刑事速裁程序的效率评价

和任何国家的类似程序一样,提高诉讼效率也是中国刑事诉讼速裁程序试点改革的重要动因和目的。[①] 因此,从某种意义上而言,诉讼效率是否得到了提高,以及在多大程度上得到了提高,是衡量刑事速裁程序试点改革成功与否的重要指标。根据“两高”的中期检查报告,截至 2015 年 8 月 20 日,18 个试点城市共确定试点基层法院、检察院 183 个,适用速裁程序审结刑事案件 15606 件、16055 人,占试点法院同期判处 1 年有期徒刑以下刑罚案件的 30. 70%,占同期全部刑事案件的 12. 82%。检察机关审查起诉周期由过去的平均 20 天缩短至 5. 7 天,人民法院速裁案件 10 内审结的占 94. 28%,比简易程序高 58. 40 个百分点,当庭宣判率达 95. 16%,比简易程序高 19. 97 个百分点。在审前阶段,刑事速裁案件被告人被拘留、逮捕的比例为 52. 08%,比简易程序低 13. 91 个百分点;从量刑情况看,适用非监禁刑的占 36. 88%,比简易程序高 6. 93 个百分点;从审判效果上看,刑事速裁程序案件的检察机关抗诉率、附带民事诉讼原告人上诉率为 0,被告人上诉率仅为 2. 10%,比简易程序低 2. 08 个百分点,比全部刑事案件上诉抗诉率低 9. 44 个百分点。[②] 据此似乎可以认为,速裁程序确实较大程度地提高了中国的刑事诉讼程序效率,也较好地提升了对犯罪嫌疑人、被告人权利的保障水平。

---

① 根据《全国人民代表大会常务委员会关于授予最高人民法院、最高人民检察院在部分地区开展刑事速裁程序试点工作的决定》,合理配置司法资源,提高审判刑事案件的质量与效率,维护当事人合法权益是刑事速裁程序试点工作的目的所在。

② 参见《最高人民法院、最高人民检察院关于刑事案件速裁程序试点情况的中期报告》(2015 年 10 月 15 日),载 http://www.npc.gov.cn/npc/xinwen/2015-11/03/content_1949929.htm,最后访问日期:2016 年 6 月 26 日。

1. 速裁程序个案处理时间与效率

个案处理期限的压缩是提升刑事诉讼效率的主要途径,也是更为显见的体现程序效率价值的指标。[①] 例如,简易程序相对于普通程序通过对法庭调查、辩论等环节的简略以压缩审限,通过独任制审判组织形式的广泛适用以节约诉讼的人力成本。速裁程序则在简易程序之基础上,对审判程序进行了进一步的简化,和对审理期限的高度压缩。但在审理期限的压缩空间有限的情况下,对庭审程序的简化并不能带来诉讼效率的明显提升。表 8-3 显示的是刑事速裁程序和简易程序审理的大致流程及所耗费的时间成本情况。从整体上看,两种程序流程的内容大致接近,速裁程序对简易程序的简化其实相当有限。为完成这些流程内容所耗费的时间成本大致接近,速裁程序比简易程序所节约的 120 分钟左右时间主要来自裁判文书的审批(约 60 分钟)和宣判提解路途。速裁程序由法官独立签发裁判文书,不需要法院分管领导审批,因此可以节约大约 60 分钟的时间;由于当庭宣判,不需要二次提解被告人到庭,因此节约大约 90 分钟的时间;但当庭宣判后必须另行送达判决书,因此速裁程序比简易程序可能多需要 60 分钟左右的送达裁判文书耗时。从总体上看,无论是速裁程序还是简易程序,这些流程运行的实际耗时都在 10 小时左右。

与开庭审理的 10 分钟、所有流程内容耗时的 10 小时形成鲜明对比的是,速裁程序 5.5 天、简易程序 15 天左右的平均耗时。那么,除了完成必需的程序环节耗时之外,其余的时间成本主要耗费

---

① 笔者之所以在此用“处理”而非“审理”一词是因为刑事速裁程序相对于简易程序而言,制度设计对效率的追求已经从审判程序向前延伸至了审查起诉程序。

在了哪些环节。正如表 8-3 中所提示的那样“不含待签字时间”,在当前的审判管理体制下,一些程序环节,如对被告人采取或变更强制措施等都必须履行一定的审批手续。为此,除了完成的必要的诉讼文书材料外,还需要向法院分管副院长等领导汇报案件情况、更重要的是还要分管副院长的时间安排能够与审判人员的工作进程合拍。如果分管副院长由于其他事务原因,以致其时间安排与审判人员的工作进程不合拍的话,则很有可能出现表 8-3 所提示的“待签”问题,需要等待多长时间则取决于分管副院长的时间安排,而非案件的诉讼进程了。

表 8-3 速裁程序与简易程序审理环节时间成本比较

(单位:分钟)

<table>
<tr><th rowspan="2">环节</th><th rowspan="2">流程</th><th colspan="2">被告人未被羁押</th><th colspan="2">被告人被羁押</th></tr>
<tr><th>速裁程序</th><th>简易程序</th><th>速裁程序</th><th>简易程序</th></tr>
<tr><td rowspan="4">庭前环节</td><td>电话通知被告人</td><td>7</td><td>7</td><td>无</td><td>无</td></tr>
<tr><td>准备取保手续文书</td><td>10</td><td>10</td><td>无</td><td>无</td></tr>
<tr><td>领导审批取保手续文书</td><td>10(不含待签字时间)</td><td>10(不含待签字时间)</td><td>无</td><td>无</td></tr>
<tr><td>送达起诉书副本和提押</td><td>无(办理取保手续时同时送达起诉书副本)</td><td>无(办理取保手续时同时送达起诉书副本)</td><td>60</td><td>60</td></tr>
</table>

续表

环节	流程	被告人未被羁押		被告人被羁押	
		速裁程序	简易程序	速裁程序	简易程序
庭前环节	办理取保手续	25	25	无	无
	办理缴纳罚金手续	15	15	15	15
	通知被告人开庭时间	无(办理取保手续时同时通知)	10	无	无
	送达公诉人出庭通知书	50	50	50	50
	小计	117	127	125	125
庭审环节	审判人员阅卷	30	30	30	30
	书记员庭前准备工作	10	20	10	20
	开庭押解和还押被告人	无	无	90	90
	开庭审理	8	10	8	10
	核对庭审笔录	5	10	5	10
	被告人最后陈述	5	5	5	5
	小计	58	75	148	165
庭后环节	撰写及核对裁判文书	30	45	30	45
	领导审核及签发文书	无(审判人员独立签发)	60(不含待签字时间)	无(法官独立签发)	60(不含待签字时间)
	文印和装订裁判文书	45	45	45	45
	准备宣判材料	10	10	10	10

续表

环节	流程	被告人未被羁押		被告人被羁押	
		速裁程序	简易程序	速裁程序	简易程序
庭后环节	通知被告人宣判或送达裁判文书	5	5	无	无
	宣判和提解、还押被告人	无(因当庭审判)	90	无(因当庭宣判)	90
	送达裁判文书和提解	60	无	60	无
	判决书送达公诉和公安机关	70	70	70	70
	出具执行通知书及送达	60	60	60	60
	小计	280	385	275	380
总计		455	587	548	670

因此,在笔者看来,相对于简易程序而言,速裁程序最大的突破是将对刑事诉讼程序的简化从庭审走向了庭前准备(如送达期限不受《刑事诉讼法》规定的限制),甚至向前延伸至了检察机关的审查起诉,压缩检察机关的审查起诉期间,试图从审判程序之外为刑事诉讼效率的提升拓展出新的增长空间。从制度设计技术上看,就个案处理效率而言,这或许是速裁程序相对于简易程序最大的效率增长点。调研期间,我们从D法院同期审理的案件性质相同、案情类似,分别适用速裁程序和简易程序的毒品案件、盗窃案件各抽取了一组进行比较(见表8-4),可以清楚地看到速裁程序效率的提升主要来自审查公诉期限的缩短,而非审判程序。“两高”刑事速裁程序中期检查报告显示,根据抽样统计,检察机关审查起诉周期由于去

的平均 20 天缩短至 5.7 天，很好地表明了这一点。[①]

表 8-4　速裁程序与简易程序审查起诉与审判阶段耗时情况比较

（单位：天）

项目	贩卖毒品案		盗窃案	
	蔡某贩毒案（速裁程序）	欧某贩毒案（简易程序）	李某盗窃案（速裁程序）	宁某盗窃案（简易程序）
审查起诉阶段耗时	14	24	9	47
审判阶段耗时	6	9	6	9
合计	20	33	15	56

注：审查起诉阶段耗时指的是从公安机关移送审查起诉到检察机关向人民法院提起公诉；审判阶段耗时指的是从检察机关提起公诉到人民法院判决所耗费的时间。

表 8-4 清楚地显示出性质相同、案情相似的案件，在适用速裁程序和简易程序时所耗时间的差异主要在审查起诉程序，而非审判程序。特别是对两起盗窃案件的审查起诉，适用速裁程序的李某盗窃案比适用简易程序的宁某盗窃案少用了 38 天时间，而审判程序的耗时，速裁程序只比简易程序少用 3 天而已。在案件性质相同、案情相似的情形下，审查起诉耗时的较大差异，很大程度上可能可以归因于制度设计方面的差异。即刑事诉讼法对简易程序的审查起诉期间与普通程序一样，应当在 1 个月内作出是否起诉的决定，重大、

① 参见《最高人民法院、最高人民检察院关于刑事案件速裁程序试点情况的中期报告》（2015 年）。虽然从个案处理效率上看，对审查起诉期间的压缩确实能够很明显地感受到诉讼效率的提升，但从刑事速裁程序整体而言，对审查起诉期限的压缩也是把“双刃剑”，必然导致很多的案件失去启动速裁程序的可能，这一点笔者将在下文详述。

复杂的案件可以延长半个月,[①]而《办法》对适用速裁程序的案件审查起诉期限则限定为8天。[②] 换句话说,如果将简易程序案件的审查起诉期限作出与速裁程序一样的限定,要求检察机关在8天之内作出是否起诉的决定,同样可以起到类似于速裁程序的效果。而且由于简易程序所适用案件类型的普遍性,因此可以更大限度地提高刑事诉讼的程序效率,并进而否定刑事还裁程序试点改革的意义所在。

2. 速裁程序案件总量与效率

然而,从理论上而言,一项制度效率的整体评价既取决于程序本身运行所耗费的成本(如诉讼期间),更取决于进入这一程序的案件总量。即当程序运行成本越低,同时适用程序的案件总量越大的时候,该项制度的整体效率越高。如果程序运行成本虽低,但适用程序的案件总量不高时,制度的整体效率也就无法得到充分的体现。"两高"关于刑事速裁程序中期报告上述数据同时向我们展现了另一个事实是:试点期间适用速裁程序的案件总量仅占试点法院同期判处1年有期徒刑以下刑罚案件的30.70%。换句话说,各试点法院同期判处1年以下有期徒刑刑罚的案件中,仍然有接近70%未进入速裁程序。更重要的是,适用速裁程序案件只占同期全部刑事案件的12.82%,而且主要集中在危险驾驶案件上。而简易程序在经由"认罪案件普通程序简化审""轻刑快审",直至2012年《刑事诉讼法》修正之后,已经涵盖了基层法院绝大部分的一审刑事案件,实践中适用简易程序的案件比例逐年提升,多数地方适用简易程序审理的公诉案件占公诉案件总数的比例(简易程序适用率)都

① 参见《刑事诉讼法》第169条。

② 参见《最高人民法院、最高人民检察院、公安部、司法部关于在部分地区开展刑事案件速裁程序试点工作的办法》第8条。

在30%、40%以上，[①]有些基层法院的简易程序适用率已经超过了70%。例如，北京市通州区人民法院的简易程序适用率已经从2008年的53.1%上升至2013年的72.99%，[②]重庆市部分基层法院的简易程序适用率已经高达81.87%。[③] 因此，从程序适用的覆盖面来看，相对于简易程序，刑事速裁程序的效率价值在当前并不具备比较优势，甚至还处于明显的劣势。

虽然在一定程度上可以将刑事速裁程序试点的背景归之于"醉驾入刑""后劳教"时代刑法圈扩张导致刑事案件数量激增与司法资源供应不足之间的矛盾，[④]全国法院审理刑事一审案件的数量从2010年的84.6件增长到2015年的109.9万件，5年间增长了接近30%，"案多人少"的矛盾日益突出。但必须特别指出的是，即便可以将近些年来法院一审刑事案件数量的增长归咎于"醉驾入刑"和劳动教养制度废除后刑法圈的扩张，以盗窃、诈骗、抢夺等为代表的侵犯公民财产权利的犯罪案件虽然在法院一审刑事案件总量中所

---

① 参见王军、吕卫华：《我国刑事简易程序若干问题》，载《国家检察官学院学报》2012年第4期。

② 参见《通州法院扩大刑事简易程序取得良好效果》，载 http://www.bj148.org/chuangxin/cxgzcx/201312/t20131219_436395.html，最后访问日期：2016年3月26日。

③ 参见李海玲：《新刑事诉讼法简易程序实施情况的观察与分析》，载《阴山学刊》2015年第1期。

④ 例如，重庆市2012~2014年关于危险驾驶案件的数据显示，《刑法修正案（八）》颁布后，重庆市公安机关将查获的大量醉酒驾车人员如数送入刑事诉讼程序，2012年3月至4月，重庆市法院系统该类案件的判罚数据首次出现井喷现象，此后案件审结数量有所回落，但该类案件的审判率仍稳居刑事案件审判率的15%左右，位于常见犯罪的第三位。参见王利荣、李鹏飞：《对醉驾入刑司法效果的实证研究》，载《厦门大学法律评论》2014年第2期。又如，宁波市检察院的数据显示：2011年全市受理危险驾驶案件502件，2012年这一数据上升为2142件，2013年持续增加至3277件，2014年则增至3890件，而2015年1~7月已受理该类案件1988件。参见《醉驾入刑第五年危险驾驶案件缘何持续增多?》，载 http://www.anhuinews.com/zhuyeguanli/system/2015/08/30/006932782.shtml，最后访问日期：2016年3月16日。

占的比例有所下降,但从整体上看,仍然是法院一审刑事案件的主要案件类型,①特别是盗窃案件,甚至还出现了小幅增长的情况。②而从试点法院的情况看,盗窃、诈骗、抢夺等侵犯财产犯罪案件的比例不仅在试点案件类型中所占比例偏低,而且在试点法院审理的同类案件中所占的比例更低。5 个试点法院在此期间共审结盗窃案件总数 1112 件,但适用速裁程序审结的只有 125 件,仅占盗窃案件总数的 11.24%(见表 8-5),占所有适用速裁程序审理的案件总数的 8.51%。

表 8-5 试点法院盗窃案件数量及适用速裁程序案件数量情况

试点法院	盗窃案件总数(件)	适用速裁程序案件数(件)	比例(%)
A	409	77	18.82
B	244	8	3.28
C	203	21	10.34
D	126	13	10.32
E	130	6	4.62
合计	1112	125	11.24

① 根据《中国法律年鉴》提供的数据显示,2010 年全国法院一审刑事案件总数为 779595 件,侵犯财产犯罪案件为 293561 件,占 37.7%;2013 年全国法院一审刑事案件总数为 971567 件,侵犯财产犯罪案件为 306014 件,占 31.5%,但绝对数仍然呈增长的态势。

② 根据最高人民法院提供的数据,2014 年全国法院一审新收“两抢一盗”犯罪案件 25.5 万件,同比上升 0.2%。其中,“两抢”犯罪案件同比大幅下降、盗窃罪案件小幅上升;新收抢劫罪案件 3.2 万件,同比下降 15.9%;抢夺罪案件 7327 件,同比下降 17.2%;盗窃罪案件 21.6 万件,同比上升 3.8%。参见黄彩相:《全国法院收结案数量再创新高,审判工作取得新进展——2014 年全国法院案件情况分析》,载《人民法院报》2015 年 4 月 30 日,第 5 版。

如果将危险驾驶案件排除的话,各试点法院适用速裁程序的案件数量和比例都会出现大幅下降。从这一意义上而言,似乎速裁程序试点在很大程度上是应“醉驾入刑”而生的改革,而这显然不是速裁程序试点改革的初衷,毕竟随着驾驶人交通法律意识增强之后,此类犯罪必将呈现逐渐减少的趋势。因此,从长远来看,要提高中国刑事诉讼程序的效率,应当有更多的常规性多发案件,如侵犯财产类犯罪案件、因日常纠纷引发的伤害案件,特别是盗窃、诈骗、抢劫、抢夺等案件进入刑事速裁程序之中才有可能从根本上提高刑事诉讼程序效率,解决“案多人少”的矛盾冲突。但是,正如表 8-1 数据所显示的那样,除了盗窃等侵财类犯罪案件适用速裁程序数量与比例极低外,适用速裁程序的伤害案件数量与比例同样非常之低,特别是 B 法院,147 起伤害案件没有一起适用速裁程序。

(三)刑事速裁程序的人权保障水平评价

提升刑事诉讼程序效率是刑事速裁程序改革试点的目的之一,但并非唯一的目的。《最高人民法院、最高人民检察院、公安部、司法部刑事案件速裁程序试点工作座谈会纪要》(以下简称《纪要》)还指出,刑事速裁程序改革试点作为新一轮司法体制改革的重要内容,是强化人权司法保障的具体措施。对于适用速裁程序的案件,要严格把握羁押的合理性、必要性,尽可能采取非羁押性强制措施。重申了《办法》第 3 条对适用速裁程序案件犯罪嫌疑人、被告人“慎捕慎(羁)押”的精神,[①]强调只要被告人符合取保候审、监视居住条件的,就要予以取保候审、监视居住,为适用非监禁刑创造条

---

① 《办法》第 3 条规定,适用速裁程序的案件,对于符合取保候审、监视居住条件的犯罪嫌疑人、被告人,应当取保候审、监视居住。

件,确保罪刑相适应。[①] 除了在强制措施方面对适用速裁程序案件的犯罪嫌疑人、被告人尽量采取取保候审、监视居住等非羁押性措施外,《办法》第13条规定,对自愿认罪,退缴赃款赃物、积极赔偿损失、赔礼道歉,取得被害人或者近亲属谅解的被告人,可以依法从宽处理,在一定程度上体现了针对速裁程序案件被告人刑罚轻缓化的精神。这些规定和要求可以认为是刑事速裁程序改革试点方案对保障人权价值目标的追求。

1. 非羁押性强制措施适用情况与人权保障评价

从数据上看,对适用速裁程序案件犯罪嫌疑人、被告人所采取的强制措施主要以取保候审为主,例如A法院440件(486人)速裁程序案件中,判决前被采取羁押性强制措施的仅为172件(180人),其余268件(306人)均为取保候审,非羁押性强制措施比例为61.4%;B法院286件(302人)速裁案件中,适用取保候审的被告人为234人,非羁押性强制措施比例高达77.5%;C法院472件(484人)速裁案件中,适用取保候审的被告人为346人,非羁押性强制措施适用比例为71.5%;非羁押率远高于其他试点城市的水平。[②] 但是,如果细究C区、D区两试点基层法院速裁案件中危险驾驶案件所占的数量和比例,前述非羁押性强制措施比例之于速裁程序在保障犯罪嫌疑人、被告人权益方面的论证意义也就极其为限了。C区未被羁押的166名全都是危险驾驶案件的被告人,[③]D区134名被取保候审者中,120名属于危险驾驶案件的被告人。如果将危险驾

① 《刑事案件速裁程序试点工作座谈会纪要》(2015年)。

② "两高"关于刑事速裁程序中期报告提供的数据显示,速裁程序案件被告人被羁押(拘留、逮捕)的比例为52.08%(相应地可以得出非羁押率为47.92%),比简易程序低13.91个百分点。

③ 参见《C区人民法院刑事速裁程序试点工作中期总结报告》(2015年)。

驶案件被告人排除在外的话，C 区的羁押率高达 100%，D 区亦高达 82.4%。[①] 而根据《中国法律年鉴》提供的数据，2013 年全国各级检察机关提起公诉案件 958727 件（1369865 人），批准、决定逮捕犯罪嫌疑人 896403 人，审前羁押率也仅为 65.4%。[②] 因此，从对犯罪嫌疑人、被告人采取强制措施的情况看，速裁程序对于提升对犯罪嫌疑人、被告人的人权保障水平似乎并未产生明显的作用。

2. 非监禁刑适用与人权保障水平评价

"两高"关于刑事速裁程序中期报告提供的数据显示，对刑事速裁案件被告人适用非监禁刑的比例为 36.88%，比简易程序高 6.93 个百分点。[③] 据此可以认为从对被告人判处刑罚的角度来看，或许可以认为速裁程序相对于简易程序在人权保障水平上具有一定的优势。[④] 但根据笔者对甲、乙两市的调研，速裁程序案件被告人非监禁刑的比例分别为 17.3%和 49.7%。[⑤] 则在一定程度上表明甲市 A 区、B 区两试点法院在速裁案件裁判中并未体现出速裁程序改革试点方案对刑罚轻缓化的要求。另外，根据《中国法律年鉴》提供的数

---

① 由于危险驾驶罪的最高法定刑为拘役，不符合逮捕的刑罚条件，因此不能对其采取逮捕措施。

② 相关数据参见《中国法律年鉴》（2014 年），第 1138 页。

③ 参见《最高人民法院、最高人民检察院关于刑事案件速裁程序试点情况的中期报告》（2015 年 10 月 15 日）。

④ 但是，必须指出的是，由于简易程序适用的案件类型包括基层法院审理的所有符合条件的刑事案件。从理论上而言，所有被判处 3 年以下有期徒刑刑罚的被告人，只要符合缓刑的条件都可以判处缓刑，而 2014 年全国法院判处 3 年有期徒刑以下刑罚的被告人所占比例达到了 82.73%，这一数据另一方面也意味着还有接近 18%左右的被告人因为被判处 3 年以上有期徒刑刑罚而不符合缓刑的法定条件，因此无论适用何种程序都不能对这些被告判处缓刑。

⑤ 参见《最高人民法院、最高人民检察院关于刑事案件速裁程序试点情况的中期报告》（2015 年 10 月 15 日）。

据,2013 年全国法院审理刑事案件被告人判决生效人数为 1,158,609 人,其中被判处有期徒刑、拘役缓刑的被告人 356,523 人、管制 14,641 人、单独判处附加刑 24,819 人,非监禁刑适用率为 34.2%。[①] 因此,速裁程序试点期间 36.88%的非监禁刑适用比例的相对优势并不明显。从这一意义上而言,刑事速裁程序改革试点方案试图通过刑罚轻缓化而提升对被告人人权保障水平的目的并未得到充分的体现。

3. 法律援助值班律师帮助与人权保障水平评价

综上所述,无论是从试点期间速裁程序所适用案件的数量及其占试点法院同期审理的同类案件,以及同期试点法院所审理刑事案件总量的比例,还是从速裁程序的个案处理效率来看,笔者认为,其相对于简易程序的效率优势并不明显,因此并未很好地实现《速裁程序决定》所预期的提高审判效率的改革目的。另外,从速裁程序案件犯罪嫌疑人、被告人审前强制措施情况及被判处的刑罚情况看,速裁程序试点并未有效地降低对犯罪嫌疑人、被告人的羁押性强制措施适用比例,同时亦未明显地提升对被告人的非监禁刑适用比例,因此同样未能很好地实现提升刑事诉讼中人权司法保障水平的改革预期。当然,通过描述试点的实际面相,细致地分析相关数据,并指出试点过程中出现的问题并非对刑事速裁程序改革试点的否定。相反,笔者期待的是能够通过对问题背后原因的深度阐释,为如何进一步完善刑事速裁程序,以及从改革方法论意义上对"如何试点"提出自己的看法和建议。

(四)对问题原因的可能解释

1. 案件为何难以进入速裁程序

适用速裁程序的案件总量直接决定了速裁程序从整体上提高

---

① 相关数据参见《中国法律年鉴》(2014 年),第 1133 页。

刑事诉讼程序效率目的的实现。然而，正如数据所表现出来的那样，速裁程序的案件数量占试点法院同期审理同类案件的比例仅为20%左右，与30%～40%的改革预期之间尚存在较大差距。在《办法》确定的可以适用速裁程序试点的11类案件中，主要集中在危险驾驶类案件中，而作为多发性、常规性案件的盗窃、诈骗、抢夺等侵犯财产类犯罪案件适用的比例过低，不得不引起改革方案的设计者、适用者、研究者的重视。那么，在决定一件案件是否进入速裁程序的过程中，究竟有哪些因素在发挥作用？这是本文接下来要进一步讨论的问题。

（1）适用速裁程序案件的条件设定问题

和简易程序适用条件相比，速裁程序适用条件最主要的区别在于对被告人可能判处刑罚的限制、对量刑建议的认可（“认罚”），以及是否与被害人达成和解。因此，从某种程度上可以认为，在其他适用条件大致相同的情况下（见表8-6），速裁程序适用率远低于简易程序适用率的原因可以归咎于《办法》对被告人可能判处刑罚及被告人“认罚”，以及需要与被害人达成和解协议的规定。

表8-6　速裁程序与简易程序适用条件比较

项目	名称	速裁程序	简易程序
积极条件	事实与证据	事实清楚、证据充分	事实清楚、证据充分
	认罪	认罪	认罪
	认罚	认罚	无
	程序选择	同意适用	同意适用
	刑罚	可能判处1年以下有期徒刑、拘役、管制，或者依法单处罚金	无

续表

项目	名称	速裁程序	简易程序
消极条件	主体限制	未成年人、盲、聋、哑人、限制行为能力的精神病人	盲、聋、哑人、限制行为能力的精神病
	共同犯罪特别限制	共犯对定罪、量刑建议有异议	共犯不认罪,或不同意适用简易程序
	可能不构成犯罪或者律师作无罪辩护	法院认为可能不构成犯罪辩护人做无罪辩护	无
	量刑建议不当	法院认为量刑建议不当	无
	刑事和解	未达成和解协议	无
	违反非羁押强制措施以致严重影响诉讼正常进行	违反取保、监视居住规定,严重影响诉讼活动正常进行	无
	具有法定从重情节	具有累犯、教唆未成年人犯罪等法定从重情节	无
	案件性质严重程度	无	有重大社会影响

《刑事诉讼法》和《办法》在规定简易程序和速裁程序的适用条件时都采取了“积极条件”+“消极条件”的模式,即通过积极条件明确可以适用简易(速裁)程序的案件条件,同时通过消极条件否定可以适用简易(速裁)程序的案件条件。通过表 8-6 的比较,我们可以较清楚地看到两种程度在适用条件方面的差异,从某种程度上而言,这些差异必然会在一定程度上影响两种程序的适用情况。虽然由于研究材料和方法的局限,我们无法对造成两种程序适用比例差距较大的原因进行统计学意义上的相关性分析,但是,通过对试点法院、检察院相关工作人员的访谈,仍然可以大致把握不同的程序适用条件对程序适用比例可能产生的影响。

第一,对被告人可能判处刑罚的把握困难。虽然由于数据的缺乏,我们无法准确地判断每年全国法院判处 1 年以下有期徒刑、拘役、管制,或者依法单处罚金(以下简称 1 年有期徒刑以下刑罚)的被告人数及所占比例情况,但从近年来全国法院判处 3 年以下有期徒刑刑罚,及判处拘役以下刑罚人数及比例的情况看,大致可以推断每年全国法院判处 1 年有期徒刑以下刑罚的人数占全年生效判决人数的比例介于 40%~80%。[①] 换句话说,每年各级法院审理的刑事案件中,如果从刑罚条件上看,有 40%~80%都符合速裁程序的条件,但却只有 12.82%的案件进入了速裁程序试点。一些接受访谈的检察人员认为,由于我国《刑法》分则在设定个罪刑罚时,很少设定“1 年以下有期徒刑”的法定刑(除了危险驾驶明确最高刑罚为拘役外),更多的表述都是“3 年以下有期徒刑、管制或者拘役”。因此,对犯罪嫌疑人、被告人是否判处 1 年有期徒刑以下的刑罚必须是对宣告刑,而非法定刑的判断。这意味着必须对每个案件、每个犯罪嫌疑人进行个案分析,从而判断其可能判处的刑罚。一些检察人员认为,以宣告刑为是否适用速裁程序的条件在实践中不是很好把握,有时还有可能出现因为量刑建议不当而导致程序转换的情形,影响案件的处理进程。与其如此,不如以该犯罪嫌疑人可能判处的刑罚超过 1 年有期徒刑而不适用速裁程序。

第二,量刑建议与“认罚”存在难题。与简易程序相比,要求犯罪嫌疑人同意检察机关提出的量刑建议,即“认罚”是刑事速裁程序

---

① 2012 年,全国法院判处 3 年有期徒刑以下刑罚 900021 人,占生效判决人数的 76.65%;2013 年 934011 人,占 80.61%;2014 年 980004 人,占 82.73%。判处拘役以下刑罚的人数也逐年增长,2012 年占生效判决人数的 42.96%,2013 年占 45.66%,2014 年占 46.37%。以上数据来源于《中国法律年鉴》(2013 年、2014 年、2015 年)。

适用条件的另一重要区别。如果说"认罪"是一种事实判断,对于自己是否实施了犯罪行为,犯罪嫌疑人非常清楚,很多时候并不需要律师的帮助即可作出选择。但相对于"认罪"而言,"认罚"则是一种建立在案件事实、证据基础之上对刑罚如何适用的技术判断。对于绝大多数犯罪嫌疑人来说,一方面都有着利益最大化的理性选择,希望能够获得最轻的刑罚处罚,但另一方面又缺乏进行量刑判断所需要的刑法知识。面对检察机关提出的量刑建议,如果缺乏律师的帮助,犯罪嫌疑人很难判断检察机关提出的量刑建议是轻或重,特别当检察机关提出的量刑建议并非具体、明确的刑种、刑期,而是一个大致的量刑幅度时,犯罪嫌疑人既无法判断刑罚之轻重,又对审判人员在检察机关提出的量刑建议幅度内将如何量刑缺乏必要的把握。这些因素都会导致犯罪嫌疑人缺乏程序选择的必要根据,或者认为检察机关建议的刑罚过重,或者认为检察机关的量刑建议对法院没有决定性影响,因此拒绝适用速裁程序,从而在一定程度上影响了进入速裁程序的案件总量。

第三,和解协议达成困难。伤害案件作为实践中的一种多发性刑事案件,但在试点期间却很少进入速裁程序。例如,甲市A区法院试点期间共审理了25件伤害案件,只有1件适用了速裁程序;乙市C区法院试点期间审理了44件伤害案件,没有一件适用速裁程序。适用速裁程序最多的是乙市G区法院,试点期间通过速裁程序审理的伤害案件一共有16件。根据笔者的调研,一些检察人员认为伤害案件本身不适合速裁程序,理由是,虽然大多数伤害案件情节并不严重,但却都较为复杂,很难做到事实清楚、证据充分,特别是一些因为民间纠纷引发的伤害案件中,犯罪嫌疑人、被害人都互有过错却谁都认为是对方错在之前,因此,即使公安机关侦查终结将案件移送到了检察机关审查起诉,案件事实却仍存在不少模糊之处。还有一些检察人员则认为,《办法》要求犯罪嫌疑人与被害人达成刑事和解协议的规定①在很大程度上限制了适用速裁程序的数量。理由是,刑事和解的达成本身相对困难,被害人与犯罪嫌疑人之间的利益冲突很难协调,而《办法》要求对适用速裁程序的案件,检察机关应当在受理之后8个工作日内完成审查起诉工作并作出是否提起公诉的决定,其结果往往是"欲速则不达"。而甲市B区法院一位审判人员则认为,《办法》有关刑事和解的规定不仅限制了进入速裁程序的案件数量,而且还有画蛇添足之嫌,因为如果犯罪嫌疑人与被害人之间达成了和解协议,根据刑事诉讼法有关当事人和解特别程序之规定,犯罪嫌疑人即可得到从宽处罚的利益,而且这一程序已经相对成熟,没有必要适用速裁程序。有些当事人和解案件在审查起诉阶段即通过检察机关的不起诉决定终结了诉讼程序,有些即使移送法院起诉,也不会产生太多的诉讼成本。

(2)程序参与各方对适用速裁程序的动力

刑事速裁作为一种选择性程序,其所涉及的并不局限于诉讼程序如何进行本身,更重要的是,还涉及实体法上的事实、证据、定罪、量刑等问题。检察机关、人民法院并不能依职权决定适用速裁程序,还需要得到其他诉讼参与主体,特别是犯罪嫌疑人、被告人的同意才行,因此,速裁程序的适用是各诉讼程序参与主体共同选择与协商的结果。检察机关提出的适用速裁程序之建议需要以犯罪嫌疑人实体上"认罪认罚",程序上同意适用速裁程序为条件,辩护人、

① 根据《办法》第2条第5项规定,犯罪嫌疑人、被告人与被害人或者其法定代理人、探亲属没有就赔偿损失、恢复原状、赔礼道歉等事项达成调解或者和解协议的,不适用速裁程序。

人民法院提出的适用速裁程序建议同样需要检察机关的同意,并在检察机关提出量刑建议之后方可进行。然而,由于各诉讼程序参与主体所追求的目的不同,速裁程序对各程序参与主体的吸引力也不同。换句话说,各程序参与主体对于推动速裁程序试点,甚至在将来速裁程序正式制度化后适用该程序的动力机制直接决定了速裁程序在中国刑事诉讼实践中的命运。如果速裁程序的设计能够为各程序参与主体提供足够的动力,那么,适用速裁程序的案件数量即会增加;反之,则有可能导致速裁程序适用案件数量较低的情况。针对当前试点过程中速裁程序适用案件数量、比例较低的现象,笔者认为,各诉讼程序参与主体对适用速裁程序动力不足与此密切相关。

首先,检察机关为什么动力不足?

虽然《刑事诉讼法》规定,侦查终结要求做到案件事实清楚,证据确实充分,才能移送检察机关审查起诉。但从实践的层面而言,由于证据审查判断主体所接触信息的全面程度不同、程序运行环境不同,尽管侦查机关认为已经达到了事实清楚、证据确实充分的证明标准,但仍然存在检察人员、审判人员认为事实不清、证据不足的可能,特别是在犯罪嫌疑人供述不稳定、翻供的情况下。对于大多数检察人员而言,如何完成证明被告人有罪的举证责任是其在提起公诉过程中面临的最大压力。如果检察人员认为案件事实清楚、证据确实充分,不存在举证压力时,检察人员很有可能缺乏选择适用速裁程序的动力。恰恰相反的是,在那些检察人员认为事实、证据还存在一定问题的案件中,犯罪嫌疑人的认罪供述对于弥合案件证据体系的罅隙具有重要的粘合作用,并因此大大降低检察人员的举证压力。换句话说,只有当速裁程序的适用可以减轻检察人员的举证压力时，检察人员才会有足够的动力选择适用速裁程序。

而那些事实、证据存疑的案件通常都存在犯罪嫌疑人供述不稳定或者翻供的情形。如果检察人员没有足够打动犯罪嫌疑人的筹码——量刑优惠，就很难让犯罪嫌疑人自愿认罪并保持供述的稳定性，也就无法满足速裁程序所要求的案件事实清楚、证据充分的适用条件。但一方面由于《办法》将适用的案件类型限定为可能判处有期徒刑1年以下的案件，在很大程度上决定了检察机关能够为犯罪嫌疑人提供的量刑优惠空间极其有限，不足以对犯罪嫌疑人认罪产生有效的激励作用；另一方面由于《办法》缺乏对检察机关的量刑建议可以在多大程度上给予犯罪嫌疑人从宽的规定，使得检察机关可能给予认罪犯罪嫌疑人的量刑优惠缺乏明确性；更重要的是，《办法》未能明确速裁程序中检察机关的量刑建议之于法院的约束力和对于犯罪嫌疑人的类承诺效力，使得检察机关的量刑优惠缺乏确定性。这些因素都可能导致检察机关在争取犯罪嫌疑人认罪过程中的筹码打折。

另外，《办法》规定，对于适用速裁程序的案件，检察机关一般应当在受理案件后8个工作日作出是否提起公诉的决定。并且对犯罪嫌疑人可能宣告缓刑或者判处管制刑的，还要对犯罪嫌疑人进行（社会危险性）调查评估。这些相关规定不仅大大压缩了检察机关审查起诉的时间，而且在一定程度上增加了检察机关的工作量，从而加大了检察人员的工作压力。因此，当速裁程序不但未能减轻检察人员的举证压力，而且因为审查起诉期间压缩反而增大了检察人员的工作压力时，无疑将严重地影响检察人员选择适用速裁程序的动力,从而将更多的案件排除在速裁程序之外。[①]

其次,犯罪嫌疑人为什么动力不足?

如果说在是否适用速裁程序问题上,检察人员关注的是是否能够减轻其举证压力;那么,犯罪嫌疑人主要关注的则是是否能够实现其利益最大化——可能被处刑罚的最低化。虽然说速裁程序是完善“认罪认罚从宽”制度的具体措施之一,但《办法》对于如何“从宽”的规定不仅未能突出速裁程序相对于简易程序,甚至普通程序的优势,相反,还为速裁程序案件被告人的从宽处罚设定了种种限制条件。要求“退缴赃款赃物、积极赔偿损失、赔礼道歉,取得被害人或者近亲属谅解”,才可以依法从宽处罚。而在《办法》确定的 11 类案件类型中,盗窃、诈骗、抢夺、交通肇事、伤害等类案件都存在退赃、赔偿损失、赔礼道歉等问题。而从实际情况来看,绝大多数盗窃、诈骗、抢夺犯罪案件的犯罪嫌疑人都缺乏退赃能力,而交通肇事、伤害等类案件很多时候由于犯罪嫌疑人与被害人之间在赔偿金额方面的分歧过大,达成调解或和解协议往往非常困难。如果犯罪嫌疑人未能与被害人一方达成调解或和解协议,案件或者无法进入速裁程序,或者即使进入速裁程序犯罪嫌疑人、被告人亦无法获得从宽处理,犯罪嫌疑人也就缺乏选择适用速裁程序的必要动力了。

正如上文所述,由于检察机关的量刑建议能够给予犯罪嫌疑人的量刑优惠空间有限,而且缺乏明确性、确定性,本身对犯罪嫌疑人的激励作用不大。此外,从实践来看,绝大数可能被判处 1 年有期徒

---

① 中央政法委副秘书长姜伟在讲话中也提到,实践中一些办案人中由于担心不能在规定的期限内结案,而不愿意适用速裁程序,从而影响了适用速裁程序的案件数量。为此,姜伟副秘书长指出,试点办法对于办案期限使用的是“一般应当”,并不是绝对的,各试点机关应当尽量在规定的期限内完成审查起诉和审理查明,但办案期限不应当成为障碍。

刑以下刑罚的犯罪嫌疑人都存在适用非监禁刑(包括缓刑)的心理预期,如果检察机关提出的量刑建议是监禁刑实刑的话,不仅对犯罪嫌疑人是否选择适用速裁程序没有积极的激励作用,甚至由于低于其心理预期而产生负面影响,进而抑制其选择适用速裁程序的动力。

2. 庭审之外为何还需要耗费大量时间

庭审时间短被认为是速裁程序效率高的重要特征之一,一个速裁案件开庭时间通常都在10分钟以内,3~5分钟也并不鲜见,一个上午审理七八件,甚至十几件案件,单位办案时间的效率得以最大化。然而,与短暂的开庭时间形成鲜明对比的是,每个案件的平均审理时间仍然长达5天左右。为此,我们不由得追问,时间都去哪儿了?

正如上文表8-3所显示的那样,在目前的速裁程序试点模式下,大量的时间被耗费在准备取保候审手续、委托社区对被告人进行社会危险性调查评估、审批各类程序性法律文书、送达起诉书副本、开庭及宣判时提押还押被告人、送达开庭通知书、审判人员阅卷、书记员的庭前准备工作、撰写裁判文书、文印及装订案卷材料、送达裁判文书等事务性工作当中。而这些事务性工作与简易程序、普通程序相比,并无实质性的差异。换句话说,速裁程序与简易程序、普通程序相比,最大的简化仅仅在于庭审环节的简略,而这一环节所能节省的时间相当有限。

3. 非羁押性强制措施及非监禁刑为何难以普遍适用

正如上文数据所显示的那样,如果将危险驾驶案件排除在外的话,速裁程序试点案件的犯罪嫌疑人在审前程序中适用羁押性强制措施,及被处监禁刑的比例仍然较高,与通过速裁程序强化人权司法保障的预期目标之间还是存在较大的差距。那么,究竟是哪些原因影响了非羁押性强制措施,及非监禁刑在速裁程序案件中的适用?笔者认为,从某种程度上而言,非羁押性强制措施及非监禁刑适用比例低并非速裁程序本身的问题,而是中国刑事诉讼整体上所表现出来的问题。在这里将其作出一个问题提出来,只是想说明速裁程序相对于简易程序、普通程序而言,在非羁押性强制措施及非监禁刑的适用上并没有实质性的改善。

从调研情况来看,除了危险驾驶案件的犯罪嫌疑人外,大部分都被采取了羁押性强制措施,特别是在乙市C区,这一特点表现得非常明显。在238件速裁案件中,167名涉嫌危险驾驶的犯罪嫌疑人中,166名被取保候审,只有1人被拘留。另外72件(80人)的犯罪嫌疑人都被采取了羁押性强制措施。[①] 当问及为什么除危险驾驶案件外的其他犯罪嫌疑人都未羁押时,接受访谈的一些检察人员认为,这些案件(贩卖毒品、盗窃等)的犯罪嫌疑人大部分都是非本地户籍人员,而且都存在再犯可能性,因此应当逮捕;但也有些检察人员认为主要是这些犯罪嫌疑人不具备取保候审的条件,例如无法提供保证人或者交纳保证金;有1名检察人员则进一步解释说,这些贩毒、盗窃的犯罪嫌疑人大部分没钱,而且和家庭成员之间的关系都不太好,贩毒者几乎都吸毒,盗窃者只顾个人享受,因此,没有人愿意为他们担保。于是,在犯罪嫌疑人无法提供保证人或者交纳保证金的情况下,加之如果又是非本地户籍的话,也就只能对其采取羁押性强制措施了。

非监禁刑适用比例适用较低的原因则相对复杂。根据笔者的

---

① 参见《C区人民法院刑事速裁程序试点工作中期总结报告》(2015年)。

调研,既有被告人所涉案件性质及被告本身不符合非监禁刑的条件的原因,也有检察机关、司法行政机关等方面的原因。从案件性质及被告人角度来看,除了危险驾驶类案件外,速裁程序适用相对较多的盗窃、毒品类犯罪案件被告人,虽然并不具备累犯等从重情节,但从案件性质本身来看,这两类犯罪案件都具有连续作案的特点,即大部分盗窃、毒品类犯罪案件被告人都系惯犯,具有较高的再犯可能性,因此对其适用监禁刑似乎更能体现罚当其罪。但在访谈过程中,一些检察人员则认为,之所以检察机关在建议适用速裁程序的同时不建议对犯罪嫌疑人适用缓刑、管制等非监禁刑,很重要的原因之一在于《办法》本身规定得不太合理,以致实践中操作较为困难。特别是《办法》第 7 条规定,人民检察院认为对犯罪嫌疑人可能宣告缓刑或者判处管制的,可以委托犯罪嫌疑人居住地所在的县级司法行政机关进行调查评估。司法行政机关一般应当在收到委托书后 5 个工作日完成调查评估并出具评估意见,并及时向人民检察院和受理案件的人民法院反馈。接受访谈的检察人员认为,根据《办法》第 8 条的规定,对于适用速裁程序的案件,人民检察院一般应当在受理案件后 8 个工作日内作出是否提起公诉的决定。[①] 而在这 8 个工作日内,检察机关至少必须完成这样一些工作:审查案件事实与证据,看其是否符合"事实清楚、证据充分"的条件;讯问犯罪嫌疑人,了解其对所指控犯罪事实的意见;提出量刑建议,了解犯罪嫌疑人对量刑建议及适用速裁程序的意见;完成案件审查报告;制作起诉书;发出社会调查评估函等。

---

① 虽说第 7 条并未要求对检察机关建议适用管制等非监禁刑的犯罪嫌疑人一定要出具社会调查评估报告,但在一些试点法院所在县区制定的《办法》实施细则或规定中,则将《办法》所规定的"可以"修正为了"应当"。

如果案情相对简单,案卷材料不多,犯罪嫌疑人完全自愿认罪的话,也许8个工作日之内可以完成前述绝大部分事项。但社会调查评估报告能否在这8日之内完成,则既取决于犯罪嫌疑人的具体情况,也取决于受托司法行政机关的工作效能。特别是当犯罪嫌疑人系非本地户籍,无固定住处或者不能确定居住地时,要求司法行政机关在5个工作日内完成调查评估报告更多只具有一种理论上的可能。更重要的是,一些检察人员表示,在犯罪嫌疑人"人户分离"(长期不在户籍地居住,而且无固定住处或者不能确定其住处的情形)的情况下,要求户籍地的司法行政机关出具对犯罪嫌疑人的社会调查评估报告不仅耗时,而且得出的结论或者对量刑不具有参考意义,或者一些司法行政机关干脆就出具犯罪嫌疑人不适宜适用非监禁刑的结论。在这些复杂因素的影响下,接受访谈的检察人员表示,与其如此,倒不如不提对犯罪嫌疑人适用非监禁刑的量刑建议,以避免工作中的麻烦。①

二、认罪认罚从宽的引入:从刑事速裁到控辩协商

根据《中共中央关于全面推进依法治国若干重大问题的决定》(以下简称《依法治国决定》)之精神,最高人民法院、最高人民检察院分别将"完善刑事诉讼中认罪认罚从宽制度"纳入了《最高人民法院关于全面深化人民法院改革的意见——人民法院第四个五年改

① 当笔者问受访检察人员如果不建议适用非监禁刑,犯罪嫌疑人则不认罚该怎么处理时,该受访对象直接表示,那还不简单,那就不适用速裁程序了,反正我们检察机关对速裁程序的热情不高。同时,该受访对象还表示,一些司法行政机关也更倾向于作出犯罪嫌疑人不适宜适用非监禁刑的结论,这样还可以减轻司法行政机关日后社区矫正的工作量。

革纲要(2014—2018)》,①和《关于深化检察改革的意见(2013—2017年工作规划)》②之中,并在一些地方司法实践中开始类似的尝试。③ 2016年1月23日召开的中央政法工作会议明确提出,要在借鉴辩诉交易等制度合理元素的基础上进行认罪认罚从宽制度试点,④并于2016年7月22日召开的中央全面深化改革领导小组第二十六次会议通过了《关于认罪认罚从宽制度改革试点方案》,⑤从而标志着认罪认罚从宽制度试点迈出了实质性的一步。在历经两年试点之后,认罪认罚从宽制度正式入法,2018年年底修正后的《刑事诉讼法》不仅在总则的第15条明确规定"犯罪嫌疑人、被告人自愿如实供述自己的罪行,承认指控的犯罪事实,愿意接受处罚的,可以依法从宽处理",而且在逮捕的适用条件上明确应将犯罪嫌疑人的认罪认罚情况作为判断其是否具有社会危险性的考虑因素之一(第

① 完善刑事诉讼中认罪认罚从宽制度。明确被告人自愿认罪、自愿接受处罚、积极退赃退赔案件的诉讼程序、处罚标准和处理方式,构建被告人认罪案件和不认罪案件的分流机制,优化配置司法资源。

② 完善提高司法效率工作机制。开展刑事案件速裁程序试点工作,完善刑事案件速裁机制,建立完善对刑事案件速裁程序的法律监督机制。推动完善认罪认罚从宽制度,健全认罪案件和不认罪案件分流机制。建立刑事案件管辖争议快速协调处理机制。

③ 有关近年来一些地方司法机关开展认罪认罚从宽、控辩协商、辩诉交易实践试点的报道可以参见任重远:《刑事速裁两年试点即将收官,中国版"辩诉交易":快了,轻了》,载《南方周末》2016年5月26日;严献文、方茜:《试点辩诉交易,提高司法效率》,载《法制时报》2015年6月29日;陈宏光:《辩诉能交易? 认罪能协商?》,载《上海法治报》2016年2月22日;王帅:《章丘试水认罪认罚从宽机制——两起刑事案件被告人首批受益》,载《齐鲁晚报》2016年6月7日;王永:《五人适用认罪认罚从宽处理制度》,载《济南日报》2016年6月13日;马超、金晶、史瑞:《宜兴试水轻刑案认罪认罚从宽机制》,载《法制日报》2016年5月9日;丁平、薛莹婕:《海口秀英法院首试认罪认罚从宽处理制度,33分钟审结4宗案件》,载《海南日报》2016年7月12日;等等。

④ 参见王逸吟:《我国将开展认罪认罚从宽制度试点》,载《光明日报》2016年1月24日。

⑤ 相关报道可以参见:《中央深改组:完善刑事诉讼中认罪认罚从宽制度》,载http://mt.sohu.com/20160724/n460762116.shtml,最后访问日期:2016年8月1日。

81 条),要求侦查人员在讯问时应告知犯罪嫌疑人有关认罪认罚的法律规定(第 120 条)、对犯罪嫌疑人在侦查期间自愿认罪的,应将认罪情况记录在案并在起诉意见书中说明,相关材料随案移送(第 162 条)。犯罪嫌疑人认罪认罚的,人民检察院在审查起诉期间应当告知其享有的诉讼权利和认罪认罚的法律规定,听取犯罪嫌疑人、辩护人或者值班律师、被害人及其诉讼代理人对下列事项的意见,并记录在案(第 173 条);在向人民法院提起公诉时,人民检察院应当就主刑、附加刑、是否适用缓刑等提出量刑建议,并随案移送认罪认罚具结书等材料(第 176 条);除特定情形外,人民法院一般应当采纳检察机关提出的量刑建议(第 201 条)。在审判期间,被告人认罪认罚的,被告人认罪认罚的,审判长应当告知被告人享有的诉讼权利和认罪认罚的法律规定,审查认罪认罚的自愿性和认罪认罚具结书内容的真实性、合法性(第 190 条)。

虽说中央层面的认罪认罚从宽制度试点的顶层设计方案刚刚出台,但自《依法治国决定》首次提出要"完善刑事诉讼中认罪认罚制度"以来,就已经引起了理论研究者的注意。例如,陈卫东教授著文对认罪认罚从宽制度改革的时代背景与价值取向、制度内涵与制度边界、制度的体系化建构、制度的发展等问题进行了深入全面的探讨,认为中国刑事诉讼中的认罪认罚从宽制度在性质上兼具实体与程序双重属性,且明显有别于域外的辩诉交易制度;[①]左卫民教授则对当下中国进行认罪认罚从宽制度试点在刑事实体法与程序法方面可能存在的欠缺进行了讨论,认为从实体法层面看,中国尚未构建一种对被告人认罪认罚从宽普遍认同的刑罚制度,在程序法上

---

① 详细论述可以参见陈卫东:《认罪认罚从宽制度研究》,载《中国法学》2016 年第 2 期。

并未确立认罪认罚案件的处理机制,并建议在刑事实体法上明确对认罪认罚的被告人给予充分、普遍有效的积极评价,在程序法上建立和完善基于被告人认罪认罚与否的程序机制。[①] 而陈瑞华教授的研究则从刑事速裁程序试点出发,认为在进行认罪认罚从宽制度的改革过程中,有必要总结和参考刑事速裁程序的试点经验和教训,进行科学可行的制度设计与安排。[②]

刑事速裁程序试点作为新一轮司法体制改革的重要内容,被视为完善刑事诉讼中认罪认罚从宽制度的具体措施之一,[③]与认罪认罚从宽制度一样,不仅都以提升刑事诉讼程序效率为重要的价值取向,包含着实体上(刑罚)从轻、程序上从简的制度安排,而且在一定程度上都必须建立在控辩协商的基础之上。因此,从这一实践价值出发,甚或可以将刑事速裁程序试点视为建构认罪认罚从宽制度之先行试验,刑事速裁程序试点过程中积累的经验与教训不仅在制度安排上,而且试点推进的过程本身(如试点城市的选择、试点工作机制的安排、试点经验的总结与效果评估等)对于认罪认罚从宽制度试点具有重要的参考价值。但是,正如上文所指出的那样,在对被追诉人权利的制度供给与实践保障尚不充分的情况下,在认罪认罚从宽制度的推进过程中,协商性的制度安排尚需进一步的优化。在对被追诉人权利保障体系完善之前,职权性的推进逻辑,例如,检察官客观义务的恪守、法院对被告人认罪认罚真实性、自愿性、合法

① 详细论述可以参见左卫民、吕国凡:《完善被告人认罪认罚从宽处理制度的若干思考》,载《理论视野》2015 年第 4 期。

② 详细论述可以参见陈瑞华:《认罪认罚从宽改革的理论反思——基于刑事速裁程序运行经验的考察》,载《当代法学》2016 年第 4 期。

③ 参见《最高人民法院、最高人民检察院、公安部、司法部刑事案件速裁程序试点工作座谈会纪要》(2015 年)。

性,以及检察机关量刑建议及理由的司法审查仍然具有重要的意义。鉴于此,本书将在对刑事速裁程序试点进行经验分析的基础上,对中国刑事诉讼中认罪认罚从宽制度的建设路径提出一些初步的思考,以期"抛砖引玉"。

(一)以"协商性"为根据,优化刑事速裁程序的制度设计

根据《办法》第1条第2项、第3项规定,适用速裁程序的案件犯罪嫌疑人、被告人应当承认自己所犯罪行,对指控的犯罪事实没有异议,对适用法律没有争议。即"认罪"不仅应当承认"犯罪事实",还应当认可公安司法机关对其所涉嫌犯罪事实的法律评价。同时,犯罪嫌疑人、被告人还应同意人民检察院提出的量刑建议。从文义上来理解,"认罪认罚"之"认"包含两层意思:第一,针对被指控犯罪事实的"承认";[①]第二,针对被指控犯罪事实的法律评价——定罪与量刑的"认可"。[②] 在逻辑关系上,"承认"是"认可"的前提,即如果犯罪嫌疑人、被告人不"承认"被指控的犯罪事实,即不存在对定罪与量刑的"认可"问题。需要注意的是,即使假设所有被指控的犯罪嫌疑人、被告人在事实层面上都是被指控犯罪事实的确切实施者,但在认知层面上,是否"承认"犯罪事实,每个犯罪嫌疑人、被告人也许只需要根据其经验与常识即可作出选择与判断,而是否"认

---

① 陈卫东教授认为,"认罪"作为一种广义上的概念,其更应包含刑法中规定的"坦白"与"自首"以及其他可能之情形,只要犯罪嫌疑人、被告人如实供述了被指控的行为事实,并在后续的协商过程中达成了承认罪行指控的协议,就应当被认定为符合"认罪"的要求。参见陈卫东:《认罪认罚从宽制度研究》,载《中国法学》2016年第2期。

② 陈卫东教授认为,"认罚"包括三个层面的含义:第一,犯罪嫌疑人、被告人要自愿接受所认之罪在实体法上的刑罚后果;第二,在程序上应当包括对诉讼程序简化的认可,放弃其在普通程序中所具有的部分法定诉讼权利;第三,退赔、退赃。只有与检察机关达成了有效的认罪协议,并满足了上述三项条件才能被认定为"认罚"。参见陈卫东:《认罪认罚从宽制度研究》,载《中国法学》2016年第2期。

可”对犯罪事实的法律评价，则需要建立在对案件事实和证据的全面分析之上，如此专业性的评价显然超出了绝大部分犯罪嫌疑人、被告人的认知能力范围。易言之，“承认”是一种事实判断，而“认可”是一种专业判断。

申言之，虽然在形式逻辑上，“认可”需要以“承认”为前提，但从犯罪嫌疑人、被告人的行动逻辑出发，情况可能恰恰相反，犯罪嫌疑人、被告人是否“承认”被指控的罪行，必须以其是否“认可”对该犯罪事实的法律评价——特别是对人民检察院提出的量刑建议——为前提。如果犯罪嫌疑人、被告人不“认可”人民检察院提出的量刑建议，甚至认为人民检察院建议的刑种、刑期、刑罚执行方式等与其心理预期差距过大，则很有可能对被指控的犯罪事实不予“承认”。因此，人民检察院提出的量刑建议很大程度上会成为犯罪嫌疑人、被告人是否认罪的条件，而不是认罪后的结果。这在实践中表现出类似的沟通协商模式：

辩：“如果罚金都交了，能(判)缓刑吗？我是初犯。”

控：“不行。你虽然是初犯，但是容留他人吸毒四次，根据你的犯罪情节，不符合缓刑条件。”

辩：“认罪的话能不能再少点儿？9 个月也太多了。”

控：“根据速裁程序的有关规定，这个量刑幅度已经在正常基础上减了 10%～30%了，法官最后判的话，我估计也不会有 11 个月那么多。”①

对于犯罪嫌疑人、被告人而言，如果“承认”被指控的犯罪事实——在某种程度上而言是一种“自我毁灭”的举动——不能为其

---

① 参见任重远：《刑事速裁两年试点即将收官，中国版“辩诉交易”：快了，轻了》，载《南方周末》2016 年 5 月 26 日。

带来利益,也就缺乏“承认”的动力。而“从宽”正是检察机关在与犯罪嫌疑人、被告人协商过程中能够给出的最大筹码,也是驱动犯罪嫌疑人、被告人“承认”被指控犯罪事实最重要的动力。然而,由于《办法》相关制度设计的缺陷,特别是对于从宽幅度规定的缺失,不仅导致实践中检察机关量刑建议幅度的区域性不均衡,而且无法突显出速裁程序和简易程序在量刑优惠上的比较优势,从而也在一定程度上抑制了犯罪嫌疑人、被告人选择速裁程序的动力。

笔者认为,试点过程中刑事速裁程序适用案件比例较低的最为根本原因在于《办法》未能充分认识到程序的“协商性”,[①]因此相关的制度设计不能满足程序的“协商性”需求,从而导致刑事速裁程序试点实践表现出适用比例较低、对提升刑事诉讼程序整体效率影响不够显著的问题。为此必须:

1. 基于强化对犯罪嫌疑人、被告人权利司法保障的考虑,任何犯罪嫌疑人、被告人的“认罪认罚”都不应是“压制”或者说“强制”的后果,而应是控辩双方协商的结果。但是,整个《办法》缺乏“协商性”的制度安排,在规定刑事速裁程序适用的条件时要求的是犯罪嫌疑人、被告人“承认”(罪行)、(对指控的犯罪事实)“没有异议”、(对适用法律)“没有争议”、(对量刑建议)“同意”。缺乏对犯罪嫌疑人、被告人在是否“认罪”“认罚”时主体性的重视,完全将其视为一个被动的客体,缺乏与控方进行协商的权利,只能被动地接受控方指控的犯罪事实、确定的法律评价、提出的量刑建议,难以呈现程

① 根据《最高人民法院、最高人民检察院关于刑事案件速裁程序试点情况的中期报告》提供的数据显示,截至 2015 年 8 月 20 日,各地确定基层法院、检察院试点 183 个,共适用速裁程序审结刑事案件 15606 件 16055 人,占试点法院同期判处 1 年有期徒刑以下刑罚案件的 30.70%,占同期全部刑事案件的 12.82%。

序所应具备的协商性。更遑论帮助犯罪嫌疑人、被告人提升协商的能力,创造协商的条件。

2. 在目前的法律体系框架下,从试点初期的《办法》到 2018 年修正后的《刑事诉讼法》,乃至 2019 年 10 月"两高三部"出台的《认罪认罚从宽指导意见》均无"认罪认罚"即可"从宽"的原则性规定。相反,《办法》第 13 条有关"从宽"的规定却附加了"退缴赃款赃物、积极赔偿损失、赔礼道歉,取得被害人或者近亲属谅解"等条件,在某种程度上这显然是对"认罪认罚"即可"从宽"的否定。从试点实践来看,大量伤害案件之所以未能进入速裁程序在一定程度上也与此有关。虽然这些案件的犯罪嫌疑人、被告人都自愿认罪,也愿意选择适用速裁程序,但由于未能积极赔偿被害人的损失,未能取得被害人的谅解,因此不能满足速裁程序的适用条件。而在试点实践过程中,虽然检察机关、法院的司法人员都默认速裁程序的"协商性",但由于《办法》缺乏具体的制度安排,导致检察人员在提出量刑建议——交易筹码——时处于于法无据的状态。此外,《认罪认罚从宽指导意见》第 8 条还明确规定,"可以从宽不是一律从宽","应当依照刑法、刑事诉讼法的基本原则,根据犯罪的事实、情节、性质和社会危害程度,结合法定、酌定的量刑情节,综合考虑认罪认罚的具体情况,依法决定是否从宽、如何从宽"。对于"认罪认罚"的犯罪嫌疑人、被告人,检察人员提出量刑建议时可以给予其何种程度的优惠,在多大幅度内对其从宽,[①]《认罪认罚从宽指导意见》第 9 条也

---

① 针对这一问题,一些试点法院为鼓励被告人选择适用速裁程序,出台速裁案件量刑规范,明确速裁案件量刑应低于同类案件,有些地方明确适用速裁程序可单独减少基准刑的 10%。参见袁定波:《刑事速裁试点过半,"简"程序不"减"权利》,载《中国审判》2015 年第 17 期。

只给了一个模糊的规定,要求办理认罪认罚案件,应当“区别认罪认罚的不同诉讼阶段、对查明案件事实的价值和意义、是否确有悔罪表现,以及罪行严重程度等,综合考虑确定从宽的限度和幅度”和遵循“主动优于被动、早优于晚、彻底优于不彻底、稳定优于不稳定”的原则,而在从宽的幅度上亦只是抽象地规定“一般应当大于仅有坦白,或者虽认罪但不认罚的从宽幅度”,但“与自首、坦白不作重复评价”。虽说2018年修正后的《刑事诉讼法》第201条规定,对于认罪认罚案件,人民法院依法作出判决时,一般应当采纳人民检察院指控的罪名和量刑建议。但这一规定受到了理论界与实务界某种程度的质疑,实践中亦出现法院不愿采纳检察机关量刑建议从而导致检察机关抗诉的情形。①

(二)以“自愿性”为根据,提升犯罪嫌疑人、被告人的协商能力

从制度正当性的角度而言,“认罪认罚”必须建立在犯罪嫌疑人、被告人“自愿”“理性”的基础之上。② 正如上文所述,“认罪认罚”并不是简单的对被指控犯罪事实的“承认”,还包括对该犯罪事实法律评价——定罪和量刑的“认可”。涉及对案件事实、证据、法律评价等问题的综合考量,在一定程度可以认为,即使犯罪嫌疑人“自愿”认罪认罚,也并不意味着这一决定就是其“理性”选择的结果。理由是,在犯罪嫌疑人、被告人没有阅卷权、没有律师帮助的情况下,要求其作出是否认罪认罚的决定已经超出了犯罪嫌疑人、被告人的能力范围。因此,为了保证犯罪嫌疑人认罪认罚的自愿、理性,有必要建立速裁程序中的特别辩护制度。

---

① 《一起认罪认罚从宽案,法院无故不采纳量刑建议,检察院抗诉获改判》,载http://www.sohu.com/a/342554048_120032,最后访问日期:2019年12月17日。

② 参见陈卫东:《认罪认罚从宽制度研究》,载《中国法学》2016年第2期。

从犯罪嫌疑人、被告人在刑事诉讼中的行动逻辑而言,基于理性人的假设,其之所以认罪认罚,并非因为事实上实施了被指控的犯罪事实,而是基于对案件事实、证据的全面考量,认为控方的指控事实清楚、证据确实充分,认罪认罚并适用速裁程序能够为其带来最优的实体利益后作出的选择。然而,在我国的刑事诉讼程序中,由于犯罪嫌疑人、被告人没有阅卷权,无法了解控方对指控犯罪事实的证据掌握程度,除了本人的供述外,犯罪嫌疑人、被告人根本无法洞悉控方掌握了哪些指控证据,更遑论对控方所掌握的证据是否达到确实、充分作出判断,①从而导致其在与检察机关"协商"(如果有的话)的过程中处于一种信息完全不对称的境地,难以保证其认罪认罚的选择是基于自愿和理性的。或许正是基于这样的考虑,《办法》第4条规定,要建立法律援助值班律师制度,要求法律援助机构在人民法院、看守所派驻法律援助值班律师。但从试点情况来看,这一制度安排仍然需要进一步完善:

1. 确保对认罪认罚犯罪嫌疑人、被告人律师帮助的普遍性

虽然《办法》第4条规定,要建立刑事速裁程序中的法律援助值班律师制度,但该条同时规定,是否为刑事速裁程序案件的犯罪嫌疑人、被告人提供刑事法律援助仍应以犯罪嫌疑人、被告人提出申请为前提。然而,正如左卫民、顾永忠等人的研究所呈现的,在中国的刑事诉讼实践中,即使是普通程序或简易程序案件,犯罪嫌疑人、被告人主动申请刑事法律援助的比例大约只占所有援助案件的

① 即使犯罪嫌疑人、被告人有阅卷权,正如上文所述的那样,对案件事实、证据、法律适用等问题的判断已然不是一种事实判断,而是一种专业判断,即使阅卷了,但由于缺乏充分、必要的法律知识,犯罪嫌疑人、被告人的认罪认罚虽然"自愿",但或许并非基于理性的选择。

20%,一些犯罪嫌疑人、被告人甚至担心申请法律援助会给司法机关造成认罪态度不好的印象而不愿意申请。[①] 从试点情况来看,速裁程序案件的犯罪嫌疑人、被告人申请刑事法律援助的比例或许更低。虽然缺乏全局性的数据,但一些个例同样能够给我们必要的警示,例如,根据笔者对试点城市乙市 D 区调研的情况显示,在 D 区法院的 244 件速裁案件中,只有 1 名被告人申请了法律援助,[②]甲市 B 区的情况稍好,但申请刑事法律援助的也仅占速裁程序案件所有犯罪嫌疑人、被告人 2%。[③]

针对刑事速裁程序中律师介入程度过低的问题,理论研究者[④]与司法实践者[⑤]在一定程度上达成了共识,均认为应当在刑事速裁程序中建立强制辩护制度,即针对适用刑事速裁程序案件的犯罪嫌疑人、被告人,如果没有聘请辩护律师的,无须提出法律援助申请,一律为其指定法律援助律师予以帮助。当然,在现实层面上,如果建立针对刑事速裁程序案件的强制辩护制度,需要投入大量的公共资源,在当前法律援助经费普遍不足的情况下,这一制度构想无疑存在巨大的实践困难。我们在甲市调研中即发现,在目前的法律援助值班律师制度框架下,面临两大实践难题,一是由于法律援助中心专职办案律师数量有限,社会援助律师缺乏稳定性,因此援助

---

① 相关论述可以参见左卫民:《都会区刑事法律援助:关于试点的实证研究与改革建言》,载《法学评论》2014 年第 6 期;顾永忠、杨剑炜:《我国刑事法律援助的实施现状与对策建议——基于 2013 年〈刑事诉讼法〉施行以来的考察与思考》,载《法学杂志》2015 年第 4 期。

② 参见《D 区人民法院刑事速裁程序试点中期报告》。

③ 参见郑敏:《在正当程序的框架下,构建刑事速裁程序书面审理制度》,载《中国审判》2015 年第 17 期。

④ 参见陈卫东:《认罪认罚从宽制度研究》,载《中国法学》2016 年第 2 期。

⑤ 参见郑敏:《在正当程序的框架下,构建刑事速裁程序书面审理制度》,载《中国审判》2015 年第 17 期。

值班律师的供给成为需要优先解决的问题；二是由于法律援助值班律师的补贴和报酬较低，导致一些法律援助值班律师存在明显的抵触情形。考虑到目前试点的 18 个城市都是经济发展情况较好、律师资源供给相对充足，笔者认为，虽然强制辩护制度的推行存在前述困难，但既然试点之目的是出于制度的改革与完善，针对刑事速裁程序进行强制辩护的尝试仍然具有较为重要的现实意义。

2. 提升对认罪认罚犯罪嫌疑人、被告人律师帮助的有效性

虽然《办法》第 4 条明确，要建立刑事速裁程序中的法律援助值班律师制度，但对于值班律师在速裁程序中的职责定位、权利配置等问题尚未明确。司法部在《办法》基础上制定的《司法部通知》则认为法律援助值班律师的职能是为犯罪嫌疑人、被告人提供法律帮助——而非援助，只是作为畅通法律援助申请渠道的一条途径。《纪要》虽然明确法律援助值班律师的职责包括：及时提供法律咨询和建议，告知犯罪嫌疑人、被告人适用速裁程序的法律后果，帮助其进行程序选择和量刑协商，依法维护其合法权益。但同时明确，试点期间，值班律师不承担出庭辩护的职责。①

以逻辑视角观之，值班律师为犯罪嫌疑人、被告人提供的所有咨询与建议、与检察机关进行的量刑协商，都必须建立在对案件事实、证据全面、充分了解的基础之上才得以可能，否则其所提出的建议很难具有针对性、专业性、合理性和有效性。然而，由于值班律师在速裁程序中的身份定位并非辩护律师，只是法律帮助者，也就意味着值班律师无法享有刑事诉讼程序中辩护律师的专有权利，如阅卷权。在中国以案卷笔录为中心的审查起诉、审判模式之下，倘若

① 参见《刑事案件速裁程序试点工作座谈会纪要》（2015 年）。

值班律师不享有阅卷权,其对案件事实、证据的了解只能来自与犯罪嫌疑人、被告人之间的交流,必然导致值班律师所掌握案件信息的局部性和片面性,继而导致其为犯罪嫌疑人、被告人提供的咨询、建议缺乏必要的针对性。尤为重要的是,这将使得其在帮助犯罪嫌疑人、被告人与检察机关进行量刑协商时——由于信息的不对称——处于相当不利的地位。毋庸讳言,这样的法律帮助很难为犯罪嫌疑人、被告人合法权益的维护起到实质性作用。试点实践中所暴露出来的这一问题也已经引起司法机关的注意,并有试点单位建议,应当赋予法律援助值班律师阅卷权。①

另外,从刑事速裁程序运行机制看,最为核心的阶段是检察院审查起诉阶段,犯罪嫌疑人是否认罪认罚、是否同意适用速裁程序绝大多数时候都发生在此。换言之,犯罪嫌疑人、被告人对律师帮助需求最为迫切的阶段是审查起诉阶段,而非审判阶段。但是,根据《办法》及《司法部通知》的相关规定,法律援助律师值班工作站设在看守所、法院,而不包括检察机关。因此,那些未被采取羁押性强制措施的犯罪嫌疑人,在获得法律援助值班律师的帮助上存在现实困难。通常而言,其不可能到看守所法律援助值班律师工作站去寻求帮助,如果到各法律援助中心申请法律援助,则需要根据刑事诉讼法有关法律援助对象的条件、正常的法律援助申请途径进行,有违速裁程序之“速”的要求;倘若等到案件移送至法院审判阶段再向设在法院的法律援助值班律师寻求帮助,则在很大程度上错失速裁程序最为关键的阶段,导致其在做出认罪认罚、同意适用速裁程序等决策,以及与控方进行量刑协商的过程中无法获得法律援助值班

① 参见《B区人民法院刑事速裁程序试点工作中期总结报告》(2015年)。

律师的帮助。由此观之,设在法院的法律援助值班律师对速裁程序案件的犯罪嫌疑人、被告人的帮助或许极其有限,抑或导致程序回流。①

笔者认为,从提升对犯罪嫌疑人、被告人权利司法保障水平的角度考量,为保证犯罪嫌疑人、被告人认罪认罚的自愿、理性,确保犯罪嫌疑人、被告人具备与检察机关进行量刑协商的能力,提升刑事速裁程序的合法性、正当性,最为理想的制度设计是建立速裁程序中的强制辩护制度,保证速裁程序案件中每个犯罪嫌疑人、被告人在与检察机关进行量刑协商,做出认罪认罚、同意适用速裁程序的决策过程中都能获得律师的法律帮助。从促进刑事速裁程序顺畅运行的视角出发,建立强制辩护制度同样具有重要的意义。试点过程中进入速裁程序的案件数量较少,在一定程度上与犯罪嫌疑人、被告人的"协商能力"不足存在较大的关系。申言之,在缺乏律师帮助的情况下,犯罪嫌疑人、被告人不仅缺乏与检察机关进行协商的能力,更重要的是,由于缺乏对案件事实、证据的全面掌握和对法律评价的客观、理性、专业化认知,犯罪嫌疑人、被告人同样不能理性地对待检察机关提出的量刑建议。即便该建议已经充分地保障了犯罪嫌疑人、被告人的各种利益诉求,但由于犯罪嫌疑人、被告人与检察机关之间天然的对立,检察机关提出的建议较难取得犯罪嫌疑人、被告人的信任和接受。而律师的介入不仅可以提升犯罪嫌疑人、被告人的协商能力,还能作为犯罪嫌疑人、被告人与检察机关

① 如果犯罪嫌疑人在作出认罪认罚决定之前并未得到律师的帮助,检察机关据此在提起公诉时建议人民法院对案件适用速裁程序,此时法律援助值班律师介入,发现案件或者不符合速裁程序的条件,或者检察机关提出的量刑建议对被告人非常不利,并建议被告人撤回认罪认罚决定时,案件不得不重新转为简易程序或者普通程序,无疑将导致程序反复,浪费诉讼资源。

之间的沟通媒介,促成犯罪嫌疑人、被告人与检察机关之间的协商,实现更多轻微刑事案件的速裁化。

从短期来看,在未建立强制辩护制度之前,笔者认为可以对现行的相关制度作进一步的优化,具体而言:第一,考虑到中国犯罪嫌疑人、被告人的法律意识与能力,检察机关在送达起诉书副本的时候,如果犯罪嫌疑人处于被羁押状态的,可以在看守所内设立的法律援助值班律师办公室进行,同时告诉犯罪嫌疑人就是否认罪认罚、是否同意适用速裁程序向值班律师寻求法律帮助。对于犯罪嫌疑人未在押的,检察机关在送达起诉书副本时,可以通知法律援助机构,安排法律援助律师与检察机关的送达人员同行,及时为犯罪嫌疑人提供法律帮助。第二,赋予法律援助值班律师阅卷的权利。前已述及,如果法律援助值班律师未获得阅卷权,其对案件事实、证据等情况不了解的情况下很难为犯罪嫌疑人、被告人提供有效的法律帮助,甚至可能出现负效应。在值班律师虽不具有辩护人诉讼地位但可以会见犯罪嫌疑人、被告人的情况下,赋予值班律师阅卷的权利并不存在原则性的制度障碍。故此,笔者认为,作为一种短期的改革方案,进一步明确法律援助值班律的阅卷权,可以更好地保证法律援助值班律师在速裁程序中提供行之有效之帮助,借此提升刑事速裁程序的合法性和正当性。

(三)以"交易性"为根据,对"从宽"标准制度化

"从宽"是激励犯罪嫌疑人、被告人"认罪认罚"、同意适用刑事速裁程序的重要动力。以理论视角观之,作为一项激励措施,抑或一种激励机制,要充分发挥其应有的激励效应,至少应当具备以下几个条件,如激励的明确性(给予什么激励)、激励的确定性(一定会给予激励)和激励的相应性(激励应当与个体的心理预期相匹配)。

明确性、确定性可以使个体清楚地知道其选择将会,而且一定会为其带来的什么样的收益,从而促使其在选择决策过程中更好地进行成本—收益的权衡;而相应性则可以使个体在选择决策时确信其决策所带来的收益将大于,或者至少与其他付出的成本相当。因此,在制度设计层面上,刑事速裁程序制度不仅应当明确,只要犯罪嫌疑人、被告人认罪认罚、同意适用刑事速裁程序就应当从宽处罚(而不是附条件的可以从宽处罚)的原则,而且应当确定具体的从宽幅度,从而体现刑事速裁程序相对于简易程序、普通程序在量刑优惠方面的突出优势,充分激励犯罪嫌疑人、被告人选择刑事速裁程序。具体而言:

1. 对《办法》第 13 条进行修改,将退缴赃款赃物、积极赔偿损失、赔礼道歉,取得被害人或者近亲属谅解剔除出从宽处罚的条件,确立被告人自愿认罪认罚,同意适用速裁程序的,应当依法从宽处理的原则,使“认罪认罚”与“从宽”之间的联系更加直接、明确。在现行刑事司法政策及实践中,前述退缴赃款赃物等情节本身即是对被告人进行从轻处罚的情节,例如《量刑指导意见》即规定,对于退赃、退赔的,综合考虑犯罪性质,退赃、退赔行为对损害结果所能弥补的程度,退赃、退赔的数额及主动程度等情况,可以减少基准刑的 30%以下;对于积极赔偿被害人经济损失并取得谅解的,综合考虑犯罪性质、赔偿数额、赔偿能力以及认罪、悔罪程度等情况,可以减少基准刑的 40%以下;积极赔偿但没有取得谅解的,可以减少基准刑的 30%以下;尽管没有赔偿,但取得谅解的,可以减少基准刑的 20%以下;对于当事人根据《刑事诉讼法》第 277 条达成刑事和解协议的,综合考虑犯罪性质、赔偿数额、赔礼道歉以及真诚悔罪等情况,可以减少基准刑的 50%以下;犯罪较轻的,可以减少基准刑的

50%以上或者依法免除处罚。相比较而言,《办法》将退缴赃款赃物等情节作为从宽处罚的条件,既不能体现出刑事速裁程序在量刑优惠方面的优势,也无法在犯罪嫌疑人、被告人,以及公众心理建立起“认罪认罚”与“从宽”之间的逻辑联系。

2. 借鉴“量刑指导意见”有关常见量刑情节适用的规定,将认罪认罚,同意适用刑事速裁程序作为独立的量刑情节,明确具体的量刑优惠。《量刑指导意见》第三大点“常见量刑情节的适用”第4条(自首)、第6条(坦白)、第7条(当庭自愿认罪)均涉及犯罪嫌疑人、被告人自愿认罪的问题,但并未涉及认罚的情形。在制度技术层面,既可以通过对前述规定进行修正,增加犯罪嫌疑人、被告人认罚,并同意适用刑事速裁程序的量刑优惠幅度,也可以将认罪认罚并同意适用刑事速裁程序作为独立的量刑情节,明确具体的量刑优惠幅度。

3. 为了突出刑事速裁程序相对于简易程序、普通程序在量刑优惠上的比较优势,可循路径之一是,赋予认罪认罚,并且同意适用刑事速裁程序相对于其他量刑情节更明显的量刑优惠,譬如,可与自首、立功等法定从轻、减轻处罚的量刑情节相当,甚至更高;可循路径之二是,明确对认罪认罚,并且同意适用刑事速裁程序的犯罪嫌疑人、被告人,应当在考虑其他量刑情节之后,再给予具体幅度的量刑优惠,例如,可以在考虑所有从轻、减轻处罚情节之后,再给予30%~50%的量刑优惠。

(四)以“合法性”为根据,加强法官对“控辩协商”的中立审查

根据《办法》第11条的规定,人民法院适用速裁程序审理案件,应当当庭询问被告人对被指控的犯罪事实、量刑建议及适用速裁程序的意见,听取公诉人、辩护人、被害人及其诉讼代理人的意

见。对被告人当庭认罪、同意量刑建议和适用速裁程序的案件,不再进行法庭调查、法庭辩论。易言之,在刑事速裁程序中,案件的事实、证据及法律适用问题等不再是法庭审理的重点,甚至在一定程度上可以认为法庭据以形成裁判的根据只是刑事诉讼程序各当事人的"意见"——被告人及其辩护人、公诉人及被害人对指控的犯罪事实、量刑建议,及适用速裁程序的一致"合意"。问题在于,如果脱离了案件的事实与证据基础,法庭裁判的正当性是否充分？在实体层面上,答案显然是否定的。当然,有人亦可提出,速裁程序本身即要求"案件事实清楚、证据充分",虽然速裁程序中不进行法庭调查、辩论,但并不因此可以得出法庭的裁判缺乏事实与证据基础的结论。对此,笔者认为,逻辑上需要廓清赖以起诉的事实与证据,和据以裁判的事实与证据之间的关系。由于认知主体和认知环境的不同,也许检察人员在审查起诉过程中确实认为案件已经达到了事实清楚、证据充分的要求,并据此向人民法院提起公诉。但这并不意味着审判人员对案件的事实、证据也具有与检察人员一样的认知,毕竟审判人员在刑事诉讼程序中的地位、职责与检察人员并不相同,更重要的是,二者对案件事实、证据的认知环境也存在较大的区别。因此,才会存在检察机关认为案件事实清楚、证据确实充分,人民法院却认为事实不清、证据不足的现象,审判权对公诉权的制约也正体现于此。

从保障被告人权利的角度出发,对法庭调查、辩论程序的省略是对被告人质证权、辩护权的减损;同时,法庭调查、辩论程序的省略弱化,甚至放弃了审判程序查明案件事实之功能,从而在一定程度上削弱了审判权对公诉权的制约。毫无疑问,无论是对被告人权利的减损,还是对审判权制约公诉权功能的削弱,都会使法庭裁判的正当性遭受质疑——这是刑事速裁程序,或者未来的中国式控辩协商程序亟待解决的问题之一。笔者认为,为了弥补法庭调查、辩论程序之弱化对裁判正当性可能带来的消极影响,法庭必须有所作为。具体而言,法庭审理的重心应从对案件事实、证据的调查、法律的适用转向对控辩双方“合意”的合法性审查,并重点围绕被告人认罪认罚的“自愿性”来展开,法庭裁判的根据从“证据证明的事实”转向“控辩双方合意的事实”,从而提升刑事速裁程序(中国式控辩协商程序)裁判的正当性。诚然,正如一些美国学者在被告人口供之自愿性问题上的讨论,“因其涉及了案件的几乎所有情形,例如,被告的智力情况、饮食情况、是否被剥夺了睡眠、警察审讯持续的时间、审讯时亲友是否在场、其聘请律师的要求是否被拒绝等等”。[①]以实践维度观之,对“自愿性”的审查判断由于缺乏具体明确的标准而难以把握,故不得不转向更具形式性的“合法性”标准。鉴于此,笔者认为,在对被告人认罪认罚之“自愿性”的实质性审查可能难以把握的情况下,可以转向对以下三个方面的审查:

1.“合意”的合法性

根据《刑事诉讼法》第181条之规定,人民法院对提起公诉的案件进行审查后,对于起诉书中有明确的指控犯罪事实的,应当决定开庭审判。无论刑事审判采取普通程序、简易程序还是速裁程序,都需要有明确的指控犯罪事实为前提。换言之,被告人所认之罪必须是具体的犯罪事实——这是认罪认罚的事实基础,如果没有具体的犯罪事实,即便被告人“认罪”完全自愿,控辩双方的合意也

---

① Wayner R. Lafave, Jerold H. Isreal & Nancy J. King, Criminal Procedure 440, 447-51 (2ed. 1999).

因缺乏基础事实而不具备合法性之要求。① 具体到实践中，法院审判人员可以通过阅卷的方式，认真细致地审查全部案卷材料，以判断是否具备明确的指控犯罪事实。② 虽然说在中国的刑事诉讼实践中，较少出现没有犯罪事实基础即提起公诉的情况，但不可避免地存在一些因为对法律理解与适用的偏差，而将并不构成犯罪的事实作为犯罪提起公诉的情形。例如，在试点期间乙市D区人民法院发现这样一起案件，被告人对检察机关指控其容留他人吸毒的犯罪事实没有异议，也同意检察机关提出的量刑建议和适用速裁程序的建议。然而，D区法院在案件审查过程中发现，被告人对起诉书中涉及的吸毒场所并不具备所有权与控制权，而是一个相对开放的公开场所，依法不构成容留他人吸毒罪。

2. 被告人的认知能力

正如前文所述，“认罪认罚”不仅要求被告人“承认”被指控的犯罪事实，还应“认可”检察机关所建议的刑罚。因此要求被告人不仅要具备普通人的正常认知能力——能够辨别是非、能够正确表达——不致是非不分、真假不辨；还要具备一定的法律认知能力——了解“认罪认罚”可能对其带来的法律后果。概论之，绝大数被告人都具备了普通人的一般认知能力，但却很少有被告人具备法律认知能力。因此，法院在审查被告人的认知能力时更应侧重于后者，即被告人是否了解“认罪认罚”可能对其带来的法律后果。例

① 例如，《美国联邦刑事诉讼规则》第11(b)(3)条规定：“在对有罪答辩作出判断之前，法庭必须确定答辩是否存在事实基础。”

② 虽然在普通程序中，为了防止审判人员“未审先判”等先入为主的偏见，要求审判人员对检察机关移送的案卷材料不进行实质性审查，只审查起诉书中是否有明确的指控犯罪事实，即形式审查。但由于速裁程序省略了法庭调查、辩论环节，因此对案卷材料进行全面、实质性审查具有必要性、正当性。

如,检察机关在审查起诉过程中是否明确告诉过被告人在刑事诉讼程序中享有如此权利、其被指控的罪名及可能的刑罚情况(如法定最高刑、最低刑、是否具有法定或酌定从轻、减轻、免除处罚的情节)、"认罪认罚"可能带来的法律后果(包括实体上的定罪与量刑、程序上相关权利的克减等)。据此,法院在送达起诉书副本的时候,一方面,应询问被告人,是否了解自己在刑事诉讼程序中的权利;是否了解刑法等相关法律、法规对其所涉嫌犯罪行为定罪、量刑的相关规定;是否了解"认罪认罚"、适用刑事速裁程序的法律后果。另一方面,审判人员可再次向被告人释明前述相关问题的法律规定,以尽可能地弥补被告人在相关问题上的认知能力不足,确保被告人"认罪认罚"的自愿性。

3. 被告人的协商能力

相对于审判程序完整的控、辩、审三方结构及公开性,审查起诉由于缺乏审判人员的在场,在控辩对抗过程中,辩方整体上处于相对的弱势。如果被告人没有辩护律师的帮助,又不享有阅卷权,基本上不具备与控方进行平等协商的能力。在这样的程序环境下,很难保证被告人"认罪认罚"的实质自愿性。故此,法院在决定是否同意检察机关提出的速裁程序建议,抑或说是否认可控辩双方达成的"认罪认罚从宽合意"时,应当审查被告人是否具备必要的协商能力。具体而言,可以从以下三个方面来判断被告人是否具备协商能力:一是被告人是否聘请了辩护律师,或者是否得到了法律援助值班律师的有效帮助。如果被告人具备了这一条件,原则上可以认为被告人拥有了与控方进行协商的能力。二是在被告人没有聘请律师,亦未获得法律援助值班律师帮助的情况下,由于被告人不享有阅卷权,则需审查检察机关是否全面地向被告人开示了指控犯罪事实的证据,以使被告人能够根据控方的证据材料进行决策。若检察机关向被告人进行了全面的证据开示,并且就相关法律适用问题进行了必要的释明,则可认为被告人已经具备了必要的协商能力,反之,则认为被告人不具备协商能力。三是在控辩协商过程中,检察机关是否对被告人实施了威胁、引诱、欺骗行为,从而压制或者剥夺被告人的协商能力。因此,审判人员在向被告人送达起诉书副本的时候应当询问被告人是否存在检察人员对其威胁、引诱、欺骗的情形,如果存在,则无论其是否聘请了辩护律师,或者获得了法律援助值班律师的帮助,或者检察机关向其进行了全面的证据开示,均应认为被告人不具备必要的协商能力,而应将该“合意”视为是检察机关对被告人进行“压制”的结果,不具备合法性与自愿性。

(五)以提升公信力为根本,进行科学试点

如果单纯地将刑事速裁程序试点改革视作为提高诉讼效率,化解积案的改革举措,那么,效率在很大程度上即可成为其正当化之根据。倘若将其视为一项完善刑事诉讼中的认罪认罚从宽制度,提升人权司法保障水平的具体举措,并正视蕴藏其间的控辩协商因子,那么,或许单纯的效率已不足以证成其正当性,而且就目前试点的情况来看,也不足以证成其有效性。基于对刑事速裁程序试点改革是迈向中国式控辩协商之判断,笔者认为,无论是从刑事速裁程序试点改革本身,还是从最终走向的中国式控辩协商制度而言,改革要取得成功,中国式控辩协商制度能够得以建立,至关重要的是为试点改革、制度建设寻找有力的现实基础。

回溯21世纪初期,被称为中国辩诉交易第一案的“孟广虎案”

激发了是否应在中国刑事诉讼中确立辩诉交易制度的大讨论。[①] 尽管支持占据了主流话语的高峰,但反对者对由此可能引发的司法腐败之担忧在今日仍不为过。[②] 虽然近十余年来,中国各级法院受理的一审刑事案件数量一直保持增长的趋势,从 2002 年的 63.2 万件,[③]增长至 2015 年的 109.9 万件,[④]增长幅度达 90%左右,但法院工作人员的数量自 2004 年以来就一直保持在 30 万左右,[⑤]法官人数又只占其中的 58%左右。[⑥] "案多人少"的矛盾意味着效率在刑事诉讼程序价值体系中的地位日益凸显。因此,在中国刑事诉讼中建立"控辩协商"制度(或者说认罪认罚从宽制度)的必要性在一定程度上得以证成,但必要性不足以支持其正当性和可能性。虽说对司法腐败的担忧不能成为反对在中国刑事诉讼中确立辩诉交易制度的充分理由,但至少可以提醒我们,在改革的方案设计与推进过程

① 有关"孟广虎案"更为详细的信息可以参见张景义等:《聚焦国内"辩诉交易"第一案》,载 http://www.chinacourt.org/article/detail/2002/08/id/9780.shtml,最后访问日期:2016 年 6 月 28 日。

② 最为典型的论述可以参见孙长永:《珍视正当程序,拒绝辩诉交易》,载《政法论坛》2002 年第 6 期;易延友:《辩诉交易应当缓行》,载《法学》2003 年第 12 期。

③ 参见《中国法律年鉴》(2004 年),中国法律年鉴出版社 2004 年版,第 1054 页。

④ 参见 2016 年《最高人民法院工作报告》,载 http://lianghui.people.com.cn/2016npc/n1/2016/0313/c403052-28194909.html,最后访问日期:2016 年 6 月 28 日。

⑤ 2004 年全国各级法院工作人员数量为 294597 人,参见朱景文主编:《中国法律发展报告——数据库和指标体系》,中国人民大学出版社 2007 年版,第 194 页;另外,根据《全国法院人才队伍建设规划纲要(2010—2020)》所设定的到 2015 年全国法院人才队伍新增 82000 人左右,力争使全国法院各类人才总量规模达到 40 万人的目标推断,2011 年左右,全国法院工作人员数量为 31 万人左右。参见:《全国法院人才队伍建设规划纲要发布》,载《人民法院报》2011 年 6 月 23 日。

⑥ 根据 2013 年召开的全国法院队伍建设工作会议年的信息,2013 年中国法官人数约 19.6 万人,占全国法院工作人员总数的 58%。参见:《中国法官人数已近 20 万人,占法院系统总人数 58%》,载 http://www.chinanews.com/fz/2013/07-25/5085939.shtml,最后访问日期:2016 年 6 月 28 日。

中,应重视培养、提升公众对辩诉交易制度的信任与信心,并最终提升中国刑事司法制度的公信力。否则,这一在美国运行数十年仍然质疑声不断的舶来品,在未来一段时间里势必如当初的刑事和解一般,沦入“以钱买刑”的批判之中,[①]并在一定程度上削弱中国刑事司法制度的公信力。因此,笔者认为,无论是刑事速裁程序,还是中国式控辩协商制度,抑或是认罪认罚从宽制度,试点与改革的成功必须坚持以习近平总书记2015年3月24日在中共中央政治局第二十一次集体学习会议上提出的“司法体制改革要坚持以提高司法公信力为根本尺度”为指导,[②]具体分述如下:

1. 通过程序公开提升公众对控辩协商程序的信任度

笔者以为,在实体方面,控辩协商的担忧大抵可以概括为两个方面,一是在控辩双方实力悬殊的情况下,协商不具备自愿性、平等性、合法性,被告被迫接受控方提出的定罪量刑协议,从而使控辩协商沦为控方主宰的“强迫交易”,由此酿成一些错案;二是控辩双方恶意串通,尤其在一些没有被害人的案件中,控方以国家刑罚权为寻租筹码,通过表面合法的控辩协商,掩盖检察人员与被告人之间非法的利益交换,从而使控辩协商沦为对正义的“低价甩卖”,在放纵犯罪的同时还滋生了司法腐败。这无疑是对中国刑事司法公信力的巨大伤害。鉴于此,为降低人们对前述两个问题的担忧,培育人们对控辩协商制度的信心,最好的选择是除了“减程序,不减权利”,还应“加权利”,例如,除了对控辩协商程序中的被告人实行强

① 有关刑事和解制度与实践正当性的讨论可以参见于志刚:《刑事和解的正当性追问——中国政法大学首次“青年教师学术沙龙”观点综述》,载《政法论坛》2009年第5期。

② 参见:《以提高司法公信力为根本尺度坚定不移深化司法体制改革》,载《人民日报》2015年3月26日,第1版。

制辩护,以提升其协商能力(这一点,上文已经论述,在此不再赘述)外,更重要的是坚持司法公开的原则,使控辩协商的过程、结果能够更好地接受公众的监督。

(1)规则的公开

由于当前刑事速裁程序正处在试点当中,为了使各地的试点能够更好地适应地方刑事司法实践状况,《办法》等相关文件对如何认罪认罚、如何从轻等方面缺乏具体、明确的规定,而各试点法院所制定的相关实施细则、办法等更多地被定位于一种内部操作规范,并未向社会公开,以致一些试点案件的处理程序和结果与公众之于中国刑事司法的既有认知之间产生断层,并在一定程度上导致公众对刑事速裁程序、认罪认罚从宽实践的质疑和不信任。为此,笔者建议,在刑事速裁程序正式建立,或者对认罪认罚从宽制度进行试点改革的过程中,应对各级决策机关、司法机关制定的相关规范全面公开,一方面改善公众对刑事速裁程序、认罪认罚从宽、控辩协商制度的认知,消除公众对相关制度与实践的误解;另一方面也有利于发现相关制度试点过程中存在的问题,有利于制度的改进与完善。

(2)过程的公开

基于刑事速裁程序的特点,在某程度上可以认为检察机关的审查起诉环节是这一程序的"核心""中心""重心"。在检察机关审查起诉过程中,不仅通过控辩协商,形成了法庭判决基础的"合意事实",而且基本上"确定"了对被告人的定罪与量刑。然而,较之审判程序,这一环节完全处在封闭之中,被告人在何种背景、条件下认罪,检察机关又是根据哪些因素来确定对被告人的量刑建议,控辩双方是否有过协商的过程、如何协商等均属于"暗箱作业",被告人是否受到了不正当的强制、检察机关是否存在为获得胜诉结果而放纵犯罪等情况，均不得而知。而《办法》第 12 条关于适用速裁程序审理的案件，被告人以信息安全为由申请不公开审查，人民检察院、辩护人没有异议的，经本院院长批准，可以不公开审理之规定，更是加剧了人们对程序封闭性可能导致司法腐败、司法不公的担忧。对此，笔者建议，应当在审查起诉期间对检察机关与被告人的协商过程进行全程客观化记录，其结果既可以作为法院在后续程序中审查控辩协商过程的合法性、被告人认罪认罚之自愿性的证据，①亦可以作为公众监督的根据。同时，坚持审判公开的原则，只有符合现行《刑事诉讼法》不公开审理条件的案件才可以不公开审理。

（3）结果的公开

随着裁判文书上网制度的全面施行，审判结果的公开似乎不再成为问题。诚然，正如孙万怀教授所指出的那样，“公开固然重要，说理更显公正”，裁判文书透明化的公开更近似于一种形式，追求说理的公正才是内在目标。② 但是，根据《办法》第 16 条之规定，人民法院适用速裁程序审理的案件，应当当庭宣判，使用格式裁判文书，势必导致说理的不足。尽管基于对诉讼效率的追求，一切程序从简有其合理根据。倘若裁判文书的从简对司法公信力的提升存在潜在威胁，那么重视对认罪认罚从宽案件裁判文书的说理仍有其重要意义。尤其当下正处于改革的试点时期，公众对这一制度的认知仍然有限、对制度的正当性仍然心存疑虑，程序不能一味盲

① 但在案件进入审判程序后，被告人不同意适用速裁程序的，控辩双方协商过程记录不得用作指控被告人的证据。

② 更为详细的论述可以参见孙万怀：《公开固然重要，说理更显公正》，载《现代法学》2014 年第 2 期。

目地从简。必须指出的是,由于程序设置的差异,速裁程序(或者说认罪认罚从宽制度)基本放弃了法庭调查与辩论环节,法庭裁判的根据在很大程度上不是建立在庭审过程对事实与证据的调查基础之上,而是建立在对控辩双方于审查起诉过程中达成的“认罪认罚从宽协议”之上。因此,速裁程序裁判文书的说理也应区别于普通程序的裁判文书,重点不在于法庭审理过程中查明的事实、证据,而在于法庭对控辩协商过程、结果的合法性、被告认罪认罚的自愿性之审查与结论。

2. 通过科学的试点方案提升公众对控辩协商程序的信任

任何刑事诉讼制度的运行都是在具体、现实的基础之上,或者在环境系统之内发生,一个缺乏现实基础的制度即使得以建立,也将面临着虚置之可能,抑或对既有的法律秩序造成强烈冲击,无法产生积极的社会效果,甚或引发负面的影响,通过法国大革命时期对陪审制度的改革便可洞悉。[①] 回到本书研究,综观刑事速裁程序试点改革的相关研究成果,大家关注得更多的是试点本身之于刑事诉讼程序效率的提升、犯罪嫌疑人(被告人)权利保障两个方面所取得的成效及不足,并基于此提出完善刑事速裁程序的建议。笔者以为,刑事速裁程序试点改革在迈向中国式控辩协商制度的过程中,最重要的或许不在于其能够对刑事诉讼效率提升带来何种程度的正面影响,甚至也不取决于在何种程度上提高了对被告人权利保障的水平(如非羁押性强制措施、非监禁刑的适用比例更高),而在于公众对“控辩协商”作为一种刑事案件处理方式的接受与信任。试点改革方式之所以受到重视,在于其“试验性”“试错性”,即在试

① 相关论述可以参见郭松:《刑事诉讼地方性试点改革成功的必要条件》,载《政法论坛》2006年第1期。

点过程中允许,甚至主要的目的就在于通过试点发现改革方案的不足、在实践过程中出现的问题,通过对试点结果的评估,提出进一步的完善,或者停止实施此项试点改革。更重要的是,虽然试点改革的目标在于为是否建立、如何建立刑事速裁程序寻找经验性根据,但试点改革本身作为一个事件(或者说作为一项事件)仍然有其独立于刑事速裁程序之外的意义,例如,作为一种制度改革进路的方法论意义。①

(1)通过刑事速裁程序试点改革,提高公众对控辩协商的认知

公众对某项制度的接受与信任的程度在很大程度上取决于其认知状况。而"在祛魅化并有着高度反思性的现代社会,以制定法与程序正义为抽象制度符号的现代法律制度在中国语境中大大脱离了人们的正义直觉。社会制度的演化已经进入了非常复杂的功能分化时期,而公众的认知能力仍然停留在比较朴素的道德情感层次上。公众不自觉地将道德判断与情感直觉延伸到已经和道德实现高度段分化的抽象法律系统,而抽象的法律系统又难以满足这种朴素的道德情感直觉,这构成了中国法律信任危机的现代性原因"。② 控辩协商,作为一种舶来的刑事司法理念与制度,与崇尚报应性正义的中国传统刑罚文化之间存在较大差异,势必导致控辩协商制度在中国刑事司法实践中缺乏必要的系统环境支持。

试点一方面可以检验刑事速裁程序在诉讼效率、人权保障方面的价值,也可以发现程序运行过程中存在的体制、机制以及程序技术方面的问题,但这些都仅局限于程序本身;另一方面还应当通过

---

① 例如,中央层面提出的通过刑事速裁程序试点改革,探索一种"试验性立法模式"即是这一意义的重要体现。

② 伍德志:《谣言、法律信任危机与认知逻辑》,载《法学评论》2015 年第 5 期。

试点让公众了解什么是刑事速裁程序、为什么要建立刑事速裁程序、相较于既有的普通程序、简易程序等,速裁程序的独特价值何在。诚然,“公众对法院的特定信任与其对司法品质的了解有关,公众获得的信息越充分,信任水平就越高”。[①] 于是,通过试点既可提高公众对刑事速裁程序、控辩协商的认知程度,也可为制度的正式建立奠定一个扎实的基础系统环境。2015 年 1 月 8 日的《纪要》亦有清醒的认识。《纪要》指出,前期的宣传报道社会反响效果较好,为改革试点创造了有利的社会氛围,并指出了今后的宣传原则——“积极、慎重、稳妥”,和宣传导向——提高诉讼效率、维护公平正义、加强人权司法保障,并要警惕因不当宣传引发负面效应,影响试点工作的顺利进行。[②] 笔者认为,司法机关主导的与刑事速裁程序试点相关的宣传报道只是公众获取信息的渠道之一。在一个对“通稿”式报道持普遍怀疑的年代,如果宣传报道只见“成绩”,不见“成本”的话,对于提高公众对刑事速裁程序、控辩协商的认知程度或许并无太大益处,甚至还可能产生负面效应。故此,在宣传过程中,既要突出刑事速裁程序在提升诉讼效率、人权司法保障水平等方面的积极价值,也要正视制度实践过程中可能存在的风险与隐忧,如“强迫交易”“报复性起诉”“正义甩卖”等。只有将一项改革或者即将建立的制度可能具有的意义与风险都全面地展示给公众,人们才能对刑事速裁程序、控辩协商形成一个客观、全面的认知和判断。决策机关在评估刑事速裁程序、控辩协商是否具备了必要的运行环境支持时,也能获得真实的数据支撑。

---

① 郭建勇:《区分司法品质:法院、法官与判决——司法场域中信号的传递与信任的生成》,载《法律适用》2013 年第 7 期。

② 参见《刑事案件速裁程序试点工作座谈会纪要》(2015 年)。

（2）尊重事物发展规律，循序渐进地增进公众对控辩协商的信任

公众对一项新创设制度的信任之生成需要一个渐进的过程，以完成对这个制度从不了解到了解（改善其认知情况）、从不认可到认可。这也是试点改革模式在方法论上的重要价值。具体而言，渐进可以从以下几个方面来考虑：

第一，试点的时间问题。作为一项由全国人大授权的司法改革，《速裁程序决定》将刑事速裁程序试点的时间确定为2年。虽说此前的"轻案快审"等类似改革为刑事速裁程序试点积累了一些经验，但相比较而言，"轻案快审"并不具备刑事速裁程序的控辩协商属性，或者说"轻案快审"机制的控辩协商属性并不明显。人们对"轻案快审"的认知更多的是将其定位于一种比简易程序更快速的刑事案件处理机制，而不是将其视为中国式控辩协商制度的雏形。而对于刑事速裁程序，《办法》虽未明确其控辩协商的属性，但在实践过程中，这一属性已经成为共识，①并且以刑事速裁程序试点为基础的认罪认罚从宽制度试点已然呼之欲出。② 从全国人大《速裁程序决定》的发布，到《办法》的出台，再到各试点城市所在省市具体试点方案的设计、布置、实施，真正的刑事速裁程序试点时间并不到2年。在试点时间有限的情况下，一方面，公众对刑事速裁程序的认知程度必然较低；另一方面，刑事速裁程序的价值也无法得到充分的体现，其可能存在的风险也尚未得到充分的暴露。因此，笔者认为，从培养公众对刑事速裁程序、控辩协商制度的信任角度而言，应

---

① 例如，《南方周末》在刑事速裁程序试点两年之际的专题中即直接将刑事速裁程序称之为中国版的辩诉交易。相关报道可以参见任重远：《刑事速裁两年试点即将收官，中国版"辩诉交易"：快了，轻了》，载《南方周末》2016年5月26日。

② 参见《我国将开展认罪认罚从宽制度试点》，载 http://news.xinhuanet.com/politics/2016-01/24/c_128661221.htm，最后访问日期：2016年6月28日。

当适当延长试点的时间,例如可以将试点时间延长至 4 年,甚至 5 年,既可以充分地探索不同的试点方案,使刑事速裁程序的价值得到更为充分的表现,也可以更为全面地暴露其实践中存在的问题,并相应地完善制度建设方案,以消弭公众对刑事速裁程序、控辩协商制度可能存在问题的担忧。与此同时,也可以更好地改善公众对刑事速裁程序、控辩协商制度的认知状况和信任程度。

第二,试点的案件类型。从提升诉讼效率的角度而言,正如前文所述,进入刑事速裁程序的案件总量越大,整体上对诉讼效率的提升意义也越大。对此,也有实践部门的人提出,将案件限定在 1 年以下有期徒刑的案件,局限了刑事速裁程序的适用范围,使刑事速裁程序的效率价值无法得到充分的体现。但从培养公众对刑事速裁程序的信任之目的出发,需斟酌几个问题:一是在试点期间,适用速裁程序的案件应尽可能选择那些公众关注度较低的案件。特别是对那些职务犯罪案件、犯罪主体身份较为特殊的案件(如官员、商人、“富二代”、“官二代”),尽量不适用刑事速裁程序,毕竟在价值多元的时代背景下,案件的公众关注程度越高,越不容易形成共识。特别是犯罪主体身份较为特殊的案件,公众不仅对这些案件的关注度高,而且对之表现出更低的司法信任感。二是在试点期间,适用刑事速裁程序的案件被告人可能判处的法定刑罚不宜过高。虽然《办法》将案件限定为可能判处 1 年徒刑以下刑罚的案件在很大程度上限定了刑事速裁程序案件的适用范围,并从整体了局限了刑事速裁程序效率价值的体现。但也正是因为刑罚条件的限制,在一定程度上压缩了控辩交易的空间,可以较好地约束检察机关在控辩协商过程中的自由裁量权(当然也可以较好地限制权钱交易等司法腐败现象,毕竟空间有限,权钱交易为被告人获得的利益不大),避免了同类案件被告人在宣告刑方面的过大反差，不容易激发公众对刑事速裁程序在公正性方面的质疑。换言之，刑事速裁程序试点期间，虽然因为刑罚条件的限制，局限了适用的案件类型范围，但却可能更好地培养了公众对刑事速裁程序、控辩协商的信任。三是对于共同犯罪案件，《办法》第2条第2项规定，部分犯罪嫌疑人、被告人对指控事实、罪名、量刑建议有异议的，不适用刑事速裁程序。对此，笔者认为可以通过分案审理的方式来解决，对于认罪认罚的被告人完全可以适用刑事速裁程序，对不认罪认罚的被告人适用普通程序或者简易程序，以更好地体现刑事政策的区别对待精神。但从提高公众对刑事速裁程序、控辩协商制度的信任程度而言，如何妥善地处理主从犯之间的关系应特别注意，特别是在主犯认罪认罚，从犯不认罪认罚的情况下，如果主犯的宣告刑低于从犯的宣告刑，在一定程度上会影响刑事速裁程序、控辩协商制度的公信力。但如果不能对认罪认罚的主犯从宽处罚，则不仅有悖于认罪认罚从宽的制度精神，也不能激发主犯认罪认罚的积极性。鉴于此，笔者主张，对于这种情形，应明确其在共同犯罪中的主犯地位，同时明确对其进行从宽处罚的法律与政策根据。如果从犯认罪认罚，主犯不认罪认罚的，由于不存在主犯量刑可能低于从犯的情形，故对从犯通过刑事速裁程序，对其从宽处罚并不会带来法律上的难题。四是对于有被害人的案件，如果犯罪嫌疑人、被告人认罪认罚，并与被害人一方达成了和解协议的，既可以适用当事人和解程序，也可以适用刑事速裁程序。基于刑事和解程序已经有了相对较长的实践时间，基本上获得了公众的信任，因此对于此类案件可坚持适用刑事速裁程序，并通过这类案件当事人的体验增强公众对刑事速裁程序的认知和信任。而对于即使犯罪嫌疑人、被告人认罪认罚，但未与被害人一方达成和解协议的,在试点期应坚持不适用刑事速裁程序,以免在被害人一方诉求未能得到满足的情况下,而对被告人的从宽处理导致被害人对刑事速裁程序、控辩协商制度的指责,削弱公众对刑事速裁程序、控辩协商制度的信任。

主要参考文献

（按字母拼音先后排序）

一、中文著作

1. 蔡墩铭:《刑事诉讼法论》,台北,五南图书出版股份有限公司2002年版。

2. 常增益:《旧中国的地方法院》,载中国人民政治协商会议全国委员会文史委员会编:《文史资料存稿选编》,中国文史出版社2002年版。

3. 陈光中、严端主编:《刑事诉讼法修改建议稿与论证》,中国方正出版社1995年版。

4. 陈光中主编:《刑事诉讼法学》,中国政法大学出版社1996年版。

5. 陈光中主编:《中国刑事诉讼程序研究》,法律出版社1993年版。

6. 陈弘毅:《香港的司法体制》,广角镜出版社1986年版。

7. 陈瑞华:《刑事审判原理论》,北京大学出版社

1997 年版。

8. 陈瑞华:《刑事诉讼的前沿问题》,中国人民大学出版社 2000 年版。

9. 陈嗣哲:《1912 年至 1949 年我国司法界概况》,载中国人民政治协商会议全国委员会文史委员会编:《文史资料存稿选编》,中国文史出版社 2002 年版。

10. 陈卫东主编:《被告人认罪案件简化审理程序》,中国检察出版社 2004 年版。

11. 程荣斌主编:《外国刑事诉讼法教程》,中国人民大学出版社 2002 年版。

12. 戴鸿映编:《旧中国治安法规选编》,群众出版社 1985 年版。

13. 戴学正编:《中外宪法选编》(下册),华夏出版社 1994 年版。

14. 樊崇义主编:《刑事诉讼法学研究综述与评价》,中国政法大学出版社 1991 年版。

15. 高一飞:《刑事简易程序研究》,中国方正出版社 2002 年版。

16. 黄京平、姚辉主编:《香港刑事及民商法律制度》,中国人民大学出版社 1997 年版。

17. 季卫东:《法治秩序的建构》,中国政法大学出版社 1999 年版。

18. 柯葛壮:《刑事诉讼法比较研究》,澳门基金会出版社 1997 年版。

19. 李学军主编:《美国刑事诉讼规则》,中国检察出版社 2003 年版。

20. 李宗锷:《香港日用法律大全》,商务印书馆 1991 年版。

21. 刘玫:《香港与内地刑事诉讼制度比较研究》,中国政法大学出版社 2001 年版。

22. 罗德立、赵秉志:《香港刑事诉讼程序法纲要》,北京大学出版社 1997 年版。

23. 齐树洁:《英国司法制度》,厦门大学出版社 2007 年版。

24. 沈家本:《寄文存 · 卷一 · 删除律例内重法折》,载李光灿:《评〈寄文存〉》,群众出版社 1985 年版。

25. 宋冰编:《程序、正义与现代化——外国法学家在华演讲录》,中国政法大学出版社 1998 年版。

26. 宋英辉、孙长永、朴宗根等:《外国刑事诉讼法》,北京大学出版社 2011 年版。

27. 宋英辉:《刑事诉讼修改的历史梳理与阐释》,北京大学出版社 2014 年版。

28. 苏力:《波斯纳及其他:译书之后》,法律出版社 2004 年版。

29. 苏力:《送法下乡:中国基层司法制度研究》,北京大学出版社 2011 年版。

30. 汤德宗、王鹏翔主编:《2006 两岸四地法律发展》(下册),台北,法律学研究所筹备处 2007 年版。

31. 汪建成、黄伟明:《欧盟成员国刑事诉讼概论》,中国人民大学出版社 2000 年版。

32. 王利明:《司法改革研究》,法律出版社 2001 年版。

33. 王叔文主编:《香港特别行政区基本法导读》,中共中央党校出版社 1997 年版。

34. 谢振民:《中华民国立法史》,中国政法大学出版社 2000 年版。

35. 熊秉元:《正义的成本:当法律遇上经济学》,东方出版社

2013 年版。

36. 杨正万:《辩诉交易问题研究》,贵州人民出版社 2002 年版。

37. 张朋园:《梁启超的“国务大臣”志气及其对民初财政司法外交的影响》,载中华文化复兴运动推行委员会主编:《中国近代现代史论集》(第 21 编民初政治三),台湾商务印书馆 1986 年版。

38. 张庆军、孟国祥编著:《民国司法黑幕》,江苏古籍出版社 1997 年版。

39. 张学仁:《香港法概论》,武汉大学出版社 2006 年版。

40. 赵秉志主编:《香港刑事诉讼程序法》,北京大学出版社 1996 年版。

41. 中央人民政府法制委员会编译室译:《苏俄刑事诉讼法法典》(第 2 版),法律出版社 1957 年版。

42. 朱国南:《奇形怪状的旧司法》,载中国人民政治协商会议全国委员会文史资料研究会编《文史资料》(总第 78 辑),北京文史资料出版社 1982 年版。

43. 左卫民:《价值与结构——刑事程序的双重分析》,法律出版社 2003 年版。

44. 左卫民:《在权利话语与权力技术之间——中国司法的新思考》,法律出版社 2002 年版。

二、论文

1. 蔡定剑:《关于前苏联法对中国法制建设的影响》,载《法学》1999 年第 3 期。

2. 陈超:《渐入佳境的意大利刑事特别程序》,载《人民检察》2010 年第 7 期。

3. 陈超:《比较法视野下的意大利辩诉交易制度》,载《人民司法》2010 年第 19 期。

4. 陈光中、曾新华:《中国刑事诉讼法立法四十年》,载《法学》2018 年第 7 期。

5. 陈光中、马康:《认罪认罚从宽制度若干重要问题探讨》,载《法学》2016 年第 8 期。

6. 陈清怡:《以修复性司法再定位我国刑事简易诉讼程序及认罪协商制度》,载《司法研究年报》第 25 辑第 12 篇。

7. 陈瑞华:《"认罪认罚从宽"改革的理论反思——基于刑事速裁程序运行经验的考察》,载《当代法学》2016 年第 4 期。

8. 陈瑞华:《美国辩诉交易与意大利刑事特别程序之比较》(上),载《政法论坛》1995 年第 3 期。

9. 陈瑞华:《美国辩诉交易与意大利刑事特别程序之比较》(下),载《政法论坛》1995 年第 4 期。

10. 陈瑞华:《认罪认罚从宽改革的理论反思——基于刑事速裁程序运行经验的考察》,载《当代法学》2016 年第 4 期。

11. 陈卫东、刘计划、程雷:《变革中创新的意大利刑事司法制度》,载《人民检察》2004 年第 12 期。

12. 陈卫东:《认罪认罚从宽制度研究》,载《中国法学》2016 年第 2 期。

13.《意大利宪法中的正当程序原则》,陈忠林译,载《欧洲法通信》,法律出版社 2001 年版。

14. 程味秋:《〈意大利刑事诉讼法〉简介》,载《意大利刑事诉讼法典》,黄风译,中国政法大学出版社 1994 年版。

15. 葛俊宋:《从乌特罗案探析法国刑事诉讼制度的特点》,载

《中国检察官》2018 年第 12 期。

16. 顾永忠:《关于“完善认罪认罚从宽制度”的几个理论问题》,载《当代法学》2016 年第 6 期。

17. 郭建勇:《区分司法品质:法院、法官与判决——司法场域中信号的传递与信任的生成》,载《法律适用》2013 年第 7 期。

18. 郭松:《刑事诉讼地方性试点改革成功的必要条件》,载《政法论坛》2006 年第 1 期。

19. 何勤华:《中国近代刑事诉讼法学的诞生与成长》,载《政法论坛》2004 年第 1 期。

20. 黄伟明:《意大利式辩诉交易制度评介》,载《烟台大学学报》(哲学社会科学版)2001 年第 2 期。

21. [英]杰奎琳·霍奇森:《法国检察官的独立性:基于新近扩权改革的多重质疑》,朱奎彬译,载《交大法学》2011 年第 1 期。

22. 柯葛壮:《我国大陆与港澳台地区刑事简易程序比较研究》,载陈光中主编:《诉讼法论丛》(第 2 卷),法律出版社 1998 年版。

23. 李本森:《刑事速裁程序试点的本地化差异——基于北京、上海、广州和西安试点的地方文本分析》,载《中外法学》2017 年第 2 期。

24. 李本森:《刑事速裁程序试点实效检验——基于 12666 份速裁案件裁判文书的实证分析》,载《法学研究》2017 年第 5 期。

25. 李海玲:《新刑事诉讼法简易程序实施情况的观察与分析》,载《阴山学刊》2015 年第 1 期。

26. 李启成:《民初覆判问题考察》,载《清华法学》(第 5 辑),清华大学出版社 2005 年版。

27. 刘广三、李晓:《刑事速裁程序实施问题与对策研究——以北京市 C 区法院为样本》,载《法学论坛》2016 年第 5 期。

28. 刘显娅:《司法的大众化与平民化——英国治安法官制度管窥》,载《北方法学》2008 年第 5 期。

29. 刘晓明:《意大利刑事诉讼中的特别审判程序》,载《政治与法律》2000 年第 3 期。

30. 刘学敏:《台湾地区认罪协商程序的引入及实践成效分析》,载《台湾研究集刊》2016 年第 6 期。

31. 卢建平:《法国违警罪制度对我国劳教制度改革的借鉴意义》,载《清华法学》2013 年第 3 期。

32. [美]罗伯特・E. 司各特、廉姆・J. 斯汤兹:《作为合同的辩诉交易》,载江礼华、杨诚主编:《外国刑事诉讼制度探微》,法律出版社 2000 年版。

33. 马慧勇:《刑事审判简易程序研究》,载《中国刑事法杂志》2001 年第 6 期。

34. [意]马可・法布里:《意大利刑事诉讼程序与公诉改革之回顾》,叶宁译,载《比较法研究》2010 年第 5 期。

35. [意]马可・法里布:《意大利刑事司法制度改革:理论与实践的悖反》,龙宗智译,载陈光中、江伟主编:《诉讼法论丛》(第 2 卷),法律出版社 1998 年版。

36. 马克:《从英国警察警告制度看我国警察轻罪处分权之构建》,载《河南司法警官职业学院学报》2017 年第 15 期。

37. 米海伊・戴尔玛斯-玛蒂、俞亮、张驰:《检察院,法国刑事司法改革的关键》,载《法学杂志》2011 年第 9 期。

38. 潘金贵、李冉毅:《规则与实效:刑事速裁程序运行的初步检视》,载《安徽大学学报》(哲学社会科学版)2015年第6期。

39. 裴苍龄:《中华人民共和国刑事程序法(拟目)》,载《政治与法律》1996年第1期。

40. 裴炜:《英国认罪协商制度及对我国的启示》,载《比较法研究》2017年第6期。

41. 彭永志:《我国协商制度的发展及运作研究》,中原大学2007年硕士学位论文。

42. 祁建建:《美国律协〈刑事司法标准〉之〈有罪答辩标准〉评析》,载《中国刑事法杂志》2016年第5期。

43. 沈威、徐晋:《公正或效率:关于我国认罪认罚从宽制度探索的冷观察——以台湾地区认罪协商制度之实务运作为镜鉴》,载《海峡法学》2017年第2期。

44. 施鹏鹏:《迈向刑事诉讼的宪法化——意大利的"奥兰多"改革及其评价》,载《国家检察官学院学报》2019年第2期。

45. 苏力:《论法院的审判职能与行政管理》,载《中外法学》1999年第5期。

46. 孙万怀:《公开固然重要,说理更显公正》,载《现代法学》2014年第2期。

47. 孙维萍、露卡·露巴利亚:《意大利刑事诉讼法的主要特色及最新修订》,载《政治与法律》2003年第5期。

48. 孙长永:《珍视正当程序,拒绝辩诉交易》,载《政法论坛》2002年第6期。

49. 锁正杰、李少坡:《意大利刑事诉讼法的改革与嬗变之比较》,载陈光中、江伟主编:《诉讼法论丛》(第2卷),法律出版社1998年版。

50. [日]田宫裕:《刑事程序的简易化》,载西原春夫主编:《日本刑事法的形成与特色——日本法学家论日本刑事法》,李海东等译,法律出版社/日本成文堂 1997 年版。

51. 王春南:《民国司法黑暗管窥》,载《人民论坛》2004 年第 12 期。

52. 王国枢、项振华:《中外刑事诉讼简易程序及比较》,载《中国法学》1999 年第 3 期。

53. 王皇玉:《认罪协商程序之法社会学考察:以台湾刑事司法改革为例》,载《台湾大学法学论丛》2008 年第 4 期。

54. 王军、吕卫华:《我国刑事简易程序若干问题》,载《国家检察官学院学报》2012 年第 4 期。

55. 王利荣、李鹏飞:《对醉驾入刑司法效果的实证研究——以重庆市 A 法院相关审判数据及判例为主要样本》,载《厦门大学法律评论》2014 年第 2 期。

56. 王绍光:《国家汲取能力的建设——建国初期的经验》,载《中国社会科学》2002 年第 1 期。

57. 王小光、李琴:《台湾地区认罪协商程序的引进和运作情况分析》,载《中国刑事杂志》2013 年第 2 期。

58. 卫佳:《论我国未成年人刑事诉讼制度的完》,华东政法大学 2014 年硕士学位论文。

59. 吴巡龙:《我国宜否扩大采用认罪协商制度以减轻司法负荷》,载《台湾本土法学杂志》2003 年第 50 期。

60. 伍德志:《谣言、法律信任危机与认知逻辑》,载《法学评论》2015 年第 5 期。

61. 徐静村、潘金贵:《我国刑事审判制度改革前瞻》,载《中国刑事法杂志》2003 年第 5 期。

62. 杨心宇、李凯:《略论苏联法对我国法学的影响》,载《复旦学报》2002 年第 4 期。

63. 伊夫·斯特里克莱、田庄、巢志雄:《法国刑事诉讼中的法官独任制》,载《司法》2013 年卷。

64. 姚莉:《香港和大陆刑事简易程序比较研究》,载《诉讼法论丛》2000 年第 2 期。

65. 易延友:《辩诉交易应当缓行》,载《法学》2003 年第 12 期。

66. 元轶:《程序分流视角下的意大利刑事诉讼改革》,载《比较法研究》2011 年第 5 期。

67. 张彩凤、叶永尧:《英国治安法官制度的现代化演进及其形态考察》,载《法制现代化研究》2009 年第 12 期。

68. 郑曦:《英国被告人认罪制度研究》,载《比较法研究》2016 年第 4 期。

69. 左卫民、吕国凡:《完善被告人认罪认罚从宽处理制度的若干思考》,载《理论视野》2015 年第 4 期。

70. 左卫民:《权利话语/实践的艰难展开:1996 年刑事诉讼法典修改的反思》,载《中外法学》2002 年第 4 期。

71. 左卫民:《都会区刑事法律援助:关于试点的实证研究与改革建言》,载《法学评论》2014 年第 6 期。

三、外文文献

1. John Sprack, *A Practical Approach to Criminal Procedure*, New York, Oxford University Press, 2012.

2. A. F. Anderson, "Judicial Participation in the Plea Negotiation

Process: Some Frequencies and Disposing Factors", *Hamline Journal of Public Law and Policy* 10, 1989.

3. Albert W. Alschuler, "The Trial Judge's Role in Plea Bargaining, Part 1", *Columbia Law Review* 76, 1976.

4. Douglas D. Guidorizzi, "Should We Really 'Ban' Plea Bargaining? The Core Concerns of Plea Bargaining Critics", *Emory Law Journal* 47, 1998.

5. Elisabetta Grande, "Italian Criminal Justice: Borrowing and Resistance", *American Journal of Comparative Law* 48, 2000.

6. Gary N. Heilbronn, *Criminal Procedure in Hong Kong*, 3rd ed., Longman Hong Kong Education, 2002.

7. George Fisher, *Plea Bargaining's Triumph: A History of Plea Bargaining in America*, Standford University Press, 2003.

8. George Fisher, "Plea Bargaining's Triumph", *Yale L. J.* 109, 2000.

9. J. P. Ryan and J. Alfini, "Trial Judges' Participation in Plea Bargaining: An Empirical Perspective", *Law and Society Review* 13, 1979.

10. Judge Brian L. Owsley, "Issues Concerning Charges for Driving While Intoxicated in Texas Federal Courts", *St. Mary's L. J.* 42, 2011.

11. Judith Resnick, "Managerial Judges", *Harv. L. Rev.* 96, 1982.

12. Luca Marafioti, *The New Italian of Criminal Procedure: The Clash between an Adversarial System and an Inquisitorial Foundation* (Paperrepresented at the Beijing International Symposium on Criminal

Procedure, 1994).

13. Marco Fabri, "Criminal Procedure and Public Prosecution Reform in Italy: A Flash Back", *International Journal for Court Administration* 1, 2008.

14. Michele Massa, *Criminal Procedure in Italy* (Paperrepresented at the Beijing International Symposium on Criminal Procedure, 1994).

15. Mike McConville & Chester L. Mirsky, *Jury Trials and Plea Bargaining: A True History*, Hart Publishing, 2005.

16. Mirjan Damaska, "Truth in Adjudication", *Hastings Law Journal*, 49, 1998.

17. Nicola Boari, "On the Efficiency of Penal Systems: Several Lessons from the Italian", *International Review of Law and Economics* 17, 1997.

18. Jane C. Donoghue, "Reforming the Role of Magistrates: Implications for Summary Justice in England and Wales", *The Mordern Law Rrniew* 77, 2014.

19. Richard W. Creswell, "Georgia Courts in the 21st Century: The Report of the Supreme Court of Georgia Blue Ribbon Commission on the Judiciary", *Mercer L. Rev.* 53, 2001.

20. Robert E. Scott and William J. Stuntz, "A Reply: Imperfect Bargains, Imperfect Trials, and Innocent Defendants", *Yale L. J.* 101, 1992.

21. Stephanos Bibas, "Plea Bargaining outside of the Shadow of Trial", *Harvard Law Review* 117, 2004.

22. Stephen P. Freccero, "An Introduction to the New Italian

Criminal Procedure", *American Journal of Criminal Law* 21, 1994.

23. The Prosecution Service Function Within the English Criminal Justice System Lewis, C. 2006.

24. William F. Mcdonald, *Plea Bargaining: Criticial Issues and Common Practices*, U. S. Dept. of Justice, 1985.

25. William J. Stuntz, "Bordenkircher v. Hayes: Plea Bargaining and the Decline of the Rule of Law", in Carol S. Steiker, ed., *Criminal Procedure Stories*, 2006.

26. William J. Stuntz, "Plea Bargaining and Criminal Law's Disappearing Shadow", *Harv. L. Rev.* 117, 2004.

27. William T. Pizzi, Luca Marafioti, "The New Italian Code of Criminal Procedure: The Difficulties of Building an Adversarial Trial System on a Civil Law Foundation", *The Yale Journal of International Law* 17, 1992.

28. William T. Pizzi, Mariangela, "The Battle to Establish an Adversarial Trial System In Italy", *Michigan Journal of International Law* 25, 2004.

图书在版编目(CIP)数据

简易刑事程序研究 / 左卫民等著. -- 2 版. -- 北京：法律出版社，2020

ISBN 978-7-5197-4533-2

Ⅰ.①简… Ⅱ.①左… Ⅲ.①刑事诉讼－诉讼程序－研究－中国 Ⅳ.①D925.218.04

中国版本图书馆 CIP 数据核字(2020)第 082541 号

简易刑事程序研究(第二版)
JIANYI XINGSHI CHENGXU YANJIU
(DI-ER BAN)

左卫民 等著

策划编辑 高 山
责任编辑 高 山 许莹洁
装帧设计 鲁 娟

出版 法律出版社
总发行 中国法律图书有限公司
经销 新华书店
印刷 三河市龙大印装有限公司
责任校对 杨锦华
责任印制 陶 松

编辑统筹 学术·对外出版分社
开本 A5
印张 12
字数 235 千
版本 2020 年 7 月第 2 版
印次 2020 年 7 月第 1 次印刷

法律出版社/北京市丰台区莲花池西里 7 号(100073)
网址/www.lawpress.com.cn
投稿邮箱/info@lawpress.com.cn
举报维权邮箱/jbwq@lawpress.com.cn
销售热线/400-660-8393
咨询电话/010-63939796

中国法律图书有限公司/北京市丰台区莲花池西里 7 号(100073)
全国各地中法图分、子公司销售电话：
统一销售客服/400-660-8393/6393
第一法律书店/010-83938432/8433　西安分公司/029-85330678　重庆分公司/023-67453036
上海分公司/021-62071639/1636　深圳分公司/0755-83072995

书号:ISBN 978-7-5197-4533-2　**定价**:69.00 元
(如有缺页或倒装,中国法律图书有限公司负责退换)